编委会名单

（按姓氏拼音排序）

胡江云　蒋　姮　李福胜　李　霞　汪晓娟　查道炯

中国境外投资
环境与社会风险案例研究

查道炯　李福胜　蒋　姮　主编

Chinese Investment
Overseas
Case Studies on Environmental and
Social Risks

图书在版编目(CIP)数据

中国境外投资环境与社会风险案例研究/查道炯,李福胜,蒋姮主编.—北京:北京大学出版社,2014.9
ISBN 978-7-301-24747-1

Ⅰ.①中… Ⅱ.①查… ②李… ③蒋… Ⅲ.①企业—对外投资—风险管理—研究—中国 Ⅳ.①F279.247

中国版本图书馆 CIP 数据核字(2014)第 205726 号

书　　　　名：	中国境外投资环境与社会风险案例研究
著作责任者：	查道炯　李福胜　蒋姮　主编
责 任 编 辑：	耿协峰　王晓萌
标 准 书 号：	ISBN 978-7-301-24747-1/F·4038
出 版 发 行：	北京大学出版社
地　　　　址：	北京市海淀区成府路 205 号　100871
网　　　　址：	http://www.pup.cn　新浪官方微博:@北京大学出版社
电 子 信 箱：	ss@pup.pku.edu.cn
电　　　　话：	邮购部 62752015　发行部 62750672　编辑部 62753121
	出版部 62754962
印　　　刷　者：	三河市博文印刷有限公司
经　　　销　者：	新华书店
	650 毫米×980 毫米　16 开本　17.25 印张　224 千字
	2014 年 9 月第 1 版　2014 年 9 月第 1 次印刷
定　　　　价：	49.00 元

未经许可,不得以任何方式复制或抄袭本书之部分或全部内容。
版权所有,侵权必究
举报电话:010-62752024　电子信箱:fd@pup.pku.edu.cn

目 录

第一章 中国境外投资环境社会风险与"走出去"战略的可持续性
　　　　李福胜 / 1

　　一、导　言 / 1

　　二、环境与外部性 / 8

　　三、商业道德、合规经营与公司社会责任 / 11

　　四、利益攸关方与全球公民社会 / 15

　　五、结束语 / 17

第二章 境外投资中的政治风险概观　查道炯 / 19

　　一、政治风险概念的起源 / 19

　　二、政治风险内涵的充实 / 22

　　三、管理政治风险的措施 / 25

　　四、中国企业海外政治风险的特殊性 / 31

　　五、中国企业如何趋利避害 / 33

　　六、结束语 / 34

第三章 海外环境与社会风险的应对盲区及误区　蒋　姮 / 35

　　一、海外投资中面临的环境社会挑战 / 36

　　二、海外投资环境社会挑战应对的盲区与误区 / 42

三、应对海外投资环境社会挑战的成功经验 / 46

四、应对海外投资环境社会挑战的对策建议 / 51

第四章 中国对外投资环境问题识别的理论分析 李 霞 陈 超 / 57

一、直接投资影响环境的主要理论及模型 / 58

二、区域案例：中国对东盟投资环境问题识别 / 74

第五章 中国投资拉美的社会和环境风险 谢文泽 / 89

一、拉美地区是中国重要的资源类产品进口来源地 / 89

二、拉美国家的投资环境令不少中国企业"水土不服" / 93

三、大部分拉美国家的政府效率令中国企业"无可奈何" / 97

四、社会责任和环境责任令中国企业"有点陌生" / 101

第六章 中资国企投资澳大利亚：政府审批环节 查道炯 / 105

一、投资澳大利亚的吸引力 / 105

二、澳大利亚直接投资准入中的"中资例外" / 106

三、中资在澳并购失败案例 / 111

四、中资在澳并购成功案例之一 / 115

五、中资在澳并购成功案例之二 / 118

六、小 结 / 121

第七章 中企投资澳大利亚：商业风险与项目运行风险的管理
李 薇 汉斯·杭智科 / 127

一、中国企业在澳投资的趋势与特点 / 128

二、中企在澳投资的商业风险与项目运行风险 / 133

三、中企在澳投资案例分析 / 146

第八章 从缅甸密松电站看冲突风险的迷局与出路 蒋 姮 / 156

一、冲突风险的机理剖析 / 156

二、我国海外投资面临的冲突风险 / 162

三、缅甸密松电站项目冲突风险的识别 / 168

四、缅甸密松电站冲突风险应对的国际比较及启示 / 169

第九章 "资源诅咒"下南苏丹风险的评估与管理 蒋姮 / 178

一、南苏丹冲突风险及影响分析 / 179

二、我国企业应对冲突风险的现状与挑战 / 184

三、避免卷入冲突漩涡的战略框架 / 186

第十章 中国境外水电工程的环境与社会影响风险——不同融资模式下的案例分析 李福胜 / 195

一、导 言 / 195

二、水电仍然是人类重要的电力来源 / 196

三、中国已经成为全球水电站建设的主力军 / 197

四、水电水利工程是环境与社会影响高度敏感的行业 / 199

五、建设资金来源成为因水电环境与社会影响而反对大坝建设的靶标 / 200

六、中国通过提供极具竞争力的融资支持在境外全方位参与建设水电站 / 203

七、以出口信贷方式融资支持境外水电 EPC 工程承包案例——巴基斯坦尼勒姆-杰勒姆 972MW 水电站项目 / 204

八、以境外投资贷款（出口信贷或有限追索权项目融资）支持境外水电 BOT（含 BOOT）项目案例——中国华电柬埔寨额勒赛下游水电站项目 / 207

九、中国政府优惠出口买方信贷支持境外水电项目案例——毛里塔尼亚、马里、塞内加尔古伊那水电站项目 / 209

十、小 结 / 211

第十一章 境外投资合作中的社区问题风险——以秘鲁为例 吴婧 / 213

一、相关理论 / 213

二、社区问题风险的主要方面 / 216

三、具体国别社区问题举例分析 / 220

第十二章　汽车跨国并购中的相关利益方与文化整合分析
　　　　　　胡江云 / 228

一、中国上汽集团并购韩国双龙汽车案例 / 228

二、中国吉利汽车并购瑞典沃尔沃轿车公司案例 / 242

第十三章　从忽略到重视环境规则的转变——中国石化在加蓬卢安果国家公园的石油勘探活动案例　李霞　解然 / 252

一、加蓬与中国 / 252

二、环境要素决定项目成败——中国石化卢安果国家公园内石油勘探活动引发环境争议 / 254

三、案例启示 / 258

后　记 / 261

作者简介 / 263

Contents

Chapter One   Environmental and Social Risks and Sustainability of China's "Go Abroad" Investment Strategies   Li Fusheng   / 1

Introduction   / 1

Environment and Externality   / 8

Corporate Ethics, Compliance and Social Responsibility   / 11

Stakeholders and Global Civil Society   / 15

Concluding Remarks   / 17

Chapter Two   Political Risks in Investment Overseas   Zha Daojiong   / 19

Origins of Political Risk Analysis   / 19

Evolution of Political Risk Identification   / 22

Standard Measures in Political Risk Management   / 25

Unique Features in Overseas Political Risks for Chinese Corporations   / 31

Suggestions for Chinese Corporations   / 33

Concluding Remarks   / 34

Chapter Three   Blind Spots and Erroneous Understanding of Environmental and Social Risks Overseas   Jiang Heng   / 35

Social Challenges in Investment Operations Overseas   / 36

        Blind Spots and Erroneous Understanding in Response Measures
            / 42

    Cases of Successful Risk Management / 46

    Suggestions for Effective Management / 51

Chapter Four Theoretical Analysis of Environmental Issues for Chinese FDI Operations Li Xia and Chen Chao / 57

    Major Theories and Models on FDI Operations and Environmental Issues / 58

    Case Study: Chinese FDI in ASEAN Economies and Environmental Issues / 74

Chapter Five Social and Environmental Risks for Chinese Investments in Latin America Xie Wenze / 89

    Importance of Latin America for China's Raw Materials Acquisition / 89

    Host Country Norms for FDI and "Incompatibility" for Chinese Corporations / 93

    Host Country Policy Efficiency and "Cluelessness" for Chinese Corporations / 97

    Social and Environmental Responsibility and "Unfamiliarity" for Chinese Corporations / 101

Chapter Six Chinese SOEs Investing in Australia: the Approval Phase Zha Daojiong / 105

    Attraction of Australia as an FDI Destination / 105

    "China Clause" in Australia's Investment Approval Regime / 106

    Cases of Failure in Chinese M&A / 111

    Success in Chinese M&A: Case One / 115

    Success in Chinese M&A: Case Two / 118

Summary Observations / 121

Chapter Seven Chinese Investment in Australia: Managing Commercial and Operational Risks Li Wei and Hans Hendrischke / 127

Trends and Features in Chinese Investments in Australia / 128
Commercial and Operational Risks for Chinese Corporations / 133
Case Studies of Chinese Investments / 146

Chapter Eight Conflict Risk Management: the Myitsone Dam in Myanmar Jiang Heng / 156

Conflict Risk Assessment / 156
Conflict Risk for Chinese Investments Abroad / 162
Identifying Conflict Risks of the Myitsone Dam Project / 168
Comparison of and Lessons from International Responses to the Myitsone Dam / 169

Chapter Nine Risk Assessment and Management in South Sudan under 'Resource Curse' Jiang Heng / 178

Conflict Risks in South Sudan and Their Impacts / 179
Chinese Corporations' Response to Conflict Risks and Continuing Challenges / 184
A Strategic Framework for Navigating the Whirlpool of Conflict Risks / 186

Chapter Ten Environmental and Social Risks for Chinese Corporations in Overseas Hydro Dam Projects: Case Studies of Financing Models Li Fusheng / 195

Introduction / 195
Continuing Necessity of Hydropower as a Necessity for Human Kind / 196

China as a Major Actor in Hydro Dam Construction Worldwide / 197

Environmental and Social Sensitivities Associated with Hydro Dam Construction / 199

Source of Project Financing as a Target for Anti-dam Movements / 200

Competitive Financing as a Factor for Chinese Involvement in Overseas Dam Construction / 203

Export Credit in Support of Overseas Hydro Dam EPC: the Neelum-Jhelum Dam in Pakistan / 204

Overseas Investment Financing in Support of Hydro Dam with BOT/BOOT Model: the Lower Stung Russei Chrum Hydropower Project in Cambodia / 207

Chinese Government's Concessional Loan in Support of Mega Dam Projects in Mauritania, Mali, and Senegal / 209

Concluding Observations / 211

Chapter Eleven Community Risks: Chinese FDI Operations in Peru Wu Jing / 213

Theories of Community Risks / 213

Main Features of Community Risks / 216

Examples of Community Risk in Peru / 220

Chapter Twelve Stakeholders and Corporate Cultures in Cross-border M&A in the Automobile Industry Hu Jiangyun / 228

Shanghai Automobile Industry Group's M&A of South Korean Ssangyong Motor Company / 228

Geely Automobile's M&A of Swedish Volvo Car Corporation / 242

Chapter Thirteen　From Negligence to Emphasis on Environmental Rules: Sinopec in Loango National Park, Gabon　Li Xia and Xie Ran　／252

　　Gabon and China　／252

　　Environmental Performance Determines Success or Failure: Sinopec in Loango　／254

　　Lessons Drawn from the Transition　／258

Afterword　／261

Contributers　／263

第一章 中国境外投资环境社会风险与"走出去"战略的可持续性

李福胜

一、导 言

(一) 中国的发展模式、全球供应链与发展可持续性

自20世纪70年代末至今的近四十年间,中国的经济发展经历了农村联产承包责任制、取消农业税,城市国有企业"利改税"、承包经营、股份制改造、私有化,积极利用外资进行基础设施建设和工业项目技术改造、引进外商投资,经济发展战略上采取"三来一补"、"两头在外大进大出"、农业大规模出让土地进行工业化和城镇化建设、"走出去"战略等一系列改革开放战略举措。到2013年末,中国的人均GDP已经从1978年的381元人民币,上升到近42000元(近7000美元)。中国经济总量也在世界排名第二,外贸进出口总额突破4万亿美元,排名世界货物贸易第一[①]。外汇储备也高达4万亿美元左右,连续多年位列世界第一。贸易顺差近2600亿美元,达到全球金融危机以来的年度最高。中国已经进入"资本走出去"的时代。

---

① 《海关总署2013年外贸进出口情况新闻发布会发布实录》,中国海关总署网站,2014年1月10日,http://fangtan.customs.gov.cn/tabid/198/Default.aspx。

根据 UNCTAD 统计,中国的 FDI 流出量 2012 年达到 840 亿美元,成为世界第三大对外投资国,仅次于美国和日本。中国国家商务部数据显示,2013 年中国累计实现非金融类对外直接投资 902 亿美元,同比增长 16.8%,增长的速度远高于外资流入的速度。

持续几十年经济高速增长的"中国发展模式",其产业基础主要是制造业。"中国制造"也是"中国模式"的代名词。在全球化浪潮的推进下,中国的制造业自然而然地成为全球供应链上不可缺少的组成部分。在全球供应链不断优化的过程中,中国的制造业利用廉价的土地、环境、劳动力等生产要素贡献着中国的 GDP 快速增长、支撑全球经济大势、影响国际市场从铁矿石价格到各类奢侈消费品。

中国的经济增长路径表明,在由海量农民工支持的廉价劳动力供应软约束的背景下,"中国制造"满足全球供应链优化的前提条件是,源源不断的能源和原材料供应。从境外进口和投资开采煤炭、石油、天然气、铁矿石、铜矿、铝土、镍土、木材、黄金、铀矿等大宗商品和贵重稀有资源成为过去十年的必然结果,而中国的国际商业竞争力又助力于连续、大规模的外汇储备结余和对外经济外交攻势。到今天,中国已经成为世界最大的铁矿石进口国、也是世界最大的钢铁生产国;中国的油气资源开发投资遍及东南亚、澳大利亚、非洲、中亚、拉丁美洲、加拿大、美国。中国投巨资建设的穿越缅甸全境的油气管道,也于 2013 年底之前开通。

在"发展是硬道理"这一指导思想促进了国民经济持续高速增长、贫困人口显著下降的同时,我们也看到了"中国模式"中的诸多明显问题。比如,效率优先公平失衡下的收入分配问题,经济增长仍然依靠大量消耗资源和劳动力的粗放增长模式,总体上出现的环境恶性破坏、"先增长后治理"的客观情况,过分依赖国际市场(包括高新技术设备及原材料的进口和制造业产成品的出口),经济体制落后于发展的需要,严重缺乏技术和商业模式创新活力,等等。所有这些问题使得今天的中国陷入社会困境和发展可持续的不确定性。①

本文对中国人口、资源、环境的三者协调关系,经济增长中的公平与效率关系,土壤空气等环境污染的治理,社会道德水准的急剧下滑和社会诚信体系危机,可能面临的"中等收入陷阱"等不做深入探究,而更多关注的是,中国发展的可持续性对全球可持续发展的影响,以及在此影响的反作用下,中国"走出去"战略的可持续性。原因很简单,即在过去的三十年里中国的发展对全球发展的贡献显著,而随着中国这个全球第二大经济体朝着第一大经济体迈进,中国的发展可持续性对世界发展可持续性的影响越来越大,甚至起着决定作用。

(二) 中国企业"走出去"已经到了关键阶段

中国通过参与全球分工和产业竞争,已经建立起较为成熟的外向型经济。按照衡量一个国家国民经济外向性程度的外贸依存度(进口出口之和与 GDP 之比)这一指标来看,据海关统计,2013 年我国进出口总值 25.83 万亿人民币(折合 4.16 万亿美元),中国的外贸依存度已经达到 45.4%,超过了日本和美国这样的发达工业化国家。其中,出口的贡献超过了进口的贡献。2013 年年度贸易顺差达2597.5 亿美元,贸易顺差的增长率为 12.8%,远高于当年进口的增长率和出口的增长率,也远高于年度国民经济的增长率,表明国民经济外贸依存度仍然具有坚挺的国际资本基础。

从经济史角度看,中国"走出去"战略既是全球分工与全球供应链的需要,也是中国国内经济结构调整、发展壮大国家的战略措施。由于新中国成立以后长期采取基于基本建设和工业投资的周期性中

---

① 1989 年联合国环境署(UNEP)专门为"可持续发展"的定义和战略通过了《关于可持续发展的声明》,认为可持续发展的定义和战略主要包括四个方面:(1)走向国家和国际平等;(2)要有一种援助性的国际经济环境;(3)维护、合理使用并提高自然资源基础;(4)在发展计划和政策中纳入对环境的关注和考虑。

央集权式五年计划和长期发展规划来管理国民经济,导致经济增长和结构上的周期性失衡问题。其中,经济的结构性过剩、特别是工业领域的产业结构性过剩成为政府管理经济的一大难题。比如,纺织、煤炭、钢铁、电力、水泥、甚至铁路和水利工程建设能力,都曾经在不同时期发生过周期性的生产能力冗余。中国长期采取的城乡制度二元化政府管制性的国家治理措施,还导致农业和工业劳动力结构性过剩。在外向型经济的大格局下,"走出去"除了获取维持经济增长的能源和原材料,也成为调整过剩的生产能力和劳动力的一种必然选择。中国在建设全球制造业基地的道路上,消耗了大量的国内能源和原材料,以及由传统农业转化而来的农业工人。随之而来的是通过"走出去"的自然逻辑过程,开发投资获取石油、天然气、铁矿石、粮食等中国维持全球供应链所需的能源、原材料等资源。就调整过剩生产能力方面看,以纺织行业为例,在国内"限产压锭"、强行淘汰的同时,也是最早采取鼓励"走出去"办法的行业。不过一些转移到诸如拉丁美洲的墨西哥、非洲的尼日利亚等地的纺织企业并没有形成成功的案例。

"走出去"路径逐步朝着多样化方向迈进,对外官方发展援助和对外直接投资越来越成为具有影响力的"走出去"方式。官方发展援助当然是一个国家对另外一个国家进行的具有经济利益和政治外交意义的资金和技术的支持,但往往表现为通过赠款和贷款建设受援国需要的道路、电站、水利工程等基础设施以及医院、学校、通讯等社会发展项目。工程技术合作和劳务输出也是因国内生产能力过剩而"走出去"的主要内容。近年,中国政府通过官方发展援助和官方出口信贷,大大促进了对外工程承包和劳务输出。2013年,中国对外承包工程业务完成营业额1371.4亿美元,同比增长17.6%,新签合同额1716.3亿美元,同比增长9.6%。新签合同额在5000万美元以上的项目达685个(上年同期586个),合计1347.8亿美元,占新签合同总额的78.5%。其中,超过一亿美元的项目392个,较上年同期增加

63个。截至2013年底,我国对外承包工程业务累计签订合同额11698亿美元,完成营业额7927亿美元。中国已经成为世界主要的劳务输出和工程承包国家。根据权威的美国《工程新闻纪录》杂志,全球最大的225家工程承包公司排名,中国占据了四分之一。世界上重大的道路、桥梁、机场、水电站等巨型工程,往往都有中国公司承包或参与建设,中国公司强大的融资能力和中国政府的经济外交能力,更有助于中国公司在全球招标或议标中获胜。

中国对外经济合作和官方发展援助还建立了一个"安哥拉模式"。① "安哥拉模式"的做法虽然较早就得到国际运用,但在安哥拉之后得到总结并加以在非洲其他国家和拉丁美洲、东南亚等国家推广。研究表明,"安哥拉模式"满足了中国在全球供应链优化过程中制造业所渴求的能源原材料需求和国家实施"走出去"战略的需要。

国际贸易和分工理论表明,国际投资具有对国际贸易的替代作用。中国企业"走出去"进行境外工程承包和对外直接投资,还有一些较为重要的原因,那就是为"中国制造"开拓国际市场,贴近市场和客户,获取国外中高端品牌、技术和管理经验,将"中国制造"本土化。另外一个值得注意的趋势是,对外直接投资也满足了投资主体在全面风险管理体系中实行"国家风险"管理等战略性风控措施下的资产全球配置的需要。无论是中国的国有企业还是民营企业,都在通过跨国并购和对外直接投资进行全球性资产和能力配置,这一过程也

---

① "安哥拉模式"的基本做法是,中国政府或政府支持的金融机构或企业给予亚洲、非洲、拉美或其他欠发达地区的外国政府或政府指定的政府部门和企业贷款,由中国公司参与其自然资源开发或基础设施及社会事业项目建设,借款方以石油、天然气、矿产、森林甚至钻石等自然资源来担保或作价偿还贷款。笔者认为,从中国方面来看,"安哥拉模式"是贷款换资源模式;从受援国方面来看,"安哥拉模式"是资源换发展模式。这一模式的做法此前就有,世界银行等国际开发性金融机构也在不同的欠发达国家实行过,中国自己的改革开放过程中,也采取这种模式利用外资发展经济。"安哥拉模式"一词被中国有关方面和国际社会使用,来技术性地总结、表达中国"走出去"战略的某种重大经济外交举措和做法。语义上相对中性,但具有较重的分析性和一定的地缘政治批判性和预警性,有国际研究报告将其与资源掠夺和新殖民主义联系起来。安哥拉是中国对外较早实行这种贷款换资源、并带动中国资本技术和劳务"走出去"做法的国家之一,故名。

将助推中国跨国公司和全球公司的出现。根据中国商务部公布的统计数据,2013年,我国境内投资者共对全球156个国家和地区的5090家境外企业进行了直接投资,累计实现非金融类直接投资901.7亿美元,同比增长16.8%。其中,对采矿业投资201.6亿美元,占22.4%;制造业86.8亿美元,占9.6%。两项合计达到总投资的三分之一。中国对外并购投资方面,据德勤会计师事务所报告,2013年上半年中国对外并购活跃,交易规模也明显增长,发生交易98宗,价值达353亿美元。近年有影响的跨国并购案例包括中联重科收购意大利CIFA,三一重工以3.24亿欧元收购德国普茨迈斯特,山东重工收购意大利豪华游艇制造公司法拉蒂集团,国家电网收购菲律宾、新加坡、葡萄牙、巴西等国家电网公司股份,中国投资公司参股英国伦敦希思罗机场和泰晤士水务公司,以及万达集团巨资收购美国电影院线和英国豪华游艇制造商,等等。

(三)"走出去"正面临着巨大的政治、环境与社会风险

中国的外向型经济发展过程并不一直是顺利的,经历了艰难的"关贸总协定"(GATT)谈判、成为世界贸易组织(WTO)成员、市场经济地位评估审查以及国民待遇审查等过程。直到今天,中国的对外贸易摩擦依然是中国对外经济中双边、多边关系中的重要话题。2013年全年共有19个国家和地区对中国发起了贸易救济调查,总共有92起,比2012年增长了17.9%。其中,反倾销调查有71起,反补贴调查有14起,保障措施有7起。除了发达经济体立案增幅继续大幅度上升以外,新兴工业国家和发展中国家立案也呈增长趋势。有数据表明,中国连续18年成为遭遇反倾销调查最多的国家,连续8年遭遇反补贴调查最多的国家。①

---

① 《商务部已发17条贸易预警,中国今年为何频遭贸易摩擦?》,中华人民共和国商务部网站,2014年2月14日,http://shfw.mofcom.gov.cn/article/yjxx/jxdz/201402/20140200488260.shtml,转引自《人民日报》2014年2月14日,海外版。

第一章 中国境外投资环境社会风险与"走出去"战略的可持续性

相比一般进出口贸易,中国企业"走出去"开展境外工程承包、对外并购投资和直接投资遭遇的情况更加复杂、严峻,正面临前所未有的"阻力"。这些阻力,有的来自投资目的地国家内部,有的是由全球共同关注并设置的。当然,地缘政治格局和利益攸关方多重力量的较量也发生着不可忽视的推波助澜作用。

表 1.1 "走出去"与风险指向类别示例①

风险议题	受阻或负面效应案例
国家安全	华为投标澳大利亚电信工程项目 黄怒波拟收购冰岛土地进行房地产综合开发 中海油洽购美国加州优尼科石油公司 三一重工诉美国总统奥巴马案
环境保护	中电投缅甸密松巨型水电投资项目 中资企业澳大利亚矿业投资 中国海外波兰高速公路"青蛙过道"问题
宗教与社会信仰	中国北方缅甸铜矿项目所涉寺庙问题
工会问题	上汽收购韩国双龙汽车后工会大罢工
恐怖袭击	发生在菲律宾、巴基斯坦、非洲多国等地的扣押人质事件 湄公河上中国船员遭遇大屠杀惨案
土著居民	拉美多国项目
利益攸关方	媒体 BBC 节目《中国人来了》 媒体《纽约时报》刊载《怒江告急》一文 NGO 组织介入中国在境外的一些投资项目
民主化进程	中电投缅甸密松巨型水电投资项目
地缘政治	中电投缅甸密松巨型水电投资项目(美国重返亚太战略) 华为投标澳大利亚电信工程项目
国际国内战争	中化建南斯拉夫化肥厂项目 中石油南苏丹油气项目

---

① 近年中资企业"走出去"遭遇的话题纷繁复杂,有的用我们的思维方式会感到费解,甚至有点"稀奇古怪",这种案例不胜枚举,笔者此处仅大致罗列示例。

中资企业"走出去"遇到的形形色色"障碍",归结起来可以说是一种"非传统风险",集中体现在政治、环境、社会、冲突等诸多方面,所涉利益主体也很多元。其成因复杂多变,诸如中资投资目的地国家内政外交、地缘政治格局改变、中资企业做法上"水土不服"、对国际惯例的漠视、较低的商业道德与诚信水平、全球治理中的合规与透明要求、公司社会责任和全球公民理念。另外一个成因说法是,世界上一些国家不适应中国的"崛起",因而予以阻挠。

本章和本书正是试图通过剖析中国境外投资遭遇的新风险图谱,特别是环境和社会风险,深入研究这些风险的基本原理和规避方法,旨在认知、理解、接受全球良治的基本规范①,提高中国企业"走出去"开展工程承包和境外投资的风险管理水平,避免财务和商誉的双重损失,增强"走出去"的可持续性和全球影响力。

二、环境与外部性

外部性是一个政治经济学和法学的概念。理论上,由于外部性涉及行政、经济、法律、道德多个约束领域,还没有一个统一的定义。有研究文献归纳了现代经济学家关于经济和商业领域多种角度的外部性问题。比如,经济学家科斯从产权的法律界定入手分析经济活动的外部性问题。当个体的行为所引起的个体成本不等于社会成本,个体收益不等于社会收益时就存在外部性,这就引出了科斯的社会交易成本问题。显然,外部性可以有正外部性和负外部性之分,但人们更多关心的是经济活动的负外部性问题。经济政策可以通过鼓励某个产业发展、拉动经济增长和就业,但它也可能导致经济的负外部性,然后又出台一项新的法律法规,来弥补前项政策导致的负外部性。

---

① 例如,联合国提出的涵盖维护人权、劳工标准、环境保护、反贪污腐败等方面的"全球契约"(Global Compact)。

第一章 中国境外投资环境社会风险与"走出去"战略的可持续性

环境是一个重要而又十分常见的外部性问题。住宅小区的干净、整洁,可以为小区的总体房价加分。人们的经济活动导致的环境污染则危害人的身心健康,需要政府和纳税人投入巨资来治理,导致经济发展中的"社会成本"增加,制约经济社会可持续发展和人类进步。世界上臭名昭著的污染案例不胜枚举,比如印度果伯尔的毒气泄漏事件、乌克兰切尔诺贝利核电站事故、英国石油公司墨西哥湾漏油事故。中国的经济增长模式也成为解释环境的负外部性的典型。中国经济体系中以制造业为核心竞争力的全产业结构特征,导致了几乎遍及江河湖泊、农业土壤、大气等全方位的重度污染。专业术语"雾霾""PM2.5"等已经成为妇孺皆知的大众词语。2013年,中国的雾霾分布图几乎和中国版图中经济发达程度分布图相重叠,蓝天白云也具有了经济学意义上的稀缺性。根据中国国家环保部公告,上半年京津冀地区只有31%的天数达标,PM2.5平均浓度为115微克/立方米,是达标标准的3.3倍。没有一个城市PM2.5达到标准。即使是PM10,京津冀区域内所有城市也未达标。2014年1月,北京市政府表示要投入7600亿元人民币治理大气污染,并且将大气污染问题提升到社会和政治高度。定量地看,这个巨额投入可以看做是北京经济增长的环境负外部性。

可能产生环境负外部性还可以预先决定一个建设项目的生死。近年中国国内拟新建PX项目,但先后在厦门、宁波、大连、昆明等多个城市遭到当地居民、非政府组织、媒体的强烈抵制,有的还酿成影响极坏的社会群体性事件,最终导致项目流产。环境负外部性还和邻壁效应①一起发挥影响项目建设的作用。邻壁理论下的邻壁综合征(NIMBY Complex)解释了另外一些带有某种"趣味性"的项目例

---

① "邻壁"一词源于NIMBY,是英文短语"Not in My Backyard"(别在我家后院)的首字母缩写,这个表达多以贬义的意味指那些因为某个社会建设项目要修在自家附近而对此表示反对的公众意见,即"邻避效应"。这些表示反对的居民有时被称作Nimbies。有可能遭遇邻避效应的项目包括但不限于:化工厂、工业园、军事基地、海水淡化处理厂、垃圾填埋场、垃圾焚烧厂、电站、监狱、核废料掩埋场、体育场,等等。

子。2012年,江西拟在相邻安徽的彭泽建设核电站。日本福岛核电站事故之后,公众和居民对核电站危害的认知程度大大提高。江西的核电站计划随即遭到安徽方政府和公众的强烈反对。但有报道,安徽省也在省内加紧选址、建设自己的核电站。从报道选址来看,潜在的核污染半径距离相邻的江西并不遥远。此后有专家意见认为,两个省份由于人口和生态的原因都不合适建造有环境负外部性的核电站。

中资企业"走出去"也面临环境外部性问题。国际上,联合国通过召开气候变化会议提出措施应对气候变化和温室效应。早在1992年就通过政府间谈判达成《联合国气候变化框架公约》,该公约是世界上第一个为全面控制二氧化碳等温室气体排放,以应对全球气候变暖给人类经济和社会带来不利影响的国际公约,也是国际社会在对付全球气候变化问题上进行国际合作的一个基本框架。联合国在1995年召开的世界社会发展首脑会议上,秘书长科菲·安南提出"社会规则"和"全球契约"(Global Compact)的设想,"全球契约"号召工商企业遵守在人权、劳工标准、环境及反贪污方面的十项基本原则、遵守有共同价值的标准、努力迈向千年发展目标。在环境方面,要求企业应对环境挑战未雨绸缪、主动增加对环保所承担的责任、鼓励无害环境技术的发展与推广。

对那些环境和社会影响较大的国际大型项目,世界银行下属的国际金融公司还联合花旗、汇丰、荷兰银行等国际大型金融机构制定了"赤道原则"(the Equator Principles),旨在建立判断、评估和管理项目融资中的环境与社会风险的一个金融行业基准。据称,遵循"赤道原则"的国际融资项目已经占到全部国际融资项目的80%以上。2003年以来,"赤道原则"被直接运用于世界上绝大多数大中型和特大型项目上。有些项目在是否符合"赤道原则"方面颇有争议,引起了国际关注,如巴库-第比利斯-杰伊汉(Baku-Tbilisi-Ceyhan,简称BTC)输油管道工程、俄罗斯萨哈林(即库页岛)2号油气开发项目(the

Sakhalin II Oil and Gas Project)和印度的那马达大坝项目(the Narmada Dam Project)等。其中,由多国跨国公司参与、总投资高达200亿美元的萨哈林2号项目被俄罗斯联邦政府收归国有。萨哈林2号油气项目在开工初期就遭到了众多非政府组织的强烈抗议,随着项目建设的进展,多达15个国家的39家非政府组织的抗议活动愈演愈烈,最终还采取了法律诉讼措施进行抗议。2006年9月,俄罗斯有关法院判决撤销了该项目的建设许可证,已经完成80%工作量的萨哈林2号项目于2007年1月停止建设,俄罗斯联邦政府据此收回了项目的所有权。当然,国家也顺利完成了一次能源主权行动。

中国的中电投在缅甸伊洛瓦蒂江水系上总投资规模拟达2000亿元人民币的水电站被缅甸中央政府无期限叫停是另外一个"走出去"环境外部性案例。项目的初衷是中方利用投资、技术优势开发利用缅甸的水力资源,与缅方分享项目带来的经济效益和社会效益,部分电力出口中国南方省份。看似互惠的自然资源开发利用被叫停,原因虽然复杂,但项目建设导致的环境问题成为直接的指向。缅甸总统吴登盛在国会宣读声明,表示为顺应民意,将在其任期内停建与中方合资投资计划高达36亿美元的密松水电站项目。此前,缅甸著名民主人士昂山素季及其支持者联合环保组织、少数民族等一起,呼吁停建密松水电站。他们认为这项建设工程将导致居住在伊洛瓦蒂江沿岸的1.2万名居民被迫拆迁,并将严重破坏伊洛瓦蒂江的生态环境。

三、商业道德、合规经营与公司社会责任

国际商业行为的道德准则。在商业道德方面,联合国《反腐败公约》以及"全球契约"中关于人权、劳工标准、环境、反贪污等均有所涉及。但是,跨国公司也在商业活动中依据母公司所在国家和经营活动所在国家的法律逐步形成公司的商业行为规范和道德准则。例如,美国2002年颁布了《萨班斯-奥克斯利法案》,其中规范了公司经营行为的道德准则。准则的目的在于防止不正当商业行为,促进诚

实和道德的行为,包括以符合道德要求的方式处理私人和工作关系中存在的实际的或明显的利益冲突;在向美国证券交易委员会提交的报告和文件,或公司向公众做出的其他信息中做出全面、公平、准确、及时和可理解的披露;遵守适用法律、法规和规章的要求;完善对违反本准则行为的内部报告制度;责任追究。公司商业行为准则适用于公司的所有董事、管理人员和雇员,不管他们是以全职、兼职、顾问或者临时的方式为公司工作(统称为"雇员")。

美国《反海外腐败法》(FCPA)禁止为了取得商业机会,以直接或间接的方式向外国政府官员或外国政治候选人赠送任何有价值的物品。违反 FCPA 的行为不仅违反了公司政策,也要承担 FCPA 法下的民事或刑事违法责任。任何雇员不得以直接或间接的方式,向任何国家的政府官员支付或者授权支付非法酬金。2013 年发生在中国但受到美国证券交易委员会和联邦政府法律追究的相关事件,包括几家跨国制药巨头辉瑞、礼来、惠氏等公司在中国实施的医务领域行贿案件,世界最大的化妆品直销公司雅芳在中国涉嫌贿赂官员案件,投资银行巨头摩根大通、花旗、瑞士银行、德意志银行、瑞信、高盛、摩根斯坦利等雇佣中国政府高官子女寻求不正当商业利益和不正当竞争力的案件。

社会责任与公司可持续发展。不负责任的公司行为会损害商业利益,而积极承担社会责任可以促进公司长期可持续发展这样的做法越来越被跨国公司所接受。直销在中国很容易和非法的传销画等号,但是,业务遍及 80 多个国家和地区、2010 年全球销售额达 92 亿美元的美国安利消费品生产和直销企业在中国积极开展社会公益活动,逐步获得了中国国家法律和社会消费者的接受和认可。安利日用品有限公司(中国)积极投身儿童关爱、环保宣教等公益事业,捐资 1 亿元人民币发起设立安利公益基金会,打造了"阳光计划""名校支教""安利环保嘉年华"等多个富有社会影响力的公益品牌,建设了一个拥有 180 余支"安利志愿者服务队"和 6 万多名注册志愿者组成的中国最大的企业志愿者队伍。安利(中国)于1995年开业,2010年销售额达到219亿元人民币,上缴各类税款近52亿元人民币,并连续八年被国家商务部评定为"中国外商投资企业百强"。履行社会责任义务,使这家曾经涉嫌非法经营的跨国公司不但合法立足,还实现了跨越式成长。

近年,中国公司在境外也开始注重承担公司社会责任,并进行公益慈善活动。据报道,2011年中国驻老挝大使馆向老挝政府办公厅赠送了由华为公司赞助的总价值约6万美元的100台办公电脑,华为公司赠送了总价值约80万美元的2套高清视频远程会议系统,捐赠提升了老挝政府部门的现代化办公水平。一些中国公司还在经营所在国家捐建学校、医院和乡村文化站,获得当地政府和社区的好评,从而改善了在当地的经营环境。

通过合规管理促进公司的可持续发展。"合规"(compliance)相对来说是比较新的工商管理概念,"通常包含两层含义:遵守法律法规及外部监管规定;遵守商业伦理和公司内部规章制度以及社会规范、诚信和道德行为准则等。狭义的合规主要指强化反对商业贿赂"。① 合规管理对中国公司来说还处于起步阶段,而合规管理是全面风险管理的组成部分,因此,要逐步开展合规建设、特别是遏制商业贿赂,把合规经营作为企业的首要责任,建立有助于可持续发展的公司文化。②

广泛的全球化导致竞争加剧,商业伦理也受到前所未有的挑战。近年影响国际上较大的合规案例是德国巨头跨国公司西门子行贿案。2006年西门子公司的2亿欧元资金流入"黑户"导致该公司特大贿赂案曝光,2007年美国司法部对此展开调查,随之西门子贿赂

---

① 王志乐、蒋姮:《合规——企业的首要责任》,中国经济出版社2012年版,第3页。
② 商业活动中的非市场战略措施繁多,除了公益、社会责任、商业道德,还涉及经营环境中的公司治理、地缘政治外交、公共政治和私人政治,限于本章主题和篇幅,笔者在此不做探讨。

案波及中国。美国证券交易委员会披露,西门子行贿的政府官员分布在10多个国家,9年间行贿项目多达4283个,涉及金额高达14亿美元。2008年,西门子与美国、德国政府达成和解协议,向美国证券交易委员会和司法部及德国政府支付13亿美元罚金。这一巨大代价也是西门子公司成立以来最大的商业贿赂罚单。受贿案之后,西门子公司花费20亿欧元重建了合规体系,合规团队从173人激增到620人。制定了全新的《西门子合规计划:商业行为准则和其他规章制度》,主要内容包括商业行为准则、反公共腐败合规政策、财务道德准则、赞助捐赠等规定、付款及银行账户的集中管理。

中资公司在海外开拓市场也发生屡见不鲜的行贿案件,特别是在新兴市场上竞争激烈的行业。有报道称,2012年中国两家极具国际影响的电信业公司中兴和华为在阿尔及利亚因涉嫌贿赂政府官员,有关公司高管被缺席判决十年有期徒刑、罚款并被发出国际逮捕令。两家公司犯有行贿和以权谋私被勒令两年内不得参与公开投标。案件称中兴公司涉嫌贿赂阿尔及利亚原通讯部长,向其海外账户打入1000万美元。此前的2007年、2008年,中兴公司和华为公司还卷入菲律宾国家宽带电信项目、挪威电信运营商贿赂丑闻而引起双边最高层政府重视。2013年,中兴公司在蒙古涉嫌行贿被蒙古国家反贪局调查。

笔者发现,中资海外公司所涉腐败案件,还更多地集中在中国几家公司之间竞争激烈且需要中国政府官方发展援助和有关金融机构提供融资的领域,包括中国公司对外具有比较明显的成本(报价)竞争优势但中国公司之间需要激烈竞争的公路、铁路、水电站、火电站、电信、矿业、机场、油气开发等行业。

中国早已加入《联合国反腐败公约》,在国际商务活动中,不应该存在"水土不服"乃至"入乡随俗"。有关中国国内的反腐法律法规和廉政风暴,也应该适用于中资公司在境外的商业行为,树立中资公司在境外良好的商业道德形象并促进"走出去"的可持续性。

四、利益攸关方与全球公民社会

理论界已经对利益攸关方做了比较深入的研究探讨，充分理解利益攸关方理论需要"全球公民社会"、"只有一个地球"这样的宽阔视野。有人定义利益攸关方包括企业的股东、债权人、雇员、消费者、供应商等交易伙伴，也包括政府部门、本地居民、本地社区、媒体、环保主义等，甚至包括自然环境、人类后代等受到企业经营活动直接或间接影响的客体。以本地原住民为例，包含人类、各种植物、各种动物（天上飞的、地上跑的、水里游的）。人类里面还要特别关注那些相对弱势的群体，如少数民族、土著居民、妇女儿童、老人等，因为建设项目可能会对某类人群有特殊影响。比如，美国加州某山区在规划风力发电项目时，附近的老人认为慢悠悠旋转的风车可能会影响散步时的视觉美观和心率，进而影响周边老年居民的健康。类似的事情还发生在英国，在规划某风力电场时，环保 NGO 组织认为，风车影响了鸟类迁徙的路径。NGO 组织出面维护鸟类的利益，因为鸟类自己无法表达，而鸟类和人类一样，也是我们这地球的居民。

在中国，世界海拔最高的青藏铁路工程项目同样遇到藏羚羊迁徙路线的问题。藏羚羊是一种分布在青藏高原的季节性迁徙濒危野生动物。每年夏天的六月份，分布在羌塘、阿尔金、三江源等地的藏羚羊会迁徙到青海西部的可可西里地区，并在那里产下幼崽。八月，母羊会再和幼崽一同返回原来的栖息地。青藏铁路正好会经过藏羚羊从三江源到可可西里的迁徙路线。对于分布在三江源地区的藏羚羊种群来说，每年要跨越两次青藏铁路线。①

---

① 中资企业在海外的工程项目也频涉野生动物这样的利益攸关方。中国海外建设总公司中标波兰公路项目就成为一个业界的案例。业主聘用的工程咨询公司多次与中海外交涉，要求中海外在做施工准备时必须妥善处理当地特有的青蛙问题，因为青蛙通道是道路桥梁建设中的"欧洲标配"。其后的结果证明，当初雄心勃勃进入波兰市场的中海外，绝没料到小小的青蛙也会成为影响工期和成本的大挑战。

前述的"邻壁效应"在利益攸关方话题上也不可忽视。从引述中的江西和安徽两省核电站项目建设之争来看，江西核电站的选址距离安徽较近，引起安徽方面的担忧。案例中，安徽是利益攸关方。

美国洛杉矶和旧金山之间的城际高铁项目又是一例。洛杉矶和旧金山两个城市是美国西部的主要大都会，洛杉矶因为好莱坞及近邻的赌城拉斯维加斯而著名，旧金山与附近的高科技区硅谷相得益彰。在密切的城际往来中，不到400英里的距离驾车需要6小时左右，火车则需要长达12个小时。以世界上现有的高铁速度看，可缩短至3小时的城际高铁应该是一个好的选择，但这个高铁项目自提议以来一直备受争议。民主党人认为工程可改善就业和基建，但共和党人坚持认为浪费纳税人的钱。2012年，议案取得21票支持、16票反对而获得通过。加州高铁当局称，高铁工程每年将带来10万个与建筑有关的工作机会，未来25年将为全州提供45万个永久工作职位。工会是这项工程的主要支持者，工会在此扮演了十分重要的利益攸关方角色，战胜了另外一个利益攸关方——环保NGO组织。

中方投资人拟投资开发柬埔寨首都金边的万古湖项目也遇到了多种利益攸关方质疑、抵制的局面。万古湖是金边市内最大的淡水湖，位于市中心的"黄金地带"。但随着城市化进程、移民徒增，多年形成了脏乱差的环境，甚至有犯罪活动。2006年，柬埔寨政府计划将万古湖填平造地，建设成金边市的现代化新地标之一。随后，市政府与柬埔寨本土的一家开发公司签署99年的租赁开发合同。由于开发投资巨大，利用外资成为自然而然的选择。先后参与合作谈判乃至投资的中国公司有数家，分别来自云南、深圳、鄂尔多斯等地。由于拆迁、补偿等争议不断，项目建设引起居民的抵制，他们经常去政府、国际组织和各国使馆（当然包括中国使馆）进行抗议，抗议活动引起了非政府组织的极大关注和参与。据报道，柬埔寨有2000多个非政府组织，其中不乏国际资金支持背景的或国际NGO，如国际人权组织。这些非政府组织在公众利益诉求、环境保护诉求方面十分活跃。柬埔寨的反对党和各类媒体,也纷纷借机发出自己的声音,树立威信。后来,世界银行的表态直接把这个局部项目问题推到了国际领域。由于建设开发的资金将主要来自中国投资人,"中国因素"也就成为争议、抗议的靶心,直至被有国际影响的媒体联想式"深度报道"加以放大炒作。

以全球公民的角度来看,媒体确实是不可忽视的利益攸关方。我们还不习惯在国际商务中受到媒体的介入[1],更不擅长在舆论危机时刻紧急采取媒体公关。中国在境外投资遇到的媒体问题,涉及核心利益攸关方之外的第三方监督,可能表达的是国际事务中的公开、透明、公正,也可能是媒体作为商业运营机构本身提升影响力并获得诸如广告收入、赞助收入的需要。[2] 英国广播公司(BBC)曾大肆报道称,中国中信集团在安哥拉承建的一项住宅工程,总投资逾35亿美元,历时3年建成,但这个可容纳50万人的卫星城却因售价太高沦为"鬼城"。BBC制作的电视片《中国人来了》,不但标题耸人听闻,而且拍摄地几乎覆盖亚洲、非洲、拉丁美洲、甚至美国,采访方式"生动、活泼",内容更是集中在"抢眼球"的方面。由于BBC是国际主流媒体巨头,其新闻宣传技术上如此特别处理,节目当然会造成很大的影响。

五、结束语

中国企业"走出去"既是商业的内在逻辑,也是中国政府推行的国际战略。"走出去"可以获取全球供应链优化所渴求的能源、原材

---

[1] 笔者在东南亚某项目实地考察中,就遇到某中国公司项目经理称,我们每天很忙的,没有时间搭理这些NGO组织。当然,这些NGO多来自西方工业化国家,客观存在沟通的语言障碍和沟通习惯。中国还没有形成"走出去"的NGO组织,随着中国公民的全球责任公民意识的树立,将来也会有来自中国的NGO组织。

[2] 利益攸关方也是利益的追求者,显然,商业活动主体可以通过利益输送、分配而与利益攸关方结盟。媒体和NGO这样的利益攸关方也有自己的利益诉求(和工人要求提高工资一样),也需要以给予利益的方式支持其全球事务和公益事务。

料,转移中国国内的过剩生产能力,也帮助中国企业开拓了国际市场、进行全球资产配置。

2013年,中国货物进出口贸易超过美国成为世界第一大贸易国,此前的2012年,中国成为世界第三大对外投资国。直接投资资本流入与流出比也接近1∶1,而对外投资的增长速度数倍于外资流入的速度。可以预言在不久的将来,中国会成为直接投资的净流出国。有观点认为,中国的"资本走出去"风头已经盖过了中国的对外贸易和利用外资,中国期待"对外投资驱动"元年。①

在是否"走出去"的决策上,决策者考量较多的是投资收益、市场风险、汇率风险、整合价值之类偏重于财务和经济回报的风险,不规范地可以称之为"传统风险"或"常规风险"。但是,在最近十年的"走出去"案例中,中资企业越来越多地遭遇各种各样的"非传统"风险——集中在环境、社会、冲突风险方面,涉及国家安全审查、贸易摩擦、外交、法律、战争、制度、少数民族、文化、宗教、地缘政治,等等。

实现"对外投资驱动"型经济增长模式,就要直面"走出去"的新风险图谱。相对于传统风险,应对非传统风险是中资"走出去"企业的新挑战。也因此,需要全球视角下的新思维、新举措,保障"走出去"的可持续性,助力中国经济社会发展的可持续性。这些新举措至少包括:反思"走出去"战略本身、将新风险图谱管理纳入全面风险控制体系、承担全球范围的环境和社会责任、遵循商业道德与全球公约。

中国特色的发展模式推动了一个大国的迅速"崛起",廉价的劳动力、竭泽而渔式的能源原材料消耗、严重污染的环境塑造了一个经济大国、国际贸易大国和对外投资大国。但是,面对复杂多变的世界格局,中国还需要在实施上述应对新型风险措施的同时,树立全球公民意识,积极参与全球治理,加大全球影响力投资,进而建立一个实现"复兴之梦"的强国。

---

① 郭丽琴:《"资本走出去"风头盖过外贸、外资,中国期待"对外投资驱动"元年》,《第一财经日报》2014年1月17日,A05版。

第二章　境外投资中的政治风险概观

查道炯

一、政治风险概念的起源

政治风险跟其他经济风险、技术风险一样,是投资风险的一个重要组成部分。有关跨国经济活动所涉及的政治风险的研究,成果丰硕。[①] 本章写作的一个重要出发点在于努力纠正在中国有关对外投资风险的讨论中将政治风险简单化成国际政治风云变化或中国与东道国之间的政治外交关系变化的倾向,突出企业通过自身的努力,提高与政治风险共存能力的可操作性。

至于什么是"政治风险",则难有一致的定义。利益决定立场。在直接涉事方(政府、企业、个人)与间接涉事方(国际组织、行业协会、研究人员、媒体等)之间,一方所认定的"风险"并不能自动获得另一方的认可。在不同的国别、同一国别的不同地区、投资和贸易行为的不同环节,什么是"政治",也难有共识。

作为一个观察、研究跨国直接投资环境的名词,"政治风险"因欧美国家的企业在世界其他地区(特别是欠发达国家)的投资活动频率

---

① 例如,李福胜:《国家风险:分析、评估、监控》,社会科学文献出版社2006年版;张萍:《中国企业对外投资的政治风险及管理研究》,上海社会科学院出版社2012年版。

的提高和规模的扩大而出现。20世纪70年代,欧美国家中大学的跨国商务和跨国政治教学与研究,开始将"政治风险"列为一个独立的课题归类。[1] 自然地,从事跨国投资政治风险研究的出发点是如何保护欧美的企业利益。受"自由资本主义"哲学理念的影响,政治风险的学术定义,在宏观层面,指的是政府干预企业的运营,而且偏重研讨东道国(特别是发展中国家)的政府对进入其经济体的外资企业设置的政策环境。

在微观层面,早期的政治风险定义集中在关注东道国经营环境的稳定(政府和社会)、针对外资企业的直接暴力,以及其他制约企业运营的政府行为。例如:战争、内战、政权无序更迭;政府没收外资资产;歧视性税收政策;私营与公营部门之间的竞争等。因东道国单方面撕毁合同、中止履行责任和义务,导致外商在投资或其他经济活动中财产和人员蒙受重大损失,是典型的政治风险表征。

跨国企业是研判、应对运营过程中所遇到的包括政治性来源的各种风险的主体。对一个具体的企业而言,当东道国内的政策变化——不论它的设计是否直接针对外资——对该企业的盈利以及其他发展规划的预期产生影响时,就通常被认为是出现了政治风险。这种风险认定,涉及跨国投资和管理方所积累的经验和常识。一个企业理解其经营所在地的政治和政策变革的能力,影响到它判断经营环境的准确程度。从这个意义上讲,经营环境的变化是常量,而这种变化在本质上具有不确定性;如何避免将不确定性与风险混为一谈,也是企业和学术研究中努力把握的课题。

在20世纪80年代初期,从美国开始,"政治风险分析"悄然成了一个服务产业,专职为企业提供跨国投资政治和政策分析服务。政治风险分析企业的人员凭自己的经验和专长,以不同的方式研究投资企业所关心的各种问题,如资本输入国的政治稳定性(投资政策、

---

[1] Stephen J. Kobrin, "Political Risk: A Review and Reconsideration", *Journal of International Business Studies*, Vol. 10, No. 1, 1979, pp. 67-80.

税收政策、是否存在着企业日后被没收或征用的可能性等）以及资本输入国的各个政党的情况、劳资问题，政府对外资企业会施加何种限制以及同该国公营企业的竞争情况等等。分析人员除了在美国国内研究外，还需到资本输入国向"知情人"（如新闻界、政界、工商界等各方面人士）了解情况。从事这种职业的包括专职人员和众多的兼职分析员，其中有熟悉各国政情的政客、经济学家和政府情报机构的离职人员。跨国投资咨询公司随之活跃起来，在世界各地提供收费服务。

到了20世纪90年代中期，职业政治风险分析服务的业务量大幅下滑，一些大型的政治风险分析公司开始纷纷转型。1994年，政治风险分析师协会正式解散，该协会在1982年成立时涵盖了超过四百家会员单位。[①]

出现这种转变的原因是多方面的，其中一个核心因素是：传统的政治风险分析主要针对发展中国家和地区，以（潜在）投资对象国别为分析单位。伴随着七十七国集团的成立（1964年）以及它在联合国框架下的"国际经济新秩序"谈判中的抱团行为，第一次中东石油危机（1973年）、拉美经济危机（1982年）等重大事件，在发展中国家一度出现了"与西方资本主义脱钩"的发展理念和社会风潮。政府通过提高经济国有化水平、推销进口替代等发展战略等手段，试图提高掌控国家发展命运的能力。到了20世纪80年代后期，"亚洲四小龙"经济体自60年代起坚持出口导向型发展战略，利用参与国际产业链分工，从发展劳动密集型的加工产业开始提高其企业的全球竞争力，在短时间内实现了经济的腾飞。"东亚发展模式"表明，欠发达经济体通过加入世界资本主义体系，与原殖民地国家在产业、贸易、投资等领域的互动，可以为自己的国家和社会创造新财富，带来稳定和繁荣。这其中，中国在20世纪80年代初开始全面实现对外开放

---

① Heidi Deringer, Jennifer Wang and Debora Spar, "Note on Political Risk Analysis," *Harvard Business School Case*, No.9-798-022, September 17, 1997, p.5.

政策,通过向全球招商引资的途径,重建国家经济。也就是说,在发展中国家间,"脱钩"理念不再具有以往的吸引力,而是转向创造优惠条件,吸引来自欧美日等发达国家的投资。这样,原先所设计的政治风险分析框架,其事实支撑基础发生了结构性的变化。

二、政治风险内涵的充实

但这并不是说"政治风险"作为一个研究和经营跨国投资的话题不再具有吸引力。事实上,就在中国通过建立经济特区等政策举措向外商发出欢迎、支持来华投资,明确国家政策取向之后,一些外国投资者对来华投资持等待观望态度,并且很少把资本和技术密集型的高尖端技术行业投资于中国,其中一个重要因素是对中国投资环境不甚了解,担心在华投资会遇到政治风险问题。[①] 为了促进改善中国的投资环境,保护成功引进的外资项目在华运营不受资本来源国的对华政策影响,早在1985年,中国的外资管理研究成果中便出现了设立"政治风险"保险服务的呼声。[②]

经典教科书[③]中,对出现政治风险的表征的罗列,大同小异。通常,以下现象被视为政治风险因素:

- 对外资企业人员的危害行为,包括绑架
- 政府违约和违反合同行为
- 政局动荡,甚至出现内乱

[①] 张上塘:《试谈在中国投资的政治风险》,《国际经济合作》1986年第4期,第16—18页。

[②] 林祥炎:《经济特区应开展"政治风险"保险活动》,《福建论坛(经济社会版)》1985年第1期,第48—49页;苏存:《论我国开办引进外资政治风险的保险》,《投资研究》1990年第8期,第39—41页。

[③] Jerry Rogers, *Global Risk Assessments: issues, concepts, and applications*, Riverside: Global Risk Assessments, Inc., 1983。Sam Wilkin, *Country and Political Risk: practical insights for global finance*, London: Risk Books, 2004。Theodore Moran, Exploring new frontiers, Washington, D. C.: World Bank, 2001. Louis Wells, *Making Foreign Investment Safe: property rights and national sovereignty*, New York: Oxford University Press, 2007。

- 歧视性税收政策
- 没收外商投资资产或对其资产实施国有化
- 货币不可兑换
- 对本币和国际通货汇兑设置限制
- 恐怖主义行为
- 战争

类似的指标,一方面有增删的空间,另一方面,适合用来研判跨国资本和直接投资行为所涉及的对象国和来源国相关环境的变化。

一些为跨国投资提供咨询的机构开发了各自的量化风险判断框架。例如,教科书中经常性引用的框架之一是"经济学人分析部"(Economist Intelligence Unit)于1986年建立的观察要项。该组织长期为研判跨国投资环境提供信息服务,采用百分制来衡量、比较、预测不同投资对象国的风险。

政治（50分）

- 与超级大国关系接近抑或是"麻烦制造者"（3）
- 集权主义（7）
- 政权的寿命（5）
- 政权的不合法性（9）
- 政府高层领导中的将领人数（6）
- 战争/武装起义（20）

经济（33分）

- 人均GDP（8）
- 通货膨胀（5）
- 资本外逃（4）
- 外债占GDP的比例（6）
- 人均粮食产量（4）
- 初级产品在出口品种的比例（6）

社会　（17分）
- 城镇化进度　（3）
- 伊斯兰极端主义　（4）
- 腐败　（6）
- 民族矛盾　（4）

显然，这个分析框架主要适用于欧美的跨国公司对非西方、发展中国家状况的分析。运营这个框架，也只能得出一个概况性的观察。对中国的企业而言，了解类似的分析框架，有助于认识欧美跨国公司对投资对象国宏观形势判断的路径。

而今，教学和实践中的政治风险研判努力，更有吸引力的手段是超出以国别为单位的宏观分析框架，而从行业变化、单个事件（政府层面和企业层面）等等引起关注的现象入手，采用汲取教训的逻辑，而探讨企业自我保护的途径。与此同时，对某个国别中的某个行业（乃至企业）变化所可能产生的影响的研究，也从跟踪正式的政策举措转向可能导致新变化的国内和国际因素的跟踪、分析。在跨国经济活动中，对企业行为影响最大的，应是有企业订制、不公开发表的那些政治风险分析成果。

概括起来看，研判跨国经济行为的政治风险，可分宏观和微观两个层面。宏观政治风险是指那些暴风骤雨般的完全不可预测的剧烈变动。跨国投资过程中，遇到更多的是微观政治风险挑战。接受投资的东道国在不同时期或在不同地区，对不同的行业，采取各种不同的鼓励或限制措施，都会影响外国投资或其他方式的经济互动。输出投资的国家，因国内经济和政治发展的需求，也因经济手段是管理双边政治和安全关系的一个常用工具，对投资资本和资金的对外流动实行调整，都是正常现象。微观政治风险是普遍存在的。

此外，跨国经济活动的主体是企业。在企业的跨国活动过程中，主权财富基金、金融类企业、非金融类企业，受到鼓励、限制、禁止的路径，存在行业和国别差异。当然，国与国之间的经济交往，也存在约定俗成的潜规则影响。总之,"政治风险"并不存在一个全面、系统的定义;具有针对性的讨论必须区分国别、企业、所涉项目以及投资对象国(地)的政策与社会环境等因素而进行。

三、管理政治风险的措施

(一) 政府间双边投资保护协定

由于政治风险具有相当的客观性,投资者通过自身努力往往难以抵御,因此政府间建立投资保障制度是国际经济关系的重要内容之一。该制度设计的目标是保护跨国投资者的利益和安全。[①]

双边投资保护协定(Bilateral Investment Treaty, BIT)属于国际经济法的范畴,是国家间为促进和保护投资签订的一种双边协定,其最初形式是通商航海条约中有关投资部分的条款。第二次世界大战以后,一些发达国家纷纷扩大对外直接投资,国际间资本流动日益频繁,投资关系错综复杂。为了保障资本输出国和资本接受国双方利益,自1959年前联邦德国与巴基斯坦签订当代世界第一份BIT以来,世界上绝大多数国家都选择BIT这一政策工具。由联合国贸易和发展会议组织的BIT数据库显示,全球已有1800多对协议。[②] 其中包括中国与88个国家政府签订的BIT的英文或其他有同等法律效力的外文全文。

作为一个条约性协议,BIT的成立,经历政府间谈判、签署、国内立法机构批准三个阶段。所以,其条款对缔约双方具有同等的法律约束力。

每一对BIT的具体内容,因缔约方谈判结果的不同而不同。但

---

① 江荣卿:《境外投资法规解读及双边投资保护协定应用》,法律出版社2013年版;卢进勇:《国际投资条约与协定新论》,人民出版社2007年版。

② UNCTAD, *Country-specific Lists of Bilateral Investment Treaties*, http://unctad.org/en/Pages/DIAE/International%20Investment%20Agreements%20(IIA)/Country-specific-Lists-of-BITs.aspx.

是，以下几方面的内容则具有共通性：

1. 投资者的待遇问题

也就是缔约者一方在缔约另一方境内，在筹措资金、采购物资、雇用职工、管理企业、销售产品、交纳税金等方面享有的待遇。这些待遇的基本原则是"公平、合理"，主要是指缔约一方的投资者在缔约另一方境内的投资及其与投资有关的活动所享受的待遇，不应低于同缔约另一方订有同类协定的第三国投资者所享有的待遇，或者"国民待遇"（投资者享有与资本接受国国内企业同等的待遇）。

2. 外国投资财产和收益被征收和国有化情形下的补偿问题

1974年12月，联合国大会通过的《各国经济权利和义务宪章》第二条C款规定："每个国家有权利将外国的财产收归国有、征收和转移……应由采取此种措施的国家给予适当补偿。"各国间订立的投资保护协定对这一问题都有相应条款。

3. 投资财产及其收益的转移问题

一般来说，资本输出国都要求保证投资财产和收益能从所在国自由汇出。资本输入国要么基于平衡其国际收支、避免金融危机出现的需求，要么将政府的外汇管制视为一种经济主权，偏向于对外资所得利润的汇出设置一些限制。关键在于出现大规模动荡、投资争端时，保障投资本息和利润不受损失的法律机制的透明性和稳定性。

4. 发生投资争端时的仲裁问题

鉴于资本输出国和资本接受国的国内法不尽一致，一些国家在商订投资保护协定时，强调双方在发生争端时必须交付国际仲裁。国际投资仲裁规则的一个新课题是争端当事方以外的第三方是否有权力向国内或国际仲裁法庭提供与案件有关的事实或者适用法律方面的意见。

必须强调的是，同一个国家与不同缔约国之间的BIT，在具体内容上并不完全一致。此外，不同缔约国国内的执法力度也不一致。

动用 BIT 条款下的条文而维护企业利益和权益的各种成本,也可能超出了企业的接受程度。但是,对于投资方而言,熟悉本国与投资对象国之间的 BIT 条文,则有利于在谈判项目合约的过程中向对方提出它应尽的法律义务。

(二) 资本输出国海外投资保险

尽管政府间的投资保护协定能为海外投资者增加安全感,但是东道国内的政治和政策变化使它无法执行甚至单方面撕毁协定的现象在国际上屡见不鲜。一旦发生这种情况,资本输出国政府除了通过外交手段调解、采取经济报复措施或诉诸国际法庭之外,也难有更为有效的作为。而投资者的利益在这一过程中已经遭受了损失。

为了更有效地保护投资者的利益,减少风险损失,世界上的主要资本输出国都建立了海外投资保险制度。海外投资保险制度主要是为了应付政治风险而设立的。通常由政府设立或政府资助建立独立的法人保险公司,为本国的海外私人投资承保政治风险,而不承担商业风险的保险业务。投资者按约定交纳一定比例的保险金。当投资者的利益因东道国发生政治风险而遭受损失时,保险公司按约定给予一定的赔偿。

时至今日,海外投资保险已被各主要资本输出国在支持跨境对外投资方面广泛应用,被公认为当今促进跨境投资和保护国际投资的通行做法和有效制度,在国际投资活动中扮演着越来越重要的角色。作为代表全球投资和出口信用保险机构的国际联合组织,伯尔尼协会在其下设的投资保险分会云集了国际上 30 多个主要的投资保险机构。

中国人民保险公司自 1993 年开办中长期出口信用保险以来,先后为中国企业提供了以出口买方信用保险、出口卖方信用保险、海外投资政治风险保险、海外投资(贷款)风险保险、海外融资风险保险。成立于 2001 年的中国出口信用保险公司是从事政策性出口信用保险业务的国有独资保险公司。主要提供的保险业务有短期出口信用保险，中长期出口信用保险、投资保险、国内贸易信用保险。投资保险主要承保对外直接投资中的汇兑限制、征收、战争及政治暴乱、政府违约等政治风险及部分商业风险。类别包括海外投资保险、来华投资保险和租赁保险三种。① 中国对外贸易和投资担保机制，也在进一步的完善过程之中。

（三）MIGA 等国际多边投资担保机制

世界银行于 1985 年正式设立《多边投资担保机构公约》，并向世界银行各成员国和瑞士开放签字。中国于 1988 年 4 月 30 日批准了该公约，为多边投资担保机构的创始会员国。依照公约的规定，同时设立了"多边投资担保机构"（Multilateral Investment Guarantee Agency，MIGA）。MIGA 以鼓励会员国间，尤其是发展中国家会员国融通生产性投资，以补充世界银行、国际金融公司和其他国际开发金融机构的活动为目标组建的多边投资担保机构，属于世界银行集团的成员。

MIGA 的作用主要是通过三种方式来推动外国直接投资：一是担保；二是通过技术援助来帮助东道国吸引投资；三是寻求用和平的方式来解决投资争端。如果在东道国发生一系列投资纠纷，其他投资者就不敢再来投资。而 MIGA 努力以诚实、中立的调停人出现，帮助这些国家和平解决投资纠纷。

MIGA 与中国的多家对外投资风险担保机构之间建立了合作关系。对中国的企业而言，MIGA 在 2001 年接受中国记者采访时所做的表述，今天和将来都有启示作用。"如果中国投资者要去国外投资而到 MIGA 申请投保，我们首先要看这一投资项目是否能运作下去，否则我们提供担保后也会带来问题。第二，我们要看东道国的国家

---

① 史晓丽：《建构中国海外投资保险制度的法律思考》，《国际贸易》2013 年第 11 期，第 60 页。

法律框架是否能够保护外国投资者。对这些情况我们彻底了解后，才能决定是否接受这个申请。"①

在实践中，越来越多的中资企业已经认识到，"充分利用 MIGA 所设立的规则，尤其是对投资到尚未与我国签订双边投资协定的发展中国家的投资者而言更具现实意义。MIGA 的保险业务将为我国的海外投资保险制度起到一种补充的作用"。②

（四）其他策略

跨国投资政治风险管理还可以采用其他尽量降低投资方受政治风险冲击的策略，这些策略，大致可以分为两类：融合性策略和自卫性策略。

1. 融合性策略

投资设计可采用以下方式：

（1）本地融资。在东道国内寻求股票和债务融资渠道。这样做既可以使东道国的相关部门受益，又使东道国国内的企业有动力去游说政府避免做出对公司不利的行为，因为东道国对外国公司的干预将会使东道国政府或其金融机构遭受经济上的损失。

（2）员工本土化。尊重当地的风俗习惯，善用当地的员工并提升当地员工为管理人员，融入当地的社会生活。当企业遭到政治风险时，很有可能造成当地的员工失去工作机会，这会迫使当地的劳工组织同政府交涉，让当地政府不得不重新考虑自己的政策。

（3）与第三方合作。选择东道国以外的合作伙伴建立合资企业。由于涉及来自多个不同国家的合作伙伴，东道国政府可能不愿因为干涉某个具体企业而去冒犯多国政府。

---

① 路阳：《担保有路：MIGA 与 PICC 签订合作担保备忘录》，《国际融资》2001 年第 2 期，第 7 页。

② 杨枝煌、黄淑惠：《"走出去"的制度风险及应对》，《国际工程及劳务》2013 年第 8 期，第 7 页。

2. 自卫性策略

投资设计可采用以下方式：

（1）风险转移。风险转移是将风险转移到企业外部或将风险外部化，企业可以通过合营、许可贸易、分包、租赁等方法，让更多的本土企业参与到企业的经营活动中来，不仅可以在发生政治风险时将风险转移，而且有助于减小来自于经济民族主义方面的风险。

（2）建立灵活的生产系统。为了防范风险，便于海外分支机构能根据组织的演变而调整区域业务整合，也为了灵活迎合市场需求周期变化。为此，企业在海外各地工厂设计中，可合理配置和组合最低单位成本工厂，灵活得多产品工厂，季节性工厂以及囤储工厂。通过对不同工厂确定不同的任务目标与生产安排，来进一步提高公司维持稳定生产和抗风险能力。

（3）控制市场销售。企业严格控制产品在非东道国市场的销售。如果东道国征用投资，必然会因此失去广阔的世界市场。事实已证明，这对于从事开采业的跨国公司尤为有效。

（4）公关。公关即公共关系的简称，公关包含了政府公关、媒体公关和危机公关这三点。政府公关的目的是尽可能地获得东道国政府的理解和支持，根据政府扮演角色的不同，可能表现为简化批准手续、获得准入资格、赢得政府采购、影响法规制定等等；而媒体公关除了在营销方面能够发挥巨大的作用外，在防范政治风险上也可以起到不小的作用，它可以影响政治和左右民意，获得民意的广泛认同而减小政治风险。

归纳起来看，没有理由将"政治风险"看成是一个"谈虎色变"的现象。国际间，为了管理跨国投资政治风险，建立了从国家间条约途径到商业性保险的机制。中国从资本净进口国到资本输出国的过程中，与国际政治风险管理机制之间建立起了多层次的机制性安排。对于试图进入海外市场的中国公司而言，如何利用好既有机制，如何参与政府部门对相关机制的完善，才是真正的挑战。

四、中国企业海外政治风险的特殊性

鉴于作者的知识储备限制,同时也因为直接投资(包括绿地投资和生产性企业并购)在运行过程中所必须触及的社会因素更为直接,本章将对中国企业海外经济行为的讨论局限在非金融性直接投资领域,特别是资源开发、基础设施建设、工业制造等涉及在经营地区雇佣劳工、产生自然环境影响的行为。这些活动投融资金额巨大,运行周期长,其成败所产生的影响,涉及中国企业的国际品牌建设、项目所在地以及国际舆论环境以及直接和间接的中国外交应对;不同于其他类型的国际经济行为。

(一)中国公司的投资行为受到"中国条款"的市场准入审查

包括中国政府在内,各国都对外资的进入设置政策许可审查。当中国公司走向海外,特别是试图进入发达国家市场的时候,"安全"审查标准,除了通行的反垄断等同行业竞争规则条款外,中国公司遭遇了或明或暗的"中国条款"审查。例如,2008年金融危机爆发之后,美国、加拿大、澳大利亚等政府的外商投资审查,都明确将中国国有企业提交的投资申请列为另类。

投资准入的对等性是多数西方国家政府和跨国企业所强调追求的原则。那么,既然包括来自西方国家的外商进入中国投资,在一些领域被要求与国企合资(含中资控股限制),外商没有因此而抱怨,为什么国企到这些国家投资,其企业所有制本身便成了一个法定需要审查的要素?这显然是公开性的歧视。而国企在国内经济中的地位,包括从事大型项目建设中的组织能力,意味着撇开国企,中资在海外市场的竞争能力就要打折扣。

在一些发达国家,中国的国有企业受到单列审查,经常被提到的理由是:中国企业与政府的关系不透明,中资国企被怀疑主要是出于"战略"和"政治"动机而试图进入一个外国市场。至于这两个动机

如何认定,所采用的"国家安全"、"国家利益"标准具有高度的不确定性。但是,这些门槛在当地社会很有市场。毕竟,中国不是一个"志趣趋同"(like-minded)的国家,也不追求趋同。

值得注意的是,这种对中国国内政企关系的关注,出现了有过之而无不及的现象。例如,华为公司并不是中国国内管理体制中的国企,但在一些国家被当做国企对待。即便是国内体制中的国企,其资本构成也早已多元化,包括外资直接参股和境外市场公开融资。也就是说,从某家国企的资金链看,它在海外的经济活动成功所获得的回报,惠及公司的国内外的企业和个人投资者。

(二) 一些中国公司的建设项目被指责从事"掠夺性"经营

这种指责,多半涉及中国公司在一些发展中国家所从事的资源开采、大型工程建设项目。西方政策研究和大众媒体中所谓的"掠夺"故事,不胜枚举,绘声绘色,其中不少已经被翻译成中文。根据特别常见的描绘之一,在中资项目工地,不仅工程建设所用的机械设备、钢材、水泥等基础材料来自中国,所有员工,从经理部到工地再到厨师,也都来自中国。而且,这些员工只会说中文,不利用当地已有的住宿设施,而是自建营地,与当地人员隔绝开来。即便中国公司雇用当地员工,所从事的劳动也属低档次,缺乏基本劳动保障。其次,中国公司所开采的能源和矿产,均运回中国加工。最后,在环境保护和移民搬迁补偿方面,中国公司向低标准看齐,如此等等。给读者所造成的印象是:即便是中国政府援助的建设项目,也至多是给相关的执政当局和某些政府官员带来好处而已。

从能源和矿产采掘业的国际发展史看,今天中国所遭受的指责,乃至中国工人在工地被绑架,并不具有特殊性。几乎没有一个国家的跨国能矿企业在发展中国家的经营没有经历过员工被绑架、项目遭所在国社会和国际环保、人权团体抗议事件。这个过程,除了作业公司本身的行为确有改进空间之外,与非洲、中亚、东南亚的许多国家的教育水平低下,其国内的政府与社会间的政策沟通渠道不畅等社会环境性因素高度相关。

但是,针对中国企业的"掠夺性"或"殖民性"经营的指责,直接打击的是中国企业在发展中国家的企业品牌建设努力。与历史上其他国家的同类企业所走过的历程不同的是,境外舆论环境发生了一个根本性的变化。由于信息传输的电子化与全球化,形形色色的非政府组织和媒体的夸张,企业与项目所在地(国)的利益相关方之间的有效交流变得越来越困难。塑造海外经营环境的能力不足,在中国企业中是普遍现象。

与此同时,一些发展中国家的政府在中国与西方大国之间外交层面处于竞争的大背景下,采取的是在中国企业与其他国家企业之间周旋的做法,中资企业所签订的合同得不到保障。国家间的外交关系,至少在公众舆论层面,也因此而受到负面影响。

五、中国企业如何趋利避害

(一)首先必须接受一个逻辑:政治风险是跨国经济活动的伴生现象,只能管理,无法回避;企业是应对主体,政府间外交关系仅仅是一个框架,而不是风险管理的根本依靠。不论是在发展中国家还是发达国家,中资所受到的政治待遇,在绝大多数情形下,都不符合"同呼吸、共命运"或被自动"封杀"的逻辑。

(二)试图进入一个市场的尽职调查(due diligence)必须彻底,其核心是把握对方市场的规则和变数(包括其他国籍的同类企业在同一个市场的成功和失败的经历与经验)。尽职调查的过程必须公开、透明;越早、越全面接触一个市场的利益相关方(特别是可能提出反对意见的力量),越有利于自身做出是否进入、如何进入的判断。做出这个判断的基础,必须是自己的团队,而不能外包给游走于各国市场的"投资顾问"。

(三)项目所在国政府的审查,是一种主权风险保险,而不是障碍。关键是在通过走审查过程把自我保护的路径清晰化,将项目合同中的中方和外方的职责明晰化。越是精细的合同,对企业运营环境的把握越有利。

（四）在项目运行过程中,彻底改变"闷头发大财"的传统思维习惯。所有从事跨国经营的企业,都必须获得一个"社会许可"(social license);而这个许可,本质上就没有成文的依据,企业必须通过不间断地与所有力量沟通,才能避免遭蓄意阻挠时除了承受损失、撤资、撤出人员外便没有回旋余地的局面。

六、结束语

学会与政治风险共存、共生,是中国企业在海外从事经济活动的要项。政治风险不是什么针对中国公司国际化努力的战略阴谋,其来源可能是同质企业(来自活动对象国或者第三方国家),也可能是自我任命的"利益相关方",更可能来自中资企业日常性管理项目所涉及的政治风险的周密程度。

的确,国家间的经济关系框架,具有既竞争又同时合作的本质性价值取向。企业之间亦如此。但终究,决定竞争胜败的因素是供求、资金、技术实力基础上,企业把握对所有企业都存在的非技术风险的能力。

第三章 海外环境与社会风险的应对盲区及误区

蒋 姮

中国海外投资中的环境社会挑战在发展中国家更加突出,特别是在高冲突的发展中国家,这是因为发达国家环境社会责任标准较高,制度完善,相关问题往往在投资进入前或初期就已经遇到或解决。但是在冲突国家,由于投资地本身在政治、社会、法制等方面的种种缺陷,当地环境社会标准要么较低,要么缺失,导致一些环境社会问题在投资进入阶段没有屏蔽工具。而当地通常较为腐败的政治框架往往不鼓励投资企业与社区沟通,导致一些环境社会问题在初期往往难以被及时发现和监督,通常是相关矛盾积累了较长时间而突然爆发,一旦爆发就已经相当严重。

环境社会问题的长年累积往往给投资项目的存续、投资机构和人员的安全带来颠覆性挑战。比如2011年9月底,投资规模2200亿人民币、号称"海外三峡"的密松大坝项目以"民意"的名义被缅甸政府叫停。2012年2月,苏丹29名中国工人还没救出,埃及25名中国工人又被绑架。根据外交部领事司提供的数据,2011年有关部门处理各类领事保护案件约3万起。

根据商务部的十二五规划,未来5年,中国海外投资年均增速

17%,建立有效的海外投资安全保障机制显得尤为迫切和重要。被动规避不如主动化解,而应对环境社会责任挑战是保障海外投资安全的关键环节。

一、海外投资中面临的环境社会挑战

商务部数据显示,2002年至2010年,中国对外直接投资年均增速达52%。"十一五"期间,中国企业境外投资增长35%,增速是"十五"时期的4倍。中国跨国公司已经成为全球成长最快的跨国公司群体。在中国企业"走出去"的数量、投资金额、覆盖范围不断扩大的同时,各种风险也伴随而来,比如金融风险、法律风险、社会责任风险等,尤其是社会责任风险目前尤为突出。

(一)海外投资面临环境社会挑战典型案例

2004年,上海汽车集团收购韩国双龙汽车48.9%的股份。韩国人担心双龙被上汽集团收购后,其先进的汽车制造技术会流向中国。7月19日,双龙公司的620名工人举行了罢工,并提出要增加工资、福利,之后的2006年、2007年又接连不断地发生罢工。2009年2月,韩国法院宣布双龙汽车进入破产重组程序,从此,上汽集团失去了对双龙的控制权。这是中国企业遭遇的典型的劳资关系挑战。同样的案例还有1992年首钢总公司成功收购秘鲁铁矿公司,在收购后的近20年来,首钢集团始终深受劳资关系引起的各类罢工困扰。

除了劳资关系挑战之外,有的中国海外上市企业因财务账目作假而被迫停牌或退市;有的企业负责人因违反当地监管规则而被追究刑事责任;有的企业涉嫌通过行贿获得订单,被世界银行列入"黑名单";有的企业因为企业安全事故或环保问题,受到当地民众批评。

2008年全球金融危机爆发以来,中国企业面临的环境社会挑战越来越严峻。特别是在利比亚、叙利亚、苏丹、埃及、缅甸、埃塞俄比亚等中国原本具有地缘政治优势的高冲突发展中地区,问题更加突出。主要是金融危机之后,随着全球政局动荡大幅加剧以及全球开始出现第三轮反政府民主风潮,与金融危机相伴而来的执政政府与反对派的政治考量,愈来愈成为一些发展中国家反对中资公司投资的核心。

2010年6月,中国工商银行同意为埃塞俄比亚的吉贝三级大坝项目提供约4亿美元的贷款。在此之后,银行监察组织、国际河流组织和图尔卡纳湖之友3个组织致信中国工商银行,认为大坝项目将导致湖区生态环境崩溃。随后,国外不少媒体相继报道此事,对中国工商银行的国际形象造成了很大的影响。

2010年9月,上海电气股份有限公司在埃塞俄比亚总承包、吉林送变电工程公司分包的电力建设项目发生输电线铁塔坍塌事故,造成5人死亡,其中4名中国人。事故的发生,暴露出一些境外中资企业在安全生产方面意识淡薄、管理薄弱而面临的人权挑战。该挑战往往是由于企业的经营管理行为违反国际人权公约或东道国有关人权的法律规定而导致,常见的风险原因有歧视、危害生命安全、反对信仰自由和自由结社、侵犯个人隐私、强迫劳动等。

2011年9月,非洲国家赞比亚举行总统大选,选举议题的重点之一竟然是中国。反对派领袖萨塔利用中国投资在当地的社会环境挑战,通过反对中国投资大拉选票并赢得选举。当地不少穷人认为,中国投资的真正受益者,只是贪腐的政府高官。萨塔早在2006年大选时便打"反华牌",指控中国经营的铜矿只是支付"奴隶级别工资"、轻视劳动法规,还曾主张"驱逐中国商人",没收中国和其他外国投资者的部分股份分给穷人和本国企业,猛烈抨击中国在当地"肆意开发和剥削"。国际媒体把这次赞比亚选举说成是支持或反对中国投资的战争。

2011年9月底,投资规模2200亿人民币、号称"海外三峡"的密松大坝项目以"民意"的名义被缅甸政府叫停,中国投资似乎被摆到了民意的对立面。吴登盛表示,密松项目或破坏当地自然景观、破坏当地人民的生计,称"缅甸政府是民选政府,因此,我们必须注意人民的意愿,我们有义务把重点放在解决人民的担忧和顾虑上"。民意的疏离有时直接威胁中国海外投资机构和人员安全。2012年2月,苏丹29名中国工人还没救出,埃及25名中国工人又被绑架。

(二)海外投资环境社会挑战的主要表现

为了破解环境社会挑战的难题,2010年开始我们对缅甸、柬埔寨、老挝、安哥拉、赞比亚、苏丹、南苏丹、肯尼亚等发展中国家的海外投资进行了系列调研,调研结论认为,目前海外投资面临的环境和社会挑战主要表现在如下几个方面。

1. 企业社会责任战略的实施与监督不到位

在安哥拉,一些企业急功近利、质量把关不严等行为破坏了中国公司形象。还有一些企业为了及时完工,考虑到当地劳动力素质较低,就不重视当地就业率等方面的要求,有时甚至是不惜重金从中国带工人去。据公开报道,安哥拉首都罗安达目前有10万中国人。中国工人和公司目前往往在安哥拉成为暴徒袭击最多的对象,反政府武装力量也把中国工作人员和设施当成目标。

在缅甸,中石油管道公司2011年在缅甸共捐献407万美元,建造了45所学校、24家医院或医疗站,使80万人的医疗环境得到改善。但是"丹瑞天然气运动"(SGM)等民间组织多次公开表示,"这个项目没有与当地人民利益分享,同时缺少透明、负责的财政,缺乏企业责任"。调研认为,中方目前所遭受的不满其实主要源于对缅方负责拆迁施工等工作的合作伙伴缺乏有效的企业社会责任监管,缅方人员的不合规问题连累中方遭受怨恨。中缅油气管道项目的许多征地、安置工作均由缅甸方面人员负责,但调研发现补偿中存在较多腐败、不公的问题。

比如,好几个村的村民均反映被要求在空白纸上签名,还有些村民不被允许查看签字栏之外的合同内容。调研所在地马奎区Pwint

Phyu 镇的 Shartaw 村,5 个村霸从村民中挨家挨户公然收集财物,贿赂当地负责补偿的官员。虽然户户都捐献了贿赂款,但 5 个村霸所获补偿大大高于其他村民,导致不满,其中 1 名村霸将带头闹事的村民 Maung Maw 杀死,弄得民怨沸腾。测量更是腐败的高发环节。在管道通过的缅甸著名花都彬乌龙,村民反映补偿测量面积与土地真实面积相差很大,有时不足一半,不足的面积被疑由当地官员冒领。补偿不公问题更是较为普遍。比如 Khone Su 村村民反映,他们拿到的补偿与邻村差一倍,但土地、作物等补偿影响因子基本完全相似。施工中超补偿范围临时用地问题也很突出,有时超过百分之三十至七十,而且不经与村民充分协商,往往造成占用和毁坏农田,影响了村民的生计,招致不满和愤怒。中方对合作伙伴以上拆迁施工等领域的不合规、不负责行为如果不加以有效监督和干预,可能会如同密松大坝项目一样,最终为他人背黑锅,成为替罪羊。柬埔寨、老挝等地的调研也发现了类似问题。

2. 民间沟通与信息披露不到位

受务实外交方针的指引,为求项目加快签约与实施,我企业有时不讲原则和商业道德地迎合权势上层的心意和要求,操作往往十分不透明,被一些当地社区指责为包庇腐败,不顾社区疾苦,也招致怨恨不满。

在缅甸,2011 年 6 月我们在当地调查中发现,中国对缅甸的具体援助情况被军政府划入保密范围,不许媒体报道,也不许民间过问,更谈不上监督。缅甸密松电站的坝址属于缅甸政府军管辖范围,但淹没区却在克钦独立组织控制区域。军政府对密松大坝投资利益的独断分配,令中国投资企业被视为造成不公的共谋及不公行为的受益者,继而成为紧张局势和暴力事件的焦点。缅甸当地一些居民向我们表达的最大拆迁要求居然就是要直接与相关中国公司对话,而非通过缅甸政府或中方在当地的合作伙伴亚洲国际公司,其对当地政府和政府所控制的企业的不信任可见一斑,中国企业信息披露之少也可见一斑。

在安哥拉,自1979年开始掌权的安哥拉总统通过由其亲密盟友领导的国家重建办公室直接控制中方提供的贷款发放,被指责严重缺乏透明度。在没有能力要求其政府披露信息的情况下,一些安哥拉民众希望中国方面披露贷款信息,往往遭到拒绝;在没有能力公然反对政府的情况下,这些人转而反对中国企业。

由于企业对外沟通与信息披露不足,中资企业的一些善举也没有被当地民众所了解和认可。比如中铁四局针对安哥拉饮水资源匮乏的实际,在前期建立三级泵站的基础上,2011年再次投资600多万元人民币,安装了一套产水量50立方米/小时的反渗透纯净水设备,并建立了净水厂,使水中的杂质去除率达到90%以上,确保了当地居民的饮水质量。这些举措虽然得到了当地政府的高度肯定,但民间基本很少知道。新疆建设兵团等许多企业在安哥拉投资的农场、砖厂等许多项目在当地雇佣率实际达到70%—90%,但是安哥拉许多民众对此并不知情,笼统地认为中国公司只用中国人。

也正因信息披露不足导致的透明度低,使得香港中基公司(CIF)在较长时间内得以在安哥拉以"中国政府的影子公司"自称而大肆招摇撞骗,又靠大量高层贿赂拿项目,不仅导致中国公司拿项目得通过中基转手多付成本,而且导致中国为此背了很多黑锅。中基公司承揽的价值上百亿美元的重建项目由于资金断裂出现严重问题,导致大量被骗至安哥拉的中国公司和上万名工人陷入困境。[①] 中国外交部虽曾声称中基公司"与中国政府无关",但如果不及时增加商业和政治活动的透明度,已然形成的怀疑和恶劣影响难以消除。这种情况影响了中安外交,污染了中国的国际形象,值得高度警惕和深刻反思。

在柬埔寨,首都金边的一些居民投诉中国企业没有提供拆迁补

---

① 张剑荆:《提防坏的商业模式绑架国家》,财新网,2011年10月17日,http://economy.caixin.com/2011-10-17/100314592.html。

偿费用。我们回国后了解相关企业提供了不菲的补偿费,但较少直接补偿到户,这不排除拆迁费被当地腐败的官员或中方合作伙伴截留,也可能是当地长期战乱土地权属不清、土地登记混乱等原因致使一些原住民手中没有土地证而拿不到补偿。这固然是当地固有的政治和社会缺陷所造成,但中国企业不有效地披露提供补偿的金额及具体情况,被视为支持当地的腐败与暗箱操作。

3. 投资有时加剧社会分化与冲突

比如在被视为中国非洲战略符号的安哥拉就出现了这种问题。安哥拉模式是中非合作的经典模式之一,是在相互尊重国家主权、互不干涉内政的前提下,在双方政府支持下由企业在平等互利基础上签订协议和合同。在政府间协议框架下,企业签订具体协议。安哥拉以本国石油作为担保,中国通过商务合同进口安哥拉的石油,充抵安哥拉利用中国公司进行建设所需要的贷款资金。

从设计的初衷来看,安哥拉模式符合中安双方的利益,是一种双赢的框架。实际上,该模式曾是中非合作模式中见效最快、短期利益最高的,对两国经济关系的发展也起到了积极的促进作用。[1] 它帮助安哥拉在最急需的领域取得发展,中国成为安哥拉经济发展的动力引擎。基本沿用安哥拉模式的几内亚总统阿尔法·孔戴说:非洲国家"欢迎中国的介入""和中国打交道,我们觉得很舒服""中国是非洲的机会,非洲也是中国的机会","安哥拉总统多斯桑托斯、南非总统祖马、马里总统杜尔等人持有和我相同的观点"。[2]

尽管立意与双赢的安哥拉模式对中安两国经济均起到了积极的促进作用,但这种模式"双刃剑"的另一面开始更多展现,中安经济交往从初期的快速发展进入缓慢发展调整期,原因就在于这种模式强

---

[1] Vines, Alex and Indira Campos, "China and India in Angola", in Fantu Cheru and Cyril Obi, eds. *The Rise of China and India in Africa*, London: Zed Books, 2010, p.195.

[2] 张力奋:《中国不是新殖民主义》,英国金融时报网站,2011年9月16日,http://www.ftchinese.com/story/001040725? page=rest.

调上层路线的特点在安哥拉特定国情下加剧了上下层的分化。安哥拉在透明国际的廉政排行榜上被列入世界上最腐败的国家之列。在安哥拉,政府官员是可以做生意的,他们自己掌握土地,然后将土地出租、出卖,这算是安哥拉的特色。① 而安哥拉模式实施的前提是政府间协议,这使得当地政府要员可以雨露先沾,有些领域甚至是雨露全沾,这样在当地可能造成上下层迥异的双速经济现象。中国投资一方面造成当地政府官员及其盟友所获利润爆炸性增长,另一方面,虽然通水通电通路等基础设施建设也普遍改善了人民生活,但项目实施中的不规范甚至是腐败问题,导致部分底层人民生活困难,比如拆迁补偿不到位以及环境破坏等干扰了项目地原住民的生活。

二、海外投资环境社会挑战应对的盲区与误区

为什么中国企业在海外投资,特别是在发展中国家的海外投资中面临较多环境社会挑战并进而威胁投资安全呢?调研结论认为,主要原因在于中国企业在环境社会挑战的应对方面存在一些盲区与误区。其中一个重要的盲区是冲突研究与管理的缺失,而一个重要的误区是上层路线。

(一) 环境社会挑战应对的盲区:冲突研究与管理

近年来,中国投资在缅甸、苏丹、埃及、利比亚等国遭遇巨大损失,一些学者倾向于用阴谋论等外部归因法分析现状,相关企业也认为这些损失属于"不可控"。其实,在这些所谓"不可控"力背后,有许多"可控"的工作长年处于空缺状态,形成了海外投资研究与管理的重大盲区,才导致我们面对挑战明显缺乏准备。

1. 对发展中国家的国别研究缺失

冲突地区鲜有大国,在"大国外交"思路的指导下,对缅甸等目前

---

① 李冠楠:《中国驻安哥拉大使张伯伦:谁说中国掠夺了安哥拉?》,上海侨报网站,2009年11月27日 http://www.yesqiaobao.com/show.asp? id=647.

我们遭受巨大损失的国家,研究高度缺乏,对其中潜伏的各类投资安全风险没有充分的认识和准备。这导致企业投资中缺乏全面的信息和正确的指导,照搬国内经验严重依赖于高层政治关系,在面对这些国家的民间社会时,准备十分不足,对来自民间社会的风险要么根本看不到,要么视而不见。

2. 冲突风险评估缺失

中国虽然在不少典型的冲突国家投资密集,但是投资决定做出前却缺乏"冲突评估"这个重要的保险环。缅甸、安哥拉等冲突地区与稳定的运营环境相比,需要考虑许多特殊的额外风险因素,常令西方企业止步不前。西方公司如果不得不进入这类地区的话,往往会提前一年进行冲突评估,评估项目所在地可能遭受的各种社区风险,经过严格的专业评估,如果能够找到管控冲突风险的可行方案,则冲突评估得到通过,冲突评估与环境评估和社会评估一道,成为项目可行性研究的三大基础工作。

3. 冲突管理与合规管理缺失

冲突地区往往法制不完善,政治不透明。也正因如此,香港中基公司(CIF)专门选择非洲、拉美、朝鲜等法制不完善的冲突地区,从事能源、矿产、基建等政府管制强、透明度低的行业投资,运用政商一体的商业模式大肆进行违规经营。在规制本身不完善的冲突地区投资,如何合规？合哪种规？成为合规管理的巨大挑战。国际经验表明,如果企业好钻当地无规的空子,则最终受损的会是自己,民间的泄愤最终将让企业为自己不负责任、不讲商业道德的行为买大单,反对党上台也将以不合规为名堂而皇之将企业的项目全面叫停。冲突风险管理的核心是合规管理,合规的企业,不仅能赢得社区民心,给自己塑造一个稳定祥和的经营环境,而且不给反对派的政治化操作提供借口。

(二) 环境社会挑战应对的误区：上层路线

中国长期以来坚持互利共赢的海外投资方针,明确要求企业特别是国有企业,在海外投资中履行环境社会责任。但目前看来中国的互利共赢框架在一些国家却造成断层,环境社会责任的履行也没有实现预期目标。一个主要原因是企业社会责任战略在实施中走偏,存在较为严重的过于重视上层路线的误区。

1. 过多依赖高层势力

中国政府行政权力较大,在经济生活中影响力较强,是企业经营中十分重要的利益相关者,因此高度重视政府关系及上层路线已经成为中国企业的一种经营范式,并且照搬到了海外经营中。往往一边倒地过度倒向投资国的地方政府、中央政府以及政府所控制的大型企业,希望通过它们来保障海外的地缘政治优势,在冲突地区更是如此。

殊不知这些地区的政府自身的稳定性和可持续性并没有解决好,且不说其往往需要根据其宪法经受几年后全民普选的挑战,而且这些政府的上台本身都缺乏稳定的基础。比如缅甸1990年举行的举世瞩目的大选中,实际上是最大的反对党——昂山素季任总书记的缅甸全国民主联盟赢得485个议席中的396个,获得了压倒多数的大选胜利,军政府支持的民族团结党仅获得10个议席。但选举结果被作废,军政府拒绝交出政权。此后的20年间,军政府虽然执政,但是其自身的政治稳定性始终没有解决好,其民意的代表性很弱。若习惯于不加区分地一边倒地依靠执政政府,可能就离民意越远,离企业社会责任的初衷越远。

2. 习惯性地忽视来自反对派、NGO组织和媒体等底层的声音

比如密松电站的坝址属于缅甸政府军管辖范围,但淹没区却在克钦独立组织控制区域,KIO(克钦少数民族独立组织)一直反对密松大坝的建设,而且早就提出了将大坝分解为两个小坝的妥协方案,但该意见一直没有受到重视。2011年3月,KIO(克钦少数民族独立组织)专门致信中国领导人,要求停止密松电站建设,否则有可能就

此引发内战,但中国相关部门仍然没有积极的反应。直至 2011 年 12 月 15 日,中国驻缅甸大使才与对大坝建设也持不同意见的缅甸反对派领导人昂山素季举行会面,这是 20 年来中国首次与缅甸反对派的最高层接触。在利比亚也是如此,中国相关部门往往不加区分地机械地不与反对派接触。此外,由于 NGO 和媒体等力量在中国的发展比较薄弱,中国企业也往往特别轻视这类利益相关方。但是一般来讲,在有普选的民主制国家,NGO 组织和媒体的力量往往相当强大,能掌握国内外舆论的话语权,当地反对派也往往都特别重视利用这些力量与执政党抗衡。轻视这些力量,使得一些环境社会矛盾不能在可化解的阶段得到化解,相反是经年累积,直至最终全面爆发,乃至难以解决。

关于缅甸密松电站的环境影响问题,中电投总经理陆启洲表示,"个别西方非政府组织指责项目会破坏环境,实际上是打着'维护缅甸人民利益'的旗号,干扰缅甸政府为改善民生所开展的经济项目建设"。但是西方非政府组织的反坝活动并非秘密进行,也非近期才开始,中国一些机构大约 5 年前就不断接到国际河流组织等西方非政府组织公开散发的反对中国在东南亚建坝的宣传材料,甚至其人员跨境来访公开抗议。这些机构在缅甸境内的工作强度更可想而知。但中国企业习惯于忽略来自底层的这种风险,总认为民间成不了气候,构不成风险。

陆启洲同时也指出,"密松项目对环境的影响较小,显著改善了移民的生活条件"。但我们在缅甸调研期间发现,底层人民对此情况的了解非常少,反而持有针锋相对的意见。那这些年来我们的企业为什么不主动宣传这些真实情况而任谣言满天飞呢?这相当于自己主动放弃了申辩和保护自己的机会。雷锋模式的低调做好事绝不适合国际政治,更不适合国际投资。不仅不代表高标准的商业伦理,反而代表了对底层利益群体的漠视。

三、应对海外投资环境社会挑战的成功经验

社会责任管理作为新的企业管理模式,逐步被越来越多的中国企业所认同和接受,从2001年中国发布第一份企业社会责任报告,到2011年,中国共有898家企业发布社会责任报告。目前企业选用的编制标准包括中国工经联《中国工业企业及工业协会社会责任指南(第二版)》、国资委《关于中央企业履行社会责任的指导意见》、中国社科院《中国企业社会责任报告编写指南》,全球报告倡议组织《可持续发展报告指南》、ISO26000社会责任国际标准等。

50多家中央企业成立了社会责任工作委员会或社会责任工作领导小组,所有中央企业都明确了社会责任工作的归口管理部门,30多家中央企业专门制定了社会责任工作制度。一些中央企业还建立社会责任指标体系,通过与国际知名企业进行对标,持续改进自身的缺项弱项指标,有效提升管理水平和核心竞争力。许多央企通过设立"社会责任日"、建立社会责任示范基地、聘请社会监督员等形式,创新社会责任沟通机制。

目前主要的问题是,理念上存在以上提到的一些认知盲区和误区,在具体实践中则有诸多表现。一是社会责任管理没有形成长效机制,缺乏系统性与可持续性。二是具体的项目实施水平不够,存在与利益相关者沟通不足,社会环境信息披露不足等问题。可持续发展长效制度缺失以及项目实施水平不足又直接体现于企业社会责任报告中,目前的相关报告普遍存在回避实质性、回避定量指标的现象,对企业运营的消极影响的分析不够深入和明确。

以上问题虽然目前还普遍存在,但仍然有不少中国企业已经积累了丰富的经验,为以上问题的破解提供了典范,有的甚至成为全球履行企业社会责任的典范。

第三章 海外环境与社会风险的应对盲区及误区

（一）企业社会责任的制度建设：中国远洋的企业社会责任长效机制

提到企业社会责任，不能不提中远集团。中远是企业社会责任方面国内领头羊企业之一。它不仅成立了国内第一家企业慈善基金"中远慈善基金"，也是第一个签署气候和人权宣言的中国企业。2006年中远的可持续发展报告荣登联合国"全球契约"典范榜，是第一个中国企业也是世界上第一个航运企业入选。特别是，中远集团致力于保持企业社会责任领航者地位，运用GRI同步设计社会责任战略、管理体系、指标体系、报告框架、沟通机制和信息平台。建立全面风险管理报告和可持续发展报告与相关方沟通机制，形成报告编制流程规范，每年的周期时间固化。主要的制度保障如下：

1. 量化可持续发展管理体系

从2005年开始，中远利用5年时间，运作建立社会责任可持续发展管理体系项目，逐步完成了社会责任的管理体系、内控制度、文件体系、目标测评、监控和信息管理平台IT系统等体系建设。2008年，中远任命了中央企业第一位首席风险官CRO，具体负责可持续发展和全面风险管理工作。到目前，中远集团已经开发了16步可持续发展管理体系建设方法，建立履行可持续发展和全面风险管理的长效机制，实现集团各层级、世界各区域上下贯通，全球一体化的管理体系。通过履行社会责任，引发企业管理创新的最佳商业实践，变革商业模式，防范和控制风险，从而提高企业的效率和效益。

中远社会责任管理体系以质量安全和职业安全体系为基础，以可持续发展和风险管理为主线，运用精益六西格玛的方法，将可持续发展指标体系的指标逐项纳入相关生产经营管理决策过程和行动，形成指标化可持续发展管理体系。创造性提出组织推行、实施全球契约和可持续发展管理的16步法，将履行社会责任工作分解为经济、环境、产品责任、劳动关系、人权、社会等方面的量化指标，并力求落实在日常的生产经营和员工行动中。

该指标体系一直处在不断完善之中。2005年建立指标体系；2006年扩充指标体系；2007年拆分完善指标体系；2008年开始对指标进行深入挖掘扩展到700多项指标；2009年进行指标相关性分析。

目前,中远的社会责任可持续发展管理系统已经产品化。作为中国第一家量化可持续发展管理体系的公司,中远的管理体系全面覆盖了所有相关方的利益而广受好评,其企业社会责任战略被分解落实到管理体系KPI/KRI和可持续发展信息系统。

2. 建立可持续发展信息管理平台IT系统

企业社会责任庞杂的指标数据需要信息平台的支撑。2007年,中远建立了可持续发展信息管理平台IT系统,将形成相关的基础指标数据库便于知识管理。这使得中远的企业可持续发展年度报告具有了连续性和可比性,报告一般经历18次评审和改进步骤,涉及7个外部相关方的审核、审计、检查评价,以保证报告的公信性。作为企业与各个相关方沟通的桥梁,中远的企业可持续发展报告不是像一般企业那样被定位在研究报告或宣传手册层面,而是被定位为社会责任战略管理运作的结果纪实,其真正的作用是与财务年报相匹配的其他企业数据的综合性报告,用来说明企业运作、管理、核心竞争力和盈利等情况。《中远集团2008年可持续发展报告》包括了对绩效的完整指标披露,被视为中国企业社会责任报告最高水平的主要代表,获最高级别A+。

3. 企业社会责任被全面纳入企业风险管理体系

中远集团在管理控制好运营风险的基础上,将风险管理扩大到战略风险、市场风险、财务风险、法律风险和社会责任风险,进行科学的管理和控制。从2005年起,中远开始出具报告,向全世界公布全面风险管理情况。中远和其他企业的不同之处是:其社会责任风险管理是自上而下从管理层开始,有流程的量化和数字化,运用战略地图制定风险战略,运用SWOT分析进行风险分析,通过平衡计分卡进行风险目标分解。

对于社会责任风险,中远集团针对社会责任重大风险制定风险策略,基于不同风险的风险偏好制定风险成熟度。对社会责任风险评估并形成社会责任风险频谱,对风险管理进行分析并在系统上进行结果展示。同时,运用可持续发展信息系统对社会责任风险进行监控,实现实时统计监控。通过列表方式展示预警提醒,监控分析历史查看,图表方式展示分析结果。

中远是企业社会责任方面在国内走得最早的企业之一,其最值得一提的是以企业责任的长效机制保证社会责任的可持续发展。将环境社会挑战全面纳入企业风险管理体系,融入企业日常经营管理,并用全面的量化指标和完善的信息系统支持企业社户责任风险的评估、监控与应对。履行社会责任不是停留在一时一事,而是发展成了一项有大量资源投入的系统工程和一个长期不断积累和发展的日常经营过程。

(二)企业社会责任战略的实施:五矿集团以民为本的企业社会责任项目

五矿是只有55家企业的联合国全球契约LEAD项目成员和只有20家企业的联合国全球契约环境先锋企业团队成员。五矿在澳大利亚的收购被《亚洲金融》杂志评为年度全球最佳收购,澳大利亚财长斯万表示,中国五矿收购OZ矿业保证了5500多名澳大利亚人的工作机会,符合澳大利亚的国家利益。2011年,五矿荣获国资委颁发的"2011中央企业优秀社会责任实践"奖项。其以民为本的社会责任实施机制是企业社会责任工作的亮点。注重在全球化的运营发展过程中,实现与东道国社区的共同发展。通过带动社区经济增长、重视居民就业、减少社区环境影响、建设和谐社区等方式促进社区发展。

1. 带动社区经济增长

在老挝,中国五矿经营的塞班(Sepon)矿山贡献了老挝全国8.2%的GDP和20%的国民预算,2010年给政府贡献了5亿美元收入,使政府有更多支出用于教育和健康。塞班矿山为当地商业提供食品供应、交通服务和能源合同等机会,使人均年收入从2001年的60美元增加到2010年的500美元。五矿北秘鲁LUMINA公司鼓励所在社区发展非矿业领域服务,帮助了96家社区公司注册,并提供帮助,使其中80%的社区公司收入翻倍。

2. 减少社区环境影响

保护环境始终是五矿在经营发展中关注的重要工作。五矿高度重视水资源管理,致力低碳发展,有效实施土地和生物多样性补偿方案,减少对环境的影响。在老挝矿区,五矿的矿业运营经过ISO14001认证。并根据老挝国家规定和国际通行准则,推行了污水、大气等多方面的环保绩效监测,并逐步建立起排放许可、土地使用和干扰许可等程序,致力于发展绿色矿业,在矿区持续进行土地复垦,或以植被稳定地貌。五矿的生物多样性计划帮助了濒临灭绝的暹罗鳄,还发现了新的鸟种——秃头夜莺。

3. 促进社区就业

在澳大利亚,MMG公司积极吸纳土著人就业,截至2011年底,昆士兰的世纪矿山土著员工占了25%,公司给他们提供培训和教育机会,使他们在矿山关闭之后也能得到发展。五矿还支持Golden Grove矿区为当地原住民社区提供就业前的培训,掌握矿区岗位基本工作技能,帮助年轻人在采矿和其他行业寻找就业机会。目前,MMG的员工人数已经增长到6330人,全部来自当地社区,为增加当地就业贡献了力量。北秘鲁LUMINA公司为当地居民提供电工、建筑和环境监测方面的技能培训,使250名居民受益。

4. 建设和谐社区

五矿积极支持项目所在地的社区建设,以实际行动回报当地居民和政府。MMG公司帮助土著居民发展养殖业和畜牧业。老挝Sepon矿山所在地是该国47个最贫困地区之一,被列为联合国千年目标地区。五矿建立了由公司、政府和社区领导共同管理的300万美元社区信托基金,截至目前,共提供了290万美金的资助用于社区建设,已有73个村庄受惠于这项资金;还与联合国人居署、国际野生动物保护协会等非政府组织一起提供基础设施建设、教育、农业和小额贷款。五矿与澳洲昆士兰州政府以及当地土著居民三方共同签订了社区共建的"海湾社区协议",为海湾地区的居民提供教育、培训、就业机会,并保护当地的文化遗产和环境。在秘鲁,五矿为贫困地区提供用水设施和医疗援助,为社区小学进行义务牙医会诊。在印度,五矿捐资助学,为工厂周围5个小学提供了1200多个学校关爱套装。

五矿企业社会责任战略的实施,紧紧围绕民意民生,在公司的日常经营中充分考虑和重视社区的利益,强调在社区沟通交流的基础上尊重社区意愿,结合当地社区实际而不断创新,使得投资带给当地的经济利益能在社会精英和社区民众中有所分享。其一系列社区开发的细致扎实的做法特别值得推广。

四、应对海外投资环境社会挑战的对策建议

金融危机之后,全球政局动荡加剧,中国投资密集且曾被认为中国具有地缘政治优势的一些发展中国家似乎正转化成我火中取栗的高风险投资地区。目前冲突地区投资安全问题看似来源于高层的争夺,但根源在社区,而许多社区问题又往往围绕环境问题。中国对外交往中高度依赖执政政府的高层路线曾经取得很大成功,不仅成功地在联合国系统团结了发展中国家政府获得投票支持,也为弱小的中国企业走向高风险地区提供了保护伞,但这种模式也正成为"双刃剑"。主要是这种模式在某些社会制度不健全的国家可能加剧官民分离及社会不公,直接带来海外投资的环境社会挑战。

目前企业社会责任运动已经发展成为全球性的运动,各国政府和公众高度关注,而且出现泛政治化倾向,正在成为国家之间利益博弈的工具。面对第三轮全球民主化浪潮,企业社会责任投入已不被许多跨国公司视为花钱之道,而被视为挣钱之道,与原材料等投入要素一样,是必需的成本。但我国企业对这些问题还没有上升到战略层面加以认识、部署和安排。面对种种新的形势,中国的海外投资模式及投资风险管理方式需要在大力加强研究的基础上顺时应势,与时俱进,朝更加平衡、更加亲民、更加透明、更加合规、更加负责的方向发展,扩大利益共同体的范围,将普通民众更多纳入互利共赢的框架。

(一) 海外投资模式应更加平衡

安哥拉等海外投资模式依赖高层政治框架,在集权国家可能导致对其他利益相关者的尊重和利益照顾不足。公共关系处理上这种极不平衡的状态,很容易在目前反政府民主风潮的动荡形势下受到牵连。当下在全球政治的风口浪尖上走钢丝,需要更加平衡的战略思想,特别需要在重视传统上层路线之外,开辟第二条道路,大力加强下层路线,减少冲突影响,维护投资安全。

这种转型要求外交和援外等对外交往战略的配合。中国目前坚守的一些外交政策,形成于建国初期冷战的国际政治环境中,缺乏足够的经济理性。目前,中国对国际形势的判断已经从冷战转向"和平与发展是时代主题",海外经济投资激增,未来五年还计划以年均17%的高水平增长,外交路线中经济非理性的问题已经凸显。新时期应尽量减少冷战思维的负面政治影响,特别是应将重大经济利益纳入核心利益,至少应对"内政"进行界定,凡涉及我重大经济利益的领域不应再纳入"内政"范畴。同时应扩大不附加政治条件的援外政策的实施路径,在政府路径之外,增加"民间直接实施路经",确保相当部分援外资金能直接普惠于民,特别是企业经营所在的社区。

只有以这样更加平衡的政治和商业心态,扩大利益共同体的范围,以我为主重新平衡与冲突地区政府的关系,才能将 30 年中国快速增长的综合实力转化为解决国际问题的能力,才能取得国际舆论的话语权,也避免在全球政局动荡中在投资国造成"一边倒"的印象。

(二) 海外投资模式应更加亲民

首先应当强化社区管理,一些国际公司不断创新的社区管理经验值得学习。比如世界第四大铁矿石巨头英美资源近年来在非洲开始实施"社区持股"措施,将待开发的矿业投资项目的至少1%股权无偿让与周边居民,该股权红利每年进入一个专门设立的"社区投资基金"账户,项目存续期间,公司派专业理财人员与村民代表一起共同管理该基金,投资于低风险的项目,使基金不断保值增值。项目开发结束后,公司完全退出基金的投资和管理,基金转而完全由社区支配和管理。这样,社区与公司从根本上被捆在一起,正在收到很好的效果。美国铝业等国际矿业巨头目前则开始将公司每年利润的百分之三十左右用于回馈社区,如果低于该比例,则相关业务被视为进入风险警戒区而加以超规格风险管理。

我们可以借鉴国际经验加强对民间的战略性社会投资,并将此类投资项目发展成为与当地利益相关方沟通的平台,采取与其他业务操作同样严格的标准,避免此种投资反而制造新的冲突与不公。此类项目不应只是考虑迎合当地政府的偏好,相反应更多考虑当地人民的需求、文化水平和风俗习惯,比如可替代性生计培训等教育培训项目就很受移民欢迎。

其次,应当尽快弥补冲突评估的缺失,在投资决定做出前即充分考虑和评估投资国政府之外的其他利益相关者的影响,特别是社区、媒体、非政府组织、反对派等。国际上在冲突管理方面有较多经验和指南可供借鉴,比如联合国全球契约发布的"冲突地区负责任投资指南"等。对于在冲突地区已经开展的存续项目,也应尽快进行冲突调查摸底、评估预警。期间可以利用国际和当地民间组织以及中国海外商会等第三方机构的力量,团结可以团结的力量,结成战略同盟,加强全方位、多层次的民间沟通,进行企业形象建设及惠民公关。

可以通过公关和宣传等手段,澄清误会;可以通过主动的建设性对话消减怨恨;可以建立正式的申诉程序让受影响的相关方可以向企业反映问题,以应对由不满引起的问题和因暴力诱发的犯罪。在当地多利益群体之间关系紧张的局势下,应建立主动和兼容并包的利益相关方协商制度,主动与有关民间组织和国际组织互动。沟通程序方面应正规和透明,可以通过公布董事会声明、公司年报、会议纪要等方式披露加强透明度,以展示企业是可接近和负责任的。而且,沟通中企业所做的承诺应登记在册,尽量落实,显示企业是讲信誉的。

(三) 海外投资模式应更加透明

企业公开透明地披露运营信息不仅是创造平等的竞争条件,也会大大降低自身受到贿赂与腐败指责的风险,还可以展示自身在投资所在国所创造的价值。它可以让民众通过透明披露的信息来监督企业,让政府能够通过信息来了解企业创造的收益和回报,这种互动也能帮助企业获得管理风险、改善经营等所必需的宝贵信息。

近年来,要求参与石油、天然气和矿产行业的公司公开他们在全球为资源采掘而向政府支付的款项的国际规范在不断增加。比如,2010年香港证交所对采掘类企业的上市做出了新的信息披露要求,要求在申请上市时按国别分别提供向东道国政府支付税收、权利金和其他款项的信息。美国《多德—弗兰克法》第1504项要求,所有在美国上市的公司按国别分行业公开披露其为获取石油、天然气和矿产资源向政府所付的资金。2011年10月,欧盟委员会公布了相似的法律标准提案,对欧盟上市的和未上市的大型石油、天然气、矿产和木材公司提出类似要求。

中国上交所在2008年也规定了上市公司需要披露有关矿业权的取得和转让的信息。2012年,国土资源部发布了《矿业权交易规则(试行)》,要求公告披露转让人、矿业权交易机构、投标人以及与项目相关的信息。这些规定应当延伸到海外投资管理中,要求海外投资的中资企业适当披露向当地政府所付资金,包括税收、权利金、股息、附加费(签约定金、油气发现定金、超产金)、管理费用(许可证、租赁费用和进入许可)和任何其他向政府支付的大额资金。

透明可以从加强企业社会责任报告做起。企业环境社会责任已在全球范围内被看做可持续发展的重要基础和有效渠道,在全球范围内迅速普及,标准化和规范化进程明显加速。2010年,国际标准化组织发布ISO26000,第一次在全球统一了社会责任定义,首次将企业社会责任纳入到商业社会责任标准认证体系当中。有关机构统计,2011年有36个国家将ISO26000转化为国家标准。

在法律和商业限制范围内,我们应鼓励企业提升与东道国政府关系的透明度,对其他利益相关方就企业政府关系的询问尽可能坦诚。应重视对腐败问题的尽职调查,制订严格的反腐败措施,将选择当地承包商的招投标程序透明化,为员工和承包商提供合规培训;建立针对具体贿赂问题的详细合规政策,设置健全的合规管理程序。这些合规反腐的政策和程序也应适用于企业的合同方,包括政府、当地供应商、合资伙伴、代理商、社区组织等。

可以更多依靠当地商会、媒体、非政府组织、民间社会组织等民间渠道,宣传中国和平崛起和促进双赢的海外投资方针,更多披露中国在缅甸的援外情况、企业社会责任履行情况,特别是拆迁补偿的具体情况,通过加大透明度,促进中国带去的利益更多延伸到民间,避免为当地腐败势力背黑锅。

(四)海外投资模式应更加合规

金融危机之后,美国《反海外腐败法》大幅强化执法力度,中国成为其执法重点关注地区。英国则于2011年7月开始出台全球最严格的反贿赂法,以此为代表,在联合国、OECD等国际组织的推动下,目前全球强化合规治理的风潮兴起,中国走出去的企业都可能受到管辖和影响,合规风险正在逼近。2008年世界银行发布因涉嫌欺诈和贿赂而在一定时期内被禁止承接世界银行资助项目的企业(包括其直接或间接控制的公司)黑名单中就包括了中国企业,如中国地质工程集团公司、中国路桥工程有限责任公司、中国建筑工程总公司、中国武夷实业股份有限公司。这些企业涉嫌的操作绝大部分在发展中国家。反腐合规与中国走出去企业自身利益直接相关度越来越高。

2011年5月28日,国务院发布的《2011年深化经济体制改革重点工作意见的通知》,建立健全境外投资风险防控机制,完善风险预警体系,被列为加快转变经济发展方式深化改革的八大重要措施之一。为此,"走出去"的企业应当及时加强对合规风险的认识,积极建立合规内控制度,保证企业在冲突地区经营中守住本地化底线和基本的商业道德,成为当地负责任的企业公民,确保可持续发展。

根据国际最新规制要求,公司不仅自身要合规经营,还应建立合规管理制度,并加强对供应链的合规监督,对合作伙伴的合规性进行尽职调查和监督,否则将被要求承担严格的无限连带责任。为此,中国企业不仅自身要强化合规经营,还应加强对当地合作伙伴的合规监督,特别是在拆迁补偿等涉及民生领域要强化合规尽职调查,拒绝为第三方的不合规行为背黑锅。

第四章 中国对外投资环境问题识别的理论分析

李霞 陈超

中国对外投资大多集中在矿产、能源等资源开采和加工领域,与当地自然环境关系密切。这种特点直接带来如下两方面的影响:一方面,我国的直接投资促进投资接受国 GDP 的增加,在一定程度上带动了当地的经济增长和出口增长,特别是发展中国家还直接产生了环保技术外溢效应,促进了环保技术的传播和运用;另一方面,我国对部分国家的直接投资加大了当地自然环境和生态系统的压力,如中国对生态环境脆弱国家的矿产、渔业、林业、水电等资源投资与开发,不仅造成矿产、森林等资源存量的减少,还对整个生态系统造成一定程度的负面影响。但这种投资的影响程度到底有多大,其实际的关联程度到底如何,需要运用相关理论模型并结合统计学方法进行全面系统分析,本报告试图在这方面进行一些有益实践。

本章主要内容包括:对投资带来的环境影响的理论进行简要的介绍,并且在此基础上构建了分析对外直接投资(FDI)的环境影响的分析模型;对中国对外投资引起的环境影响进行定性和定量分析,对主要环境问题进行识别,并尝试性选择一些代表性问题进行投资与环境变化相关性分析;研究中国对外投资的环境问题及产生的主要原因。

一、直接投资影响环境的主要理论及模型

根据发展经济学理论,人类所有经济活动的最终目的均是改善人类的综合生活水平,从而推动社会发展。在影响人类综合生活水平的各种因素中,生存环境是非常重要的,它不仅影响到人们身心的愉悦程度,而且关系到人类自身的健康状况,甚至人类的生存问题。各国人民普遍相信,人类需要可持续发展这种能够使人类长期利益最大化的发展道路,而不是那种急功近利的、耗尽所有资源的、只图眼前利益的发展。可持续发展在强调经济增长的同时,更要求我们加强对资源和环境的保护,要求经济增长与自然资源和环境的承载能力相适应,取得社会持续和生态持续的发展。

第二次世界大战后,发展中国家经济腾飞的一个重要原因就是国际直接投资(FDI)的驱动。FDI 促进了东道国的经济繁荣,增加了就业,提高了东道国的人均收入,但不可否认的是,大量外国企业的到来也给广大发展中国家带来了诸如大气污染、水质恶化、森林减少等一系列的生态问题,对当地人民生存环境产生了不利的影响。当然,国际直接投资本身并不是环境污染的根源,这一系列环境问题产生的原因是来自自由市场的失灵,即企业生产带来污染的私人边际成本小于污染的社会边际成本,而政府又没有设计一个良好的机制将治理环境污染的成本降低。也正由于这一原因,20 世纪 70 年代初,大量经济学家就开始致力于研究直接投资与东道国环境污染的关系,并希望找出相应的对策来解决这一问题。归纳起来,主要有以下几种观点:

(一) FDI 与污染产业转移的研究

从环境资源经济学角度看,人类工业生产带来的主要环境问题均是因为人类活动引起的环境、资源问题具有负的外部性造成的。约瑟夫·斯蒂格利茨认为:当个人或厂商的一种行为直接影响到他

人,却没有给予支付或得到补偿时,就出现了外部性,或者说就是未被市场交易所体现的额外成本和额外收益。企业在生产过程中通常会带来很大的负环境外部性,我们所说的负环境外部性是指,生产者和消费者抛弃到环境资源(水、空气和土壤等)中的废弃物超过环境容量,对环境资源造成危害,并对其他生产者和消费者的福利所产生的危害,但这种危害并没有从货币或市场交易中反映出来。① 造成这种现象的根本原因在于个人生活的自然环境或者生态环境是没有明确产权的,或者说是完全的公共领域,在这样的情况下污染排放者(企业)无需承担或较少承担消除对其他人造成的不利影响的成本,其私人成本就小于社会成本。这样,污染者仅从自己的私人成本或私人收益出发选择"最优"产量,具有过度生产的动机。

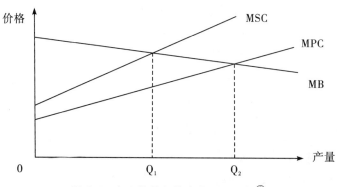

图 4.1　负环境外部性产生原因图例②

从图 4.1 我们可以看出,在竞争市场中,负环境外部性是如何造成环境问题的。由于存在负环境外部性,在每一产量水平下,MSC(社会边际成本)大于 MPC(边际成本)。企业追求利润最大化,必然会选择 $MPC=MB$(边际收益)的 Q_2 生产;但从整个社会来看,使社会福利最大化的产量应满足 $MSC=MB$ 的点,即社会最优产量为 Q_1。

----

① 姜迎全、席德立:《环境外部不经济性内部化手段的评价与筛选》,《环境科学》1999 年第 20 期,第 95—97 页。
② 鲁传:《资源环境经济学》,清华大学出版社 2004 年版,第 32 页。

所以通常企业自主的行为会带来较大的环境污染问题。针对这一问题经济学界给出了"匹谷税",即对企业征税,征税的数额等于环境污染造成的边际社会成本超过边际企业成本的部分,内部化这种不明晰产权的成本。或者通过科斯1960年提出的产权明晰化,即拍卖污染权或者赋予环境污染的主要受损者相应的市场收益权。因此对外直接投资这种以企业为主题的经济活动也会不可避免地造成大量的环境问题。

有的学者认为对外直接投资并没有倾向于输出污染产业,Repetto(1995)分析了1992年美国的对外直接投资。[1] 他指出,虽然发展中国家和经济转型国家接受了美国45%的对外投资,但其中环境敏感产业(石油和天然气、化工及相关产业、金属制造及装配业)所占的比例非常低。发展中国家和经济转型国家接受的外来投资中只有5%投向了这些产业,而发达国家接受的投资中有24%投向了这些产业。他的结论是:就发达国家输出污染产业的范围来说,"它们似乎是相互输出污染产业,而不是把它们输出到不发达国家"。Albrecht(1998)[2]通过研究,认为美国的对外投资中对清洁产业的投资增长得比较快,而美国吸收的外资中对污染产业的投资增长得比较快。Eskel和Harrison(1997)[3]对发展中国家接受的外来投资是否集中在污染产业这一问题进行研究,他调查了4个国家在20世纪80年代吸收外资的情况,发现并没有证据证明这些国家的外来投资倾向于污染产业。以上这些学者们通过实证分析后认为,发达国家环境治理成本高(污染严重)的产业并不比一般产业更倾向于对外投资。

---

[1] R. Jobs, Repetto *Competitiveness and Environmental Regulation: What Are the Real Issues*, Washington D. C.: World Resources Institute, 1995, p. 5.

[2] J, Albrecht. "Environment Policy and Investment Position of US Dirty Industries", *Intereconomics*, No. 7, 1998, pp. 186-194.

[3] World Bank, *Moving to Greener Pasture Multinationals and the Pollution-Haven Hypothesis*. Report of the World Bank, Policy Research Working Paper No. 1744, 1997.

而有的学者则认为考虑到环境管制的宽松程度有所差异,对外投资倾向于输出污染性强的行业。如 Xing 和 Kolstad(1998)[①]分析了美国的若干行业,发现环境管制较为松弛的其他国家的确吸引着美国的直接投资,但这种吸引力仅限于美国的污染密集型行业,而对污染不大的行业影响甚微。这是因为美国实施着相对来说较为严厉的环境标准,环境控制成本也较高。因此,海外较低的环境管制标准对于美国的污染产业迁移到这些地区的确富有吸引力,但对于污染较轻的产业缺乏吸引力。

上述研究主要集中于发达国家对外直接投资的地域倾向性,而关于 FDI 对环境本身的影响,目前在学界主要有两种观点:

一种观点是 FDI 有利于整体环境质量的提高,如 FDI 为发展中国家提供了采用新技术的动机和机遇,促使其实现清洁或绿色生产,进而提高全球环境质量和地区可持续发展能力(Frankel,2003)[②]。此外,跨国投资也将提高世界范围内的专业化分工程度,使得生产活动和污染治理活动都具有规模效益递增的特征(Zarsky,1999)[③]。

另外一种观点是 FDI 不利于整体环境质量的提高,如 FDI 会刺激经济增长,从而导致更多的工业污染和环境退化(Jensen,1996;World Bank,2000)[④],国际学界或政界也大多支持这一说法。

既然国际直接投资会给东道国环境造成一定的负面污染,那发展中国家为何要接受投资呢?一般说来,有以下 3 个原因:

[①] Xing and Kolstad,"Do Lax Environmental Regulations Attract Foreign Investment",*Environmental & Resource Economics*, Vol. 21, No. 1, 1998.

[②] Jeffrey Frankel and Andrew Rose, *Is Trade Good or Bad for the Environment Sorting out the Causality*, India: Presented, Neemrana, 2003, p. 2.

[③] L. Havens, Zarsky et al., "Untangling the Evidence about Foreign Direct Investment and the Environment", paper delivered to OECD conference on foreign direct investment and the environment, Hague, 1999.

[④] V. Jensen, *The Pollution Haven Hypothesis and the Industrial Flight Hypothesis: Some Perspectives on Theory and Empirics*, Centre for Development and the Environment, University of Oslo, 1996.

1. 合法性

发展中国家由于经济水平落后,环境标准和环境意识较弱,为了本国经济发展都积极吸引外资,甚至不惜降低环境标准。与此同时,世界环保法规日益严格,环保标准日趋提升,发达国家对环境资源利用的限制越来越多,对生产过程中污染物处置的要求越来越苛刻,极大影响了其产业竞争力及相关的企业竞争力和产品竞争力。鉴于此,发达国家利用直接投资方式将其转移到发展中国家经营,直接掠夺那里廉价的土地、劳动力、自然资源、洁净的空气和干净的水源,重新获得竞争力。这种方式与直接出口环境污染物相比,具有很大的"合法性"。

2. 隐蔽性

发达国家通过直接投资转移污染密集型产业、资源密集型产业,将其生产过程在发展中国家进行,这与通过贸易途径将环境污染直接转移到发展中国家进行处理相比,从操作上和污染步骤上具有更为显著的隐蔽性。首先,发展中国家首要引进的是资金和技术设备,而不是明显具有污染性的产品;其次,发展中国家通过贸易途径而造成生态环境破坏,环境污染转移往往使发展中国家处于被动而不是自愿的地位,而通过直接投资进行的转移,一般都是引资方为了发展经济而自愿盲目引进的。由此可见,由直接投资所造成的污染密集产业转移动机是隐蔽的。

3. 便利性

FDI首先转移的是资金和技术设备,这正是发展中国家当前发展经济急需的"催化剂",而发展中对FDI进入国内后资金、技术设备的流向对环境的影响、对经济可持续发展的影响缺乏足够清醒的认识,所以发展中国家对外资的注入表现出极大热情,把FDI的引进量作为衡量经济发展的主要指标之一,使得外资能够很方便地进入国内市场。这与通过贸易进行的跨国污染转移相比有更大的便利性,因为各国对贸易过程中的环境问题已经有了高度的重视,纷纷筑起本国的绿色贸易壁垒来抵御污染转移,大有愈演愈烈之势,而绿色投资壁垒尚未真正进入人们的视线,对发展中国家来说更是如此。

FDI 利用中的跨国污染转移可能完全符合市场自由交易原则,属于环境污染转移的第三种类型"理想交易型模型",即工业活动环境污染的外部性在国家之间是可以很好的内部化的,也正是因此,一些人认为这种转移是合理的,是应该鼓励的。

1992 年年初,当时的世界银行首席经济学家拉·萨莫斯(L. Summers)的一份引起争议的内部备忘录就说明了这一逻辑。他认为世界银行应当鼓动更多的"肮脏产业"转移到欠发达国家,其理由是:①南方国家人的平均寿命短和收入低,由疾病和过早死亡造成的生产和收入损失较低;②那些还没有被污染的国家比北方国家有更多的容纳有毒工业废弃物的环境容量,北方国家面临的环境压力已经十分沉重,污染的边际附加费也极其昂贵;③穷国环境受到破坏时该国环境污染的经济损失并不很高。

不难发现,他的前两个理由是不道德的,把污染的环境转移到劣势或弱势的群体身上,使后者及后者的后代在恶劣的环境下生长,这无论是从事实上讲还是从机会上讲都是不平等的,是不道义的。而第三个理由明显是自欺欺人的,环境资源有其不取决于估价高低的特殊价值,绝不能因为估价低就能肆意地破坏环境。实际上,跨国污染转移的结果除有不道德性外,还具有明显的不经济、非持续和低效率性。这主要体现在:①环境污染转移加剧了世界的失衡,在经济全球化背景下表现尤为明显。②污染转移可能完全符合市场经济规则,符合交换的自愿性和当事人共享"帕累托改进"的双赢性,但不符合可持续发展原则。这个悖论("自愿倒退悖论"即穷国为了发展经济,自愿选择环境恶化)表明,在经济不平等条件下交换的合理性不应只限于"主观价值论",还应考虑利益主体个人选择的"客观价值",考虑外部性问题。③其低效性表现在"重复落后"和"倒退现象"上,即一个社会已经拥有更高效率包括对环境更珍视的技术,却弃之不用，硬要在落后地区采用更落后的技术，包括重演已被发达国家淘汰的技术发展过程，这是反效率性、反环境性的。

（二）经典模型及传统思路

除了上述对直接投资和东道国环境影响的理论及认识外，下面介绍的定性及定量分析方法是学术界应用最广泛也是比较成熟的几个理论模型，人们通常通过它们来认识国际直接投资对东道国环境的影响。

1. 投资的环境影响：主要理论

学界关于外国直接投资与东道国环境影响的研究最早可追溯到经济与环境效应之间的简单关系，即库兹涅茨的环境与收入的倒U型曲线（Environmental Kuznets Curve，EKC）。EKC曲线描述了一国发展中人均收入和污染排放的关系。具体表述为在经济发展的初级阶段，经济发展将导致环境的逐步恶化；当经济增长和人均收入达到并超越一定水平即EKC顶点后，经济增长将伴随着环境的改善。

关于环境库兹涅茨曲线（图4.2）的验证，一些学者从其存在条件出发，认为只有满足一定的条件，才会有经济增长与环境质量这一关系的出现。Lopez(1994)[①]验证了库兹涅茨曲线的存在要依赖于污染和清洁要素间的高技术替代弹性以及对避免风险有一个较高的偏好。另外，一些学者通过对不同地区、不同污染物的实证研究来检验环境库兹涅茨曲线是否存在。如最先开始的Grossman等的跨国研究，采用的案例是二氧化硫和烟雾的排放量，结论是两种污染物的排放量在某一个临界值水平之下会随着收入的增长而提高，一旦超过这一临界值，污染排放水平开始减少。Dinda发现悬浮固体颗粒密度与人均国民收入水平之间存在正U型关系。Dasgupta的研究表明，

---

① R. Lopez,"The Environment as a Factor of Production: The Effects of Economic Growth and Trade Liberalization," *Journal of Environmental Economics and Management*, No. 27, 1994, pp. 163-184.

对于全球性的污染如二氧化碳以及一些很难被消除和清理的污染物的排放中,环境库兹涅茨曲线似乎是不存在的。

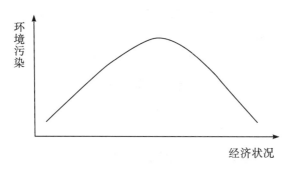

图 4.2　库兹涅茨曲线

但库兹涅茨曲线仅仅给出了经济发展与污染排放的大体数形关系,并没有直接指出外国直接投资(FDI)对东道国环境造成的影响。后来的学者将研究重点放到了外国直接投资对东道国的环境影响上,主要提出了三种观点:

第一种是"污染避难所"假说,即发达国家较严格的环境管制会使污染产业迁移到环境管制较弱的发展中国家,使发展中国家成为"污染避难所",也即 FDI 会对加剧东道国的环境污染(Walter and Ugelow,1982)[①];

第二种观点认为,跨国公司在向外进行投资的同时,也带去了先进的治污技术,通过运用统一的环境标准而有利于东道国的环境污染减少(Birdsall and Wheeler,1993)[②];

第三种观点认为,跨国公司的对外直接投资促使东道国的产出大量增加,从而导致相应污染的增加,即环境的规模效应(Zarsky,

---

① Walter and Ugelow," International Economic Repercussions of Environmental Policy", *Environment and Trade*, Vol.15, 1982, pp.22-45.

② Mani, M. Birdsall and D. Wheeler, "In Search of Pollution Havens: Dirty Industry Migration in the World Economy"[EB/OL], World Bank Working Paper No.16, April 2007.

1999)①。学者们还对投资与环境的关系进行了实证研究,也得出了不同的结论。JIE HE(2006)②利用中国 29 省市的面板数据研究了中国 FDI 与工业 SO2 排放量之间的关系,结果表明 FDI 资本每增加 1%,工业 SO2 排放量就增加 0.098%,FDI 对经济增长和结构转换引起的污染排放增加完全抵消 FDI 对环境管制影响引起的污染减少。Levinson(1996)③的研究表明,环境管制强度指标与产业污染消除成本,共同或独立对产业区位选择有显著的负面影响。Leonard 和 Duerksen(1980)④的研究则表明,绝大多数污染产业,如造纸、化工、金属与石油提炼投向了发达国家,而非发展中国家,他们认为美国污染产业没有向发展中国家转移。Raman Letchumanan 和 Fumio Kodama(1998)⑤考察了电视机和照相机的跨国投资,发现和化学、钢铁等高污染重工业相比,高科技产业更容易进行跨国投资,而这些投资是在技术革新后污染更少的情况下进行的。他们还通过对发达国家电子产业的多元回归分析发现,跨国公司在投资决策时并不寻求宽松环境标准等区位比较优势,而是运用与母国统一的环境标准。

在这三种观点的背后,借助有关学者⑥外国直接投资影响东道国环境的三种主要机制分类:规模效应、结构效应和技术效应,本章总结 FDI 通过这三个途径对环境产生的综合影响。

---

① L. Zaesky et al. "Untangling the Evidence about Foreign Direct Investment and the Environment", OECD Conference on Foreign Direct Investment and Environment, The Hague, 1999.

② Jie He, "Pollution Haven Hypothesis and Environmental Impacts of Foreign Direct Investment: The Case of Industrial Emission of Sulfur Dioxide (SO_2) in Chinese Provinces", *Ecological Economies*, 2006, pp.1-18.

③ A. Levinson and M. S. Taylor, *Trade and the Environment: Unmasking the Pollution Haven Effect*, Washington: Georgetown University, 2002, pp.1-43.

④ 彭可茂、席利卿、彭开丽:《中国环境规制与污染避难所区域效应——以大宗农产品为例》,《南开经济研究》2012 年第 4 期。

⑤ Raman Letehumanan and Fumio Kodama, "Reconciling the Conflict between the 'Pollution-Haven' and an Emerging Trajectory of International Technology Transfer", *Research Policy*, No.29, 2000, pp.59-79.

⑥ Gene M. Grossman and Alan B. Krueger, "Economic Growth and the Environment", *The Quarterly Journal of Economics*, Vol.110, No.2, 1995, pp.353-377.

(1)规模效应。直接投资对环境影响的规模效应就是指当外国直接投资的出现或增加导致了生产规模的扩大和经济收入的提高时,它对当地自然环境所造成的综合性影响。从这个角度来说,FDI 对环境产生正负两方面的影响,其中负面影响更加明显。外国直接投资的引进使当地的生产活动增加从而增加资源消耗,引起污染排放的增多。当地自然环境的负担不仅仅是由经济活动和产量的增加所导致,相应的物流行业的发展也使环境受到很大危害。当然,外国直接投资的规模效应也会给东道国带来环境方面的改善,这主要通过提高东道国人均收入和直接收购东道国原有企业两方面来实现。大规模的外国直接投资无疑对东道国经济的发展起到了极大的刺激作用,从而提高就业率,增加人均收入。正如库兹涅茨曲线指出的那样,当东道国人均收入达到临界值后,污染排放量就随该国经济发展而逐步减少。同时,外国资本的直接收购通常带来原企业生产技术的全面改进,改善自身环保标准,提高能源利用率,减少了相对污染物的排放。但总的来说,环境规模效应带来的负面影响大于正面影响,对东道国环境也会造成不利的影响。

(2)结构效应。外国直接投资的结构效应是指外国直接投资通过对东道国产业构成比例的影响间接对环境造成的影响。图 4.3 示意了全球主要污染行业在全球的转移轨迹。一个以重化工为主的经济体,其污染必然严重。当重化工产业从英国转移到欧洲大陆的德国,再到北美大陆,然后到日韩,污染也是随着这个同样的轨迹在迁移。污染之都,也逐步地从西欧到北美,到东亚、南亚和南美洲等发展中国家扩散。而随着发展中国家经济发展阶段的不同,发展中国家内部也逐步呈现出污染产业结构转移的特征,特别是新兴经济体向最不发达国家或周边地区的转移(图 4.3)。

(3)技术效应。一般理解的技术效应是指这些跨国公司进行对外直接投资的时候通常也把先进的技术包括环保技术带入东道国,从而达到一种技术转移的效果。另外,技术外溢也能使东道国的政

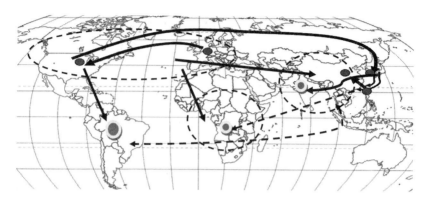

图 4.3　世界主要污染行业在全球的转移轨迹

府和环保组织以更低的成本对环境状况和企业的环保措施进行更有效的监控,还能把各地环境污染的状况更准确及时地传递给公众,增强公众的环保意识和对环境的关注程度。跨国直接投资企业多数是从发达国家向发展中国家转移,因为发达国家环保标准较高,要求严格,所以这些企业一般采用了较先进的技术来减少自身对环境造成的不利影响,进而提高资源的利用率。假设这些企业进行跨国直接投资时,选择在其所有的分支机构中采用全球统一的环境标准,从而达到一种规模经济来降低自身成本,将会极大地推动企业效益和投资所在国的技术进步。但现实情况往往是,发达国家企业因为无法在有效控制成本的情况下达到母国环保要求,而被动地转移到环保技术较低的发展中国家,从而对发展中国家造成大量污染。但总的来说,外国直接投资技术效应给发展中国家环境保护仍带来了大量的正面影响。

2. 研究主要方法

通过污染物排放模型应用模型 $E=f(Y,S,T,K)$[①] 来分析外国直接投资对东道国环境的规模效应、结构效应、技术效应,其中 E_{it} 为总

---

① 章燕:《我国化学工业 FDI 的环境效应研究》,浙江大学硕士论文,2007 年,第 14 页。

污染的排放量,Y_{it}表示国民生产总值,代表规模效应,i 表示不同的产业,t 表示时间;S_{it}表示产业 i 的产出占总产出的比重,代表结构效应;T_{it}表示产业 i 单位产出的污染排放量,代表技术效应。对方程式求导,得到:

$$\frac{\dot{E}_{it}}{E_{it}} = \frac{de}{dY_{it}}g\frac{\dot{Y}_{it}}{Y_{it}} + \frac{de}{dS_{it}}g\frac{\dot{S}_{it}}{S_{it}} + \frac{de}{dT_{it}}g\frac{\dot{T}_{it}}{T_{it}} = e'gdY + e'gdS + e'_{t}gdT$$

(1) 规模效应:令 $e'gdS = 0$ 并且 $e'_{t}gdT = 0$,则 $\frac{\dot{E}_{it}}{E_{it}} = e'gdY$

即污染排放量的变动比率与产出的变动比率保持一致。由于生产规模的扩大导致污染物排放量的增加,当国民生产总值 Y_{it} 增加时,污染排放量 E_{it} 也会增加,增加的幅度取决于系数 e'_{t} 的大小。因此,规模效应与污染物的排放量成正相关关系。

(2) 结构效应:令 $e'gdY = 0$ 并且 $e'_{t}gdT = 0$,则 $\frac{\dot{E}_{it}}{E_{it}} = e'gdS$

当一国污染产业所占比重较高时,S_{it} 的上升引起污染物排放量的增加。当清洁产业所占比重较高时,S_{it} 的上升表示产业结构更趋向于环保,污染物排放量也会相应下降。因此,FDI 的结构效应对环境的影响是不确定的。如果结构调整形成污染密集型和资源依赖型等专业化生产的部门,它将对环境产生负面影响;如果形成高新技术和服务业为主导的结构,整个经济就会朝着清洁生产的方向发展,从而有利于环境保护。

(3) 技术效应:令 $e'gdY = 0$ 且 $e'gdS = 0$,则 $\frac{\dot{E}_{it}}{E_{it}} = e'_{t}gdT$

当生产单位产品所造成的环境污染程度不断降低时,污染排放量下降。因此,FDI 的技术效应与污染物的排放呈负相关关系。

规模效应、结构效应和技术效应是 FDI 影响环境的机制和途径,从这 3 个方面进行分析有助于全面衡量 FDI 的环境效应。我们的定性分析也将建立在以上的理论和模型基础之上,应用数据及图形阐述中国对外直接投资在这些国家造成不同的环境影响。

3. 定量分析理论及方法

环境质量的每一方面都会以不同方式对经济增长做出反应,因此,对经济增长与环境质量关系应该进行综合、全面的经验分析。这类分析往往受到缺乏数据的困扰而限制其研究范围。近年来,一些国家和地区才开始注重对环境质量的某些方面展开仔细的评估,也只有少量的环境指标数据可供参考。为此,我们只有选择利用东南亚各国空气污染增加值(氮氧化物、二氧化硫、总悬浮颗粒物浓度和年人均降尘量的面板数据)及部分水体质量指标等可获得的数据对该地区环境与中国对该国的直接投资增加值做相关性分析。利用模型为:

$$E_t = \alpha_0 + \alpha_2 i_t + \alpha_3 i_t^2 + \alpha_4 i_t^3 + A_k X_k + \varepsilon_t$$

式中,E 为主要污染指标;i 表示投资额;X_k 是影响环境质量的其他变量构成的 k 维向量,如人口密度和贸易开放度等直接投资额之外的指标。为获得模型的正确设定,我们估计了该基本函数的线性(linear)、对数到线性(lin-log)、线性到对数(log-lin)及双对数(log-log)等多种形式,并通过序列相关/自相关、模型的结构稳定性及数据的平稳性等一系列统计检验,选取对经验数据拟合最优的模型作为最终估计结果。

(三) 分析框架构建

由上述的理论综述可见,截至目前,学者们对于投资(包括外国直接投资)对环境的影响研究,对于我们分析中国对东盟投资的环境影响只是提供了不少思路和线索,却难以真正和本课题的要求结合起来。因此课题组构建了以下模型及思路来分析外国直接投资对环境的影响,主要包括定量和定性两个方面。

1. 行业评价模型

要全面评价我国企业对外直接投资对该国造成的工业污染,就应该找到连续的工业废气、废水、固体废物及该国 GDP、我国直接投资额、该国资本总形成额、工业增加值等连续数据。为此我们构建下面这个指标来揭示我国投资污染产业的分布状况及变动情况,具体为:

$$c_{ij} = F_{ij}/D_{ij}$$

式中,c 表示我国资金在 i 国的 j 项产业中的投资额占东道国全部外国直接投资的资本比重;F 表示我国资本在第 i 国的 j 项产业中的投资额;D 表示该国当年在第 j 项产业中的全部外国直接投资额。如果 c=1,说明我国资金的污染产业构成其全国对应产业的全部外国直接投资。连续观察连续时间段的该指标有助于我们判断我国是否有投资于该国污染严重产业的倾向:若 c 指标呈下降趋势,则我国没有主动增加投资该国污染产业的倾向;若上升则结论相反。

我们应用该指标主要考察污染较为严重的:煤炭采选业、石油开采加工、炼焦—石油化工;黑色金属矿采选业冶炼、有色金属矿采选冶炼、某些非金属矿采选业及部分非金属矿物制品、化学原料及化学制品制造业、医药制造业、化学纤维制造业、橡胶制品及森林砍伐等行业。

2. 环境经济及政治的政治经济分析模型

我们基于宏微观经济学和公共选择理论进行了中国对外直接投资的环境影响的政治经济学分析,主要考察我国直接投资给东道国带来的环境污染对其国家利益的影响程度。

根据政府公共选择理论,直接投资带来的两方面影响主要作用于投资所在国的公民和政府两个层面上。

对公民来说,直接投资可以促进就业,提高他们的生活水平,同时也可以提高该国各种生产要素的收益,但是自然环境的恶化则给当地人造成负面的影响。

对政府而言,直接投资可以增加其财政收入,同时直接投资还可以促进投资国与该国政府的关系。现代公共选择理论强调国家在做出决策时多数目标均是自身利益最大化,我们将其政府的决策效用表示为该国政府的财政收入,公民群体(即公民群体收益)和投资国在国际政治舞台(及部分国内政治)上对该国现任政府的支持程度表示为函数形式。

按照雷诺(Renaud,1989)指出的构造决策模型的内容主要涉及以下6个方面:

(1)政策决策过程中的参与者;

(2)参与人的利益函数;

(3)参与人对政策决定的影响方式;

(4)政策工具变量;

(5)参与人所面临的约束条件;

(6)政府过程最终的均衡情况。

依照上面的顺序建立模型,我们分析该国政府可能对直接投资做出的政策选择,首先要考虑的就是能够影响该国政治决策的公民。

从公民的角度来说,假设该国经济中参与劳动的人口为 L,且每一个人的偏好都是相似的,有典型的个人拟线性效用函数(Varian,1992)是:

$$\mu(x) = x_0 + \sum_{1}^{n} \mu_i(x_i) \quad ①$$

式中,x_0 作为基数商品 0 的消费量,设它的国内和国际价格均为 1;x_i 是第 i 种商品的消费量,$i=1,2,\cdots,n$;pi 为这种商品的价格。

第 i 种商品的个人需求函数为 $x_i = D_i(p_i)$,且每个人均把所有收入(I)都用于消费,则:$\mu(x) = I(FDI) + S(P) - E(FDI)$

将其带入①式则有:

$$\mu(x) = V(P,I) = I + \sum \mu(D_i(P_i)) - \sum p_i D_i(p_i) \quad ②$$

式中,按经济学定义 $\sum \mu(D_i(P_i)) - \sum p_i D_i(p_i)$ 是消费者剩余,记为 S(P),同时我们用 E 来表示公民由于环境恶化导致的效用变化。

则对公民来说,总的效用可以表示为:

$$G = \beta \sum \mu(x) + tFDI + \phi IR$$

即直接投资带来的收入增加,加上消费者剩余的增加减去环境恶化导致的效用的减少。

作为现代政治经济学模型中的政府,在做出政治决策时必然在基于集团利益最大化的前提下加强自己的政治地位,提高自己可支配财政收入,提升自己在国际政治中的地位,因此我们建立现代政府决策模型为,G 表示政府的效用:

$$G=\beta\sum[I(FDI)+S(P)-E(FDI)]+tFDI+\phi IR$$

式中,第一项为该国公民个体效用加总;β表示该国民众对政府决策的影响力;式中第二项为我国直接投资带给该国政府的直接财政收入的增量,此处将其简化为 tFDI,即全国政府增加的财政收入是我国直接投资额的 t 倍;最后一项是我国在国际政治舞台对该国政府的支持,同时还必须考虑我国政府对该国政府在国内统治的支持。

政府决策时,必基于自身利益最大化作出政治决策,即最大化 G。我们将②式代入政府决策模型,可得:

$$G=\beta\sum\mu(x)+tFDI+\phi IR=\beta\sum[I(FDI)+S(P)-E(FDI)]+tFDI+\phi IR$$

该公式构筑了环境影响本身与国家政治、经济相互影响的模型。

根据这个基本的政府选择模型及相关自然、社会等指标,我们希望通过矩阵或坐标的形式考察中国对东南亚各投资行业的社会和自然影响程度(主要考察指标参见表 4.1)。

表 4.1 建立坐标评价体系主要考虑的因素

$P_i \& S_i$	主要指标
自然强度(P_i)	1)环境问题的常态风险(采用环境质量指标)
	2)环境突发事件的风险(采用风险等级指标)
	3)对生态环境和人体健康的影响(采用受环境影响对象数量的指标)
	4)环境问题的发展态势(采用描述常态风险、突发事件风险、及所造成的影响随时间变化趋势的指标)

续表

$P_i \& S_i$		主要指标
社会强度（S_i）	5）经济影响	5a）在世界经济地位
		5b）与中国经贸关系
		5c）与西方发达国家经贸关系
	6）政治影响	6a）易被攻击
		6b）威胁东道国国家利益（利用我们上述推导的政府决策模型衡量）
		6c）关系我国基本发展
	7）国际形象影响	7a）是否与殖民经济相关
		7b）国际社会的关注度
		7c）是否涉及非法活动
	8）我国国内关注度	在国内可能引起的反映大小

如表4.1所列，我们考察环境问题主要从自然强度和社会强度两个方面来考察它的影响。自然强度包括传统的环境问题常态、突发风险、环境问题的发展态势以及环境问题对人体健康的影响；社会环境方面我们主要从环境问题在东南亚各国国内经济、政治方面产生的后续影响，这种环境问题对中国国际形象及我国在该问题上的关注度四个方面来考察。通过考察环境问题本身的风险及发展趋势以及由环境问题引发的社会问题，可以客观的评价我国对东南亚直接投资在各个行业造成的综合影响。

二、区域案例：中国对东盟投资环境问题识别

随着经济全球化的加速和蔓延，全球环境正呈现出日益恶化的趋势。经济与自然环境紧密联系，环境污染已成为经济发展过程中的一个重要问题，越来越多的人开始关注环境问题。随着国际资本流动的加速和各国经济的发展，外商直接投资（FDI）与环境的潜在

关联性也开始加速显现出来。

20世纪90年代以来,中国经济快速增长,以市场为导向的经济改革使中国工业得到极大发展,特别是90年代后期,随着中国经济总量增大,国内企业实力增强,不少中国企业开始到国外建厂,进行直接投资活动。毗邻中国的东南亚地区,凭借其与中国特殊的地理关系、相似的发展水平以及渊源的文化传统成为我国企业赴外直接投资重要的目的地之一。

必须承认的是,随着我国企业大量赴东南亚地区投资,特别大量资源开发型企业来到东南亚直接投资,给当地环境造成不小的压力,且这种影响随着投资的增加而逐步显现出来。我国在东南亚地区直接投资能源开发企业多、高科技企业及第三产业企业较少的投资结构从两方面对东南亚各国的生态环境产生影响。

一方面,我国的直接投资促进东盟国家GDP的增加,提高经济增长率,带动了该区域内各国出口的增长,也产生了一定的环保技术外溢效应,促使环保技术的传播和运用,增强各国的环境保护意识。

另一方面,我国对东盟国家的直接投资加大了当地自然环境和生态系统的双重压力。如中国对东盟的矿产、渔业、林业、水电等资源的投资与开发,不仅造成矿产、森林等资源存量的减少,还对整个生态系统造成不小的负面影响。中国对东盟加工贸易,特别是污染密集型行业,如能源、橡胶、纺织、医药直接投资的大量企业生产过程产生的废水、废气和固体废弃物也对区域内各国人民的生活环境造成一定消极影响。

(一) 东盟环境问题综述

1. 水污染

水污染主要指人类通过工业废水排放或修建大坝等活动,影响自然水体的有效利用,危害人体健康、破坏生态环境的行为。根据污染性质的不同,水污染可分为化学性污染、物理性污染和生物性污染三大类。其中，化学性污染主要由人类日常工业生产中的废水排放活动引起，工业废水中的主要污染物有氟化物、磷化物、氰化物、硫化氢、化学需氧量（COD）、石油类、苯类、氨氮、酚类等有毒有害物质以及各种重金属，这些污染物都有致癌、致畸、致突变作用，且对人类健康和整个生态系统的危害具有长期性。从行业的角度看，废水排放量最大的是化肥行业和硫酸行业。虽然农药、染料和有机化工的废水排水量不大，但是废水中所含污染物的浓度高，毒性大。同时，未经处理而排放的生活污水，大量使用化肥、农药、除草剂的农田污水，以及堆放在河边的工业废弃物和生活垃圾都会导致化学性的水污染。开采矿山导致的大量有毒且未经处理的废水流入河流、湖泊或者直接渗入地下也会导致严重的水资源化学污染。此外，我们还必须注意修造大坝通常会使得大量的从水库区迁移出去的人口丧失了他们赖以维持生计的渔业及森林资源，并且建坝对河流下游沿岸依赖洪水泛滥时沉积肥沃土壤来进行农业生产的人民也会造成严重危害。

人为调节的水流取代洪水后，使土壤沉积中断，会导致下游耕地及牧场的消失。根据联合国粮农组织提供的数据，由于建坝的原因，一些依赖洪水保持鱼群数量的渔业减产幅度达到30%—70%，造成了当地居民食物来源和收入的减少。修建大坝还可能造成河流的生物性污染，产生水坝库区蓄水引发疾病的情况。坝内水库可能会受到静止水域中大量繁殖的有毒病菌的污染。例如，水坝有关蓄水减慢河水流速有关的致病菌包括蓝藻细菌（cyan bacteria）、血吸虫、疟疾，它们均会危害人体健康，如果水中含有这种病菌，未经处理饮用就会危害人体健康。另外，过度砍伐河流及湖泊周边的森林，破坏植被的行为都会引起水土流失，带来洪涝灾害，造成物理性的水污染。

我们具体考察东南亚地区主要水资源的变化情况如下（表4.2）。

表 4.2 单位资本可再生水资源表

单位：(m³/inhab/year) [1]

时间	柬埔寨	印尼	老挝	马来西亚	缅甸	菲律宾	新加坡	泰国	越南
1988—1992	45749.02	15158.475	76678.2	30823.19	24742.1	7485.895573	188.56065	7297.753	12897.768
1993—1997	39865.19	14112.803	67836.1	27068.65	22801.3	6713.761108	162.03079	6873.872	11807.077
1998—2002	35884.08	13223.248	60305.6	24195.9	21382.4	6086.017407	144.12683	6550.091	11019.326
2003—2007	33836.26	12738.968	56304.9	22882.39	20697.2	5767.332097	138.69626	6382.14	10579.667

资料来源：联合国粮农组织。

[1] Inhab 意为经常状态下生物含量。

东南亚地区地处太平洋西南部,处于赤道低纬度地区,全区全年多雨,大小河流密布,湖泊众多,是世界上水资源最为丰富的地区。中南半岛呈西北高东南低的态势,造成了中南半岛的主要河流均呈现出自北向南、自西向东的流向特点。这一地区除伊洛瓦底江、萨尔温江最终注入印度洋外,其余河流均注入南中国海。中南半岛的主要河流自西向东分别是:伊洛瓦底江、萨尔温江(在中国境内名为怒江)、湄南河、湄公河(中国境内名为澜沧江)、红河,这些河流上游流经山区的河段,切割作用明显,河谷形成V形谷,具有丰富的水能资源,下游因泥沙沉积形成肥沃的冲积平原,成为肥沃的耕地,是中南半岛最主要的人口集聚地。其中,湄公河(澜沧江)是本区域内最重要的河流,它经缅甸、老挝、泰国、柬埔寨和越南,注入南海,大致由西北流向东南,总长为4180千米,流域总面积为81.1万平方千米。湄公河长2668千米,其中约1200千米为国界河,包括中缅、缅老、老泰各段界河,流域面积63万平方千米,年径流量4633亿立方米,居东南亚各河首位。

马来群岛四周均被太平洋包围,所以域内并无大型河流,但由于地势起伏,全年降水丰富,所以也是河流众多,河道密布,群岛上的河流大多起源于火山地带。上游河段的河床坡度陡峭,较短的中游河段的坡度平缓,漫长的下游河段的河堤坡度几乎是水平的。由于降雨密度较大及上游流域的冲刷,大多数的河流都夹杂着大量的沉淀物,导致河流状况问题之解决关键在于其进水口问题。由于下游河段河堤坡度平缓和运输能力较差,许多河流的下游都会经历洪水的侵袭。其中较著名的包括拉让河、卡延河和梭罗河。由于马来群岛国家终年多雨,从而获得了大量水资源,其中印尼是世界上淡水资源最丰富的国家之一,但这些群岛国家丰水期(雨季)和枯水期(旱季)的可利用水资源总量相差较大,因此,在枯水期,这些国家常常缺水。马来群岛国家面临的主要水环境问题主要分布于多数人口密度集中的城市地区,这些地区的许多含水层已经遭受了严重破坏和过度开采,从而导致在许多沿海城市出现了海水入侵和地面沉陷等问题。由于渐增的工业和城市污染,满足枯水季节的用水需求变得更加复杂。

由于东南亚地区是世界上最重要的水稻种植区,这里多数城市都分布在河流两旁,所以水环境的变化对区内民众影响很大。根据联合国粮农组织和世界卫生组织的研究显示,东南亚地区水资源的污染主要来源于人们的日常生活所排放的废水(图4.4),特别是越南、印尼等国由于相关立法和治理体系不完善,很多城市污水未经处理就直接流入自然湖泊或者河流,这对自然水体造成了很大危害。更为甚者,这一地区快速的工业发展构成了对水环境的进一步威胁,其中工业废水的排放,水利水电资源的大量开发已经成为该区域内各国政府甚至国际社会最为关注的环境问题。如中泰缅三国计划在萨尔温江上建造大量水坝的计划就受到包括联合国教科文组织(UNESCO)、世界自然基金(Worldwide Fund for Nature)等国际组织的关注。

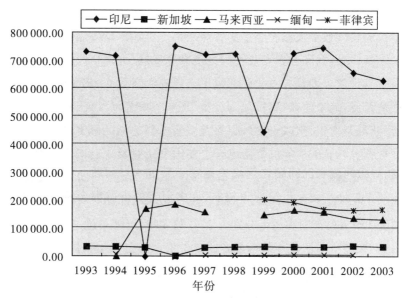

图 4.4 东南亚部分国家水体有机污染图(单位:万 kg/d)

资料来源:世界发展指标数据库。

同时,东南亚各国的大量森林植被破坏引起的地表蓄水能力减少给各国特别是马来群岛国家带来很大压力,因为随着人口快速的增长,即使是印尼这样水资源丰富的国家也越发感到在枯水期淡水资源需求与供给方面的巨大缺口。另外东南亚多数国家毗邻大海,越发严重的海洋污染也困扰着这些国家的政府和人民。

2. 大气污染

大气污染物的种类繁多,有二氧化硫、硫化氢、氮的氧化物、烃类、一氧化碳和总悬浮颗粒物(TSP)等。这些有害物质不仅直接影响人类的健康,而且还会间接通过大气降雨而毒化或者酸化土壤、水体和腐蚀各类建筑物、破坏植物的生长等,从而破坏整个生态平衡。

大气污染主要来源于工业废气的排放。工业废气产生的途径很多,最主要的是燃料燃烧过程中产生的废气和生产工艺过程中产生的废气。东南亚各国工业单位产值物耗、能耗远高于发达国家的水平,也高于世界平均水平(图 4.5)。同时,东南亚国家环保立法不完善,治污设施不完备,形成了该区域内燃料燃烧和工业生产工艺过程中排放废气数量大和种类多的特点。

具体来说,随着东南亚各国经济高速发展,大量企业和现代化交通工具排放了大量二氧化碳造成了一定的温室效应,其中以越南、印度尼西亚、马来西亚、泰国最为严重(图 4.6 和图 4.7)。根据世界银行、亚洲开发银行、联合国环保署及东盟内部的相关研究机构最新统计数据显示,2008 年东南亚地区主要国家工业及普通市民日常生活中二氧化碳的总排放量是:缅甸为 14.74,柬埔寨为 3.99,印度尼西亚为 434.13,老挝为 1.25,马来西亚为 162.38,菲律宾为 79.80,新加坡为 159.48,泰国和越南分别为 254.23 和 93.71(单位:10^6 t CO_2)。另外,在衡量能源使用效率或各国单位生产中二氧化碳排放密度时,具体数据是:柬埔寨为 0.49,缅甸为 1.21,老挝为 0.35,马来西亚为 1.00,菲律宾为 0.68,新加坡为 1.12,泰国为 1.27,越南为 1.42,印度尼西亚为 1.28,而中国是 2.12(单位:t CO_2/1000 美元 GDP,使用 2005 年美元国际市场汇率)。而考查大气污染最主要的硫化物和氮化物时,我们发现东南亚地区各国呈现出两极分化的趋势。

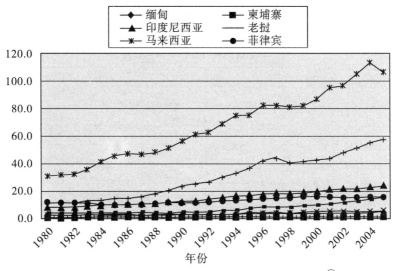

图4.5 东南亚各国单位 GDP 耗能图(单位:百万 BTU①)

资料来源：U. S. Energy Information Administration, http://www.eia.doe.gov/emeu/international/carbondioxide.html.

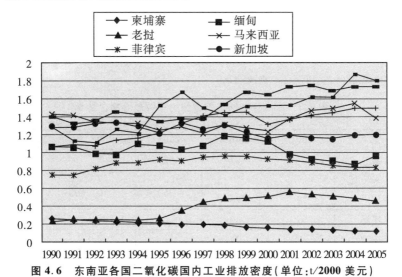

图4.6 东南亚各国二氧化碳国内工业排放密度(单位:t/2000 美元)

资料来源：U. S. Energy Information Administration, http://www.eia.doe.gov/emeu/international/carbondioxide.html.

---

① BTU 是 British Thermal Unit(英热单位),1BTU = 1 055.056 J。

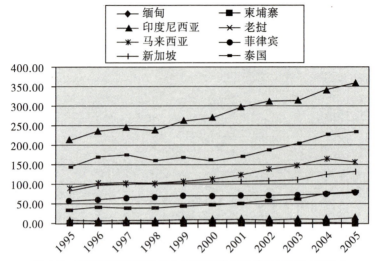

图4.7 东南亚主要国家工业二氧化碳总排放图(单位:百万 t)

资料来源:U.S. Energy Information Administration, http://www.eia.doe.gov.

考察东南亚各国氮氧化物的排放情况时,我们发现东南亚地区单位国土面积内氮氧化物排放最低的是缅甸0.19,马来西亚0.21,老挝0.29,菲律宾0.31,越南0.56,泰国0.45,柬埔寨1.31而中国为0.75(单位:千公吨/km2)。当然空气中细小颗粒悬浮物也是威胁人类健康最主要的污染(表4.3)。

表4.3 东南亚各国空气中细小颗粒悬浮物含量表

单位:$\mu g/m^3$

国家	2001	2002	2003	2004	2005
越南	69	67	65	65	61
马来西亚	29	29	28	27	25
缅甸	74	74	75	69	63
柬埔寨	67	66	66	66	62
菲律宾	42	34	31	30	26
印尼		112	103	102	96
新加坡		49	47	45	40
老挝		49	49	49	47
泰国		77	77	80	77
中国	79	78	79	79	75

数据来源:世界银行。

3. 森林及生物多样性

森林是陆地生态的主体，在维持全球生态平衡、调节气候、保持水土、减少洪涝等自然灾害方面，都有着极其重要的作用，各种林产品也有着广泛的经济用途。但从全球来看，森林破坏仍然是许多发展中国家所面临的严重问题，所导致的一系列环境恶果引起了人们的高度关注。东南亚地区虽然总面积仅占世界面积的3.3%，但其将近40%的土地均被植被覆盖，是世界上森林覆盖率最高的国家（世界平均覆盖率不到30%）。可是，随着经济发展，城市化的进程及非法伐木、走私等活动，这一地区的平均森林覆盖率正以每年2%左右的速度递减，区内除了越南和新加坡外，其余国家自1990年来森林面积均呈下降趋势。由于世界木材价格上涨导致本地区大量木材被非法砍伐和走私，进一步导致了区内水土流失和土地肥力下降，这对世界上最重要的稻米产区影响是非常严重的。同时考虑到这一地区河流众多，且到雨季雨量非常大，森林破坏还从根本上降低了土壤的保水能力，加之土壤侵蚀造成的河湖淤积，可能导致大面积的洪水泛滥，加剧了洪涝在本地区的影响和危害。所以东南亚地区森林退化问题是该地区最严重的环境问题。

表4.4 东南亚主要国家森林占国土面积比例

单位：%

国家	1990年	2000年	2005年
菲律宾	35.46	26.66	24.02
印尼	64.35	54.02	48.85
马来西亚	68.11	65.72	63.58
泰国	31.10	29	28.42
柬埔寨	73.34	65.38	59.18
越南	28.77	37.69	41.70
老挝	75.02	71.63	69.94
缅甸	60.20	71.63	49

该表是在逯元堂的《国家环境安全评估体系研究》基础上改制而成。转引自逯元堂：《国家环境安全评估体系研究》，中国环境科学研究院硕士论文，2004年。

4. 东南亚地区各国面临的主要环境问题

我们在描述东南亚地区各个国家所面对的环境问题时，我们参考"国家环境安全评估体系"的相关指标及体系，将整个国家环境安全体系分为系统层（水、大气、土地、物种）、变量层（安全状态、安全压力、安全响应）、指标层及对相应指数较关注国家和关注层次，并列出下表希望能够清晰的反映出各国所面对主要环境问题。

表 4.5　东南亚各国面临的环境问题

系统层	变量层	指数层	指标层	关注国家及程度
国家环境安全	水安全子环境	水安全状态层		
		水环境生活满足度指数	农村获得清洁饮用水的人口比例	缅（高）老（高）柬（高）
			城市获得清洁饮用水的人口比例	越（中）菲（高）印尼（中）
		水环境安全质量指数	地表主要水体劣 V 类断面比率	马（高）印尼（高）越南（高）
			人均淡水资源量紧缺程度	
			洪涝旱灾损失占 GDP 百分比	
		水资源安全指数	湖泊富营养化指数	马（中）
			主要河流（非季节性）断流	
		水生态状况指数	主要河流超三类长度比率	新（中）
			水资源利用比率	
		水污染事故指数	内陆水流域污染事故数量	东盟（高）
		海岸水环境压力指数	海岸海水质量	印尼（高）菲（中）马（高）泰（中）
			沿海大陆架物种种类	
			海洋污染事件	
			海洋富含养物质	

续表

系统层	变量层	指数层	指标层	关注国家及程度
国家环境安全	水安全子环境	水安全压力层	人口压力指数	人口自然增长力	新(中)
			人均用水量	
			人均水污染排放量	
		经济压力指数	单位GDP水污染负荷	新(高)马(中)泰(中)越(中)
			单位GDP用水量	
			GDP增长速率	
			航运货物吞吐量	
		污染物符合指数	单位水资源量污染负荷	东盟(中)
		水资源利用压力指数	地下水超采比例	
		水污染治理水平指数	城市生活污水集中处理率	东盟(高)
			工业废水排放达标率	
		水资源利用指数	工业用水重复使用率	
	大气安全系统	大气安全状态层	大气环境质量指数	可吸入颗粒物(或TSP)超标比例	新(高)马(高)印尼(中)泰(中)越(中)
			二氧化硫浓度超标比例	
			二氧化氮浓度超标比例	
			空气质量劣于二级的天数	
		大气生态状况指数	酸雨频率	东盟(中)
			沙尘暴天数	
			大气污染事故数量	

续表

系统层	变量层	指数层	指标层	关注国家及程度
国家环境安全	大气安全系统	普适压力指数	GDP 增长率	
			人口增长率	
	大气安全压力层	能耗消耗压力指数	单位 GDP 能耗系数	新(高) 越(高) 马(中)
			煤炭消费占能源消费比例	
		污染物排放强度指数	单位 GDP 大气污染物排放量	
			人均温室气体排放量	
	大气安全响应层	能源结构调整指数	大气治理投资占 GDP 比例	新(高) 马(中) 越(中) 印尼(中) 泰(中)
			烟尘排放达标率	
			工业粉尘排放达标率	
		大气污染治理水平指数	城市绿地普及率	
			城市人均公共绿地	
	土地安全系统	城市植被覆盖指数	城市植被覆盖指数	新(高) 越(中) 泰(中)
			城市人均绿地面积	
	土地安全状态层	土壤污染指数	土壤污染面积占辖区面积比例	东盟(中)
			重金属污染土地占辖区面积比例	
			辐射性化学物质安全处理率	
		耕地质量与数量指数	农药、化肥及农膜残留量	菲(高) 越(中)
			耕地面积占辖区面积比例	
		水土流失强度指数	水土流失面积辖区面积比例	缅(高) 印尼(高) 马(高) 老(中) 越(中) 柬(中)
			坡耕地占耕地面积	
		土地退化状态指数	土壤侵蚀模数	
			土地沙漠化、盐碱化、石漠化面积比例	
			农林病虫害面积比例	
			草地鼠害面积比例	
		污染事故指数	固体废物污染事故数量	

续表

系统层	变量层	指数层	指标层		关注国家及程度
国家环境安全	土地安全系统	土地安全压力层	人类干扰指数	人口密度、人口增长率	东盟(中)
				土地利用率	
			农业面源污染指数	水土流失速率	缅(高) 印尼(高) 马(高) 老(中) 越(中) 柬(中)
				土地退化、盐碱化、石漠化速率	
				土地质量变化指数	
				城市化速率	
				耕地减少速率	
		土地安全响应层	土地保护指数	受保护面积占辖区面积比例	
				受保护农田占耕地面积比例	
				坡耕地退耕率	
			土地治理指数	退化土地恢复治理率,水土流失防治率	缅(高) 印尼(高) 马(高) 老(中) 越(中) 柬(中)
				草地"三化"控制率	
				农膜回收率	
				农林病虫害综合防治率	
				工业固体废弃物综合利用率	
				工业废弃物处理率	
				禽畜养殖业污染治理率	
	生物安全系统	物种安全状态层	物种及其生境质量指数	森林覆盖率	缅(高) 印尼(高) 马(高) 老(中) 柬(中) 菲(中)
				生态公益林(用材林)林龄结构	
				人均活立木蓄积量	
				物种及其生境质量指数	
				单位面积鲜草量	
				斑块密度、斑块破碎度、连接度	
				森林内的公路密度	
				森林覆盖的河流长度比例	
				人工湿地占湿地面积比例	

续表

系统层	变量层	指数层	指标层	关注国家及程度
国家环境安全	生物安全系统	物种安全状态层	物种胁迫应指数	外来物种数量	东盟(高)
			物种胁迫效应指数	
			濒危物种个数	
			物种多样性指数	
		物种安全压力层	生物多样性减少指数	物种灭绝速度	东盟(高)
				野生动植物数量减低速率	
			物种及其生境退化指数	生境破碎化速度	
				草地退化速度	
				草地超载率	
				斑快分维数、形状指数、平均分维数	
				湿地减少速率	
		物种安全响应层	物种及其生境保护指数	国家和省级保护野生动植物受保护比例	
				封山育林面积占林地面积比例	
				天然林保护面积占辖区面积比例	
			物种及其生境建设指数	退耕还林面积	
				退耕还草面积占草地面积	
				造林面积增加比例	
				森林病虫鼠害防治率	

第五章　中国投资拉美的社会和环境风险

谢文泽

拉丁美洲和加勒比地区(简称"拉美地区")是中国对外直接投资的第二大目的地。根据中国国家统计局的统计数据,2012年中国对拉美地区的直接投资净额约62亿美元;在该地区的直接投资存量约682亿美元,约占对外直接投资存量的12.8%①,仅位居亚洲之后。同时,截至2012年,中国在境外采矿业的直接投资存量约748亿美元,其中约300亿美元集中在拉美地区。

一、拉美地区是中国重要的资源类产品进口来源地

拉美地区有33个国家,陆地面积约2041万平方千米,2012年地区总人口约6.1亿人,GDP约5.7万亿美元,人均GDP约9500美元。②

---

① 国家统计局:《国家数据(National Data)》,国家统计局网站,2014年1月5日, http://data.stats.gov.cn/workspace/index;jsessionid=A598319C59D9EAFD218689CBF279DA3D?m=gjnd。

② CEPAL,"Anuario Estadístico de América Latina y el Caribe 2013",2013,San Diago, Chile.

(一) 21个建交国,其中有3个是自贸协定签订国

截至2012年底,同中国建交的拉美国家有21个,其人口合计约5.34亿人,占拉美地区总人口的87.5%;GDP合计约5.5亿美元,占拉美地区GDP的96.5%;人均GDP约10244美元,其中巴哈马多达21908美元,而玻利维亚仅为2625美元。

在21个建交国中,中国已同3个签订了自由贸易协定:智利、秘鲁和哥斯达黎加,先后分别于2006年1月1日、2010年3月1日和2011年8月1日正式生效。

表5.1 中国在拉美地区的建交国概况(2012年)

建交国	人口（万人）	GDP（亿美元）	人均GDP（美元）	建交年份	自贸协定生效日
安提瓜和巴布达	9	12	13405	1983年	
阿根廷	4107	4770	11614	1972年	
巴哈马	37	81	21908	1997年	
巴巴多斯	28	42	14917	1977年	
玻利维亚	1030	270	2625	1985年	
巴西	19842	22491	11335	1974年	
智利	1745	2683	15372	1970年	2006年1月1日
哥伦比亚	4774	3705	7762	1980年	
哥斯达黎加	480	451	9402	2007年	2011年8月1日
古巴	1130	710	6288	1960年	
多米尼克	7	5	6919	2004年	
厄瓜多尔	1552	875	5639	1980年	
格林纳达	11	8	7598	1985年	
圭亚那	79	28	3585	1972年	
牙买加	277	148	5343	1972年	
墨西哥	11800	11816	10014	1972年	
秘鲁	2995	2040	6811	1971年	2010年3月1日

续表

建交国	人口（万人）	GDP（亿美元）	人均 GDP（美元）	建交年份	自贸协定生效日
苏里南	53	49	9182	1976 年	
特立尼达和多巴哥	134	232	17365	1974 年	
乌拉圭	340	499	14703	1988 年	
委内瑞拉	2994	3813	12734	1974 年	
合计/人均	53424	54728	10244		

资料来源：(1)建交国和建交年份来源于中华人民共和国外交部官网。

(2)人口、GDP 和人均 GDP，来源于 CEPAL, *AnuarioEstadístico de América Latina y el Caribe 2013*, 2013, San Diago, Chile。地区 GDP 和人均 GDP 均按美元现价计。

（二）拉美地区已成为中国重要的资源类产品进口来源地

2000—2012 年中拉贸易总额由 126 亿美元猛增至 2613 亿美元，其中中国向拉美地区出口由 72 亿美元增至 1352 亿美元，从拉美地区进口由 54 亿美元增至 1261 亿美元。[1]

2012 年中国从阿根廷、巴西、墨西哥、厄瓜多尔、委内瑞拉等拉美国家进口原油约 2450 万吨，占进口总量的 9%；从智利和秘鲁进口铜矿砂及其精矿约 170 万吨，占进口总量的 22%；从巴西、秘鲁等进口铁矿石 1.65 亿吨，占进口总量的 22%；从巴西、阿根廷进口大豆 2561 万吨，占进口总量的 44%；从巴西、阿根廷进口大豆油 161 万吨，占食用植物油进口总量的 19%，等等。[2]

（三）拉美地区的能源和矿产是中国投资的重点领域

根据联合国拉美经委会的统计数据，1994—2010 年中国在拉美

---

[1] 国家统计局：《国家数据（National Data）》，2014 年 1 月 5 日。
[2] 进口量根据"联合国商品贸易统计数据"计算，进口总量根据国家统计数据计算。

地区石油、天然气领域的投资累计约236亿美元,主要集中在油气资源丰富的委内瑞拉、巴西、阿根廷、厄瓜多尔、哥伦比亚、秘鲁等国家,中石油、中石化、中海油、中化等是主要投资企业。①

1994—2012年中国在拉美地区矿产领域的投资主要以铜矿和铁矿为主,且主要集中在秘鲁、巴西、圭亚那等国家。如表5.2所示,中国在拉美地区投资的9个主要矿产项目,计划投资额近180亿美元,截至2012年已完成投资近80亿美元,其中有5个项目在秘鲁。

表5.2 1994—2012年中国在拉美地区的主要矿产项目

中国企业	投资目的地国	矿产	进入时间	计划投资额（亿美元）	完成投资额（亿美元）
首钢	秘鲁	铁矿	1992年	10.0	4.5
中国铝业	秘鲁	铜矿	2007年	22.0	27.6
紫金矿业等	秘鲁	铜矿	2007年	14.4	1.9
中国五矿等	秘鲁	铜矿	2008年	25.0	7.3
山东淄博南金兆集团	秘鲁	铁矿	2009年	15.0	1.0
武钢	巴西	铁矿	2010年	50.0	4.0
有色金属华东地质勘查局	巴西	铁矿	2010年	12.0	12.0
中国铌业	巴西	铌矿	2011年	19.5	19.5
博赛矿业	圭亚那	钒矿	2008年	10.0	2
合计				177.9	79.8

资料来源:ECLAC,"Chinese Foreign Direct Investmentin Latin America and the Caribbean", Summit on the Global Agenda, World Economic Forum, Abu Dhabi, 18-20 November 2013, http://www.eclac.org/cgi-bin/getProd.asp?xml=%20/publicaciones/xml/1/51551/P51551.xml&xsl=/tpl-i/p9f.xsl%20&base=/tpl-i/top-bottom.xslt.

---

① ECLAC, "Foreign Direct Investment in Latin America and the Caribbean 2010", 2010, http://www.eclac.org/cgi-bin/getProd.asp?xml=/publicaciones/xml/0/43290/P43290.xml&xsl=/ddpe/tpl-i/p9f.xsl&base=/tpl-i/top-bottom.xslt.

二、拉美国家的投资环境令不少中国企业"水土不服"

拉美地区资源丰富,发展水平和全球化程度居发展中国家(地区)前列,民主制度和法律体系相对健全,吸引着越来越多的中国企业前往投资。同时,拉美国家也越来越重视吸引中国的投资。

绝大部分拉美国家于19世纪初取得独立。在独立之前长达三个世纪的时间里,讲西班牙语的拉美国家是西班牙的殖民地,讲葡萄牙语的巴西是葡萄牙的殖民地。因此,拉美国家同欧美发达国家有很深的历史渊源和广泛的联系。同欧美国家的企业相比,中国企业在拉美地区是"初来乍到"者。在这种情况下,正如拉美经委会所指出的,拉美国家的政府、企业和民众尚未充分认识和了解中国企业的投资动机、投资战略和经营机制,而中国的企业也需要更好地认识和了解拉美国家的经营环境、投资机会。

自改革开放以来,为了吸引外资,中国政府专门制订了一系列特殊政策和优惠政策,在很长的时间里,外资企业在中国享受特殊待遇。受国内环境的熏陶和影响,当中国企业刚刚"走出去",以外资身份进入拉美国家进行投资时,曾经想当然地认为会受到"特殊国民"待遇。但是,进入拉美地区的中国企业很快就发现,问题和困难超出想象,即使临行前做了大量调研和准备工作,仍然感到"寸步难行",结果是"失败者"远多于"成功者",而"成功者"经历了多年的摸索和煎熬后,也不敢放言"成功"。

时至今日,绝大部分在拉美地区的中国企业仍然感到"水土不服",尤其是在开办企业、申请建筑许可、缴纳税款、雇佣工人等方面。

(一)大部分拉美国家并非"投资天堂"

拉美地区地广物丰,气候、环境、生物多样,环境优美,让许多中国游客留恋不已。但是从投资的角度看,大部分拉美国家却并不是"投资者的天堂"。

世界银行[1]从10个方面对全球189个经济体的营商环境便利度进行评估和排名,排名越靠前,便利度越高,营商环境越好,1为最佳。2013年中国在这189个经济体中居第96位。

表5.3 2013年拉美国家"营商环境"地区排名和全球排名

拉美地区排名	国家	全球排名	拉美地区排名	国家	全球排名
1	智利	34	15	圣文森特和格林纳丁斯	101
2	秘鲁	42	16	哥斯达黎加	102
3	哥伦比亚	43	17	伯利兹	106
4	墨西哥	53	18	格林纳达	107
5	圣卢西亚	64	19	巴拉圭	109
6	特立尼达和多巴哥	66	20	圭亚那	115
7	安提瓜和巴布达	71	21	巴西	116
8	多米尼加	77	22	多米尼加	117
9	危地马拉	79	23	萨尔瓦多	118
10	圣基茨和尼维斯	82	24	尼加拉瓜	124
11	巴哈马	84	25	阿根廷	126
12	乌拉圭	88	26	洪都拉斯	127
13	巴巴多斯	91	27	厄瓜多尔	135
14	牙买加	94	28	苏里南	161
			29	玻利维亚	162
			30	海地	177
			31	委内瑞拉	181

资料来源:世界银行,《2014年营商环境报告》。

---

[1] 世界银行:《2014年营商环境报告》,世界银行驻中国代表处,2013年,http://chinese.doingbusiness.org/reports/global-reports/doing-business-2014。世界银行从开办企业、申请建筑认可、获得电力供应、注册财产、获得信贷、投资者保护、缴纳税款、跨境贸易、合同执行、办理破产等10个方面,对全球189个经济体的"营商环境便利度"进行评估和排名。

第五章 中国投资拉美的社会和环境风险

如表5.3所示,在被评估的31个拉美经济体中,排名居中国之前的有14个,其中智利、秘鲁、哥伦比亚、墨西哥、乌拉圭5国是拉美地区的主要国家,其营商环境在拉美地区分别居第1、2、3、4和12位,全球排名分别居第34、42、43、53和88位;圣卢西亚、特立尼达和多巴哥、安地瓜和巴布达、多米尼加、圣基茨和尼维斯、巴哈马、巴巴多斯、牙买加等8国是加勒比地区的岛国,危地马拉是中美洲国家。

其他17个经济体的全球排名均在第100位之后,其中拉美第一大国巴西位居第116位,阿根廷居第126位,委内瑞拉居第181位,等等。

(二)开办企业程序多,耗时长

在拉美地区开办企业,平均需要办理9道手续,耗时36天。同亚太、南亚、欧洲和中亚、撒哈拉沙漠以南非洲、中东和北非等其他5个地区相比,拉美地区开办企业的手续最多,所用时间仅次于亚太地区(37.8天)。

在苏里南开办企业需要办理13个程序,耗时208天,委内瑞拉为17个程序、144天,巴西为13个程序、107.5天,海地、厄瓜多尔、玻利维亚、伯利兹、特立尼达和多巴哥、尼加拉瓜、巴拉圭等7国需1—3个月,阿根廷、秘鲁、哥斯达黎加、巴哈马、安地瓜和巴布达、圭亚那、危地马拉、多米尼加、圣文森特和格林纳丁斯、巴巴多斯、萨尔瓦多、哥伦比亚、格林纳达、圣卢西亚等14个国家需要15—30天,洪都拉斯、多米尼克、圣基茨和尼维斯、乌拉圭、墨西哥、巴拿马、牙买加、智利等8国需要5—15天。

(三)申请建筑许可平均需要7个月

在拉美地区,企业申请建筑开工许可证的时间,平均约需7个月,远高于其他5个地区的平均值。

海地需要1129天(3年)的时间才能办完建筑许可申请工作,巴巴多斯442天,巴西400天,委内瑞拉381天,阿根廷、玻利维亚、特立尼达和多巴哥、乌拉圭、多米尼加、尼加拉瓜、圭亚那等7个国家需要6—12个月,巴哈马、秘鲁、多米尼克、智利、萨尔瓦多、圣文森特和格林纳丁斯、巴拉圭、牙买加、安地瓜和巴布达、哥斯达黎加、格林纳达、厄瓜多尔、圣基茨和尼维斯、圣卢西亚、洪都拉斯、危地马拉、巴拿马、伯利兹等18个国家需要3—6个月,墨西哥、哥伦比亚等少数国家需要1个半至2个月。

(四)纳税次数多,税收负担重

拉美地区的企业平均每年纳税30次,应税总额占企业毛利润的47.3%。

应税总额占企业毛利润的比重,阿根廷为107.8%,玻利维亚为83.4%,哥伦比亚为76%,巴西为68.3%,尼加拉瓜为64.9%,委内瑞拉为61.7%,哥斯达黎加、墨西哥、圣文森特和格林纳丁斯、巴哈马、格林纳达、牙买加、多米尼加、乌拉圭、安地瓜和巴布达、危地马拉、巴巴多斯、巴拿马、海地等13个国家为40%—60%,洪都拉斯、圣基茨和尼维斯、萨尔瓦多、多米尼克、秘鲁、巴拉圭、圣卢西亚、厄瓜多尔、伯利兹、圭亚那、特立尼达和多巴哥、智利等12个国家为25%—40%。

(五)雇佣工人道道多

拉美各国对签订劳动合同有不同的要求。阿根廷、玻利维亚、巴西、哥斯达黎加、多米尼加、萨尔瓦多、格林纳达、危地马拉、洪都拉斯、墨西哥、巴拿马、巴拉圭、秘鲁、乌拉圭、委内瑞拉等15个国家不允许签订终身雇佣合同。在这些国家中,多米尼加、萨尔瓦多、格林纳达、危地马拉、墨西哥、乌拉圭等6个国家对劳动合同的期限没有明确规定,玻利维亚、哥斯达黎加、洪都拉斯、巴拿马、巴拉圭、委内瑞拉等6个国家规定最长期限为1年,巴西为2年,而阿根廷、秘鲁两国则为 5 年。

乌拉圭的最低工资水平最高,为 757.4 美元/月;其次是巴哈马,为 693.3 美元/月;第三是阿根廷,为 635.1 美元/月。安地瓜和巴布达、圣基茨和尼维斯、委内瑞拉、哥斯达黎加、巴拿马、巴西、洪都拉斯等 7 个国家为 400—600 美元/月;智利、伯利兹、圣文森特和格林纳丁斯、格林纳达、厄瓜多尔、巴拉圭、危地马拉、特立尼达和多巴哥、哥伦比亚、多米尼克、多米尼加、秘鲁、牙买加等 13 个国家介于 300—400 美元/月;萨尔瓦多、海地、圭亚那、尼加拉瓜、玻利维亚、墨西哥等 6 个国家介于 200—300 美元/月。巴巴多斯、圣卢西亚、苏里南等 3 个国家对最低工资没有要求。

关于周末加班,圣卢西亚规定要支付实际工资 1.5 倍的加班费;乌拉圭、哥斯达黎加、巴西、洪都拉斯、厄瓜多尔、巴拉圭、特立尼达和多巴哥、多米尼克、多米尼加、秘鲁、牙买加、萨尔瓦多、圭亚那、尼加拉瓜、玻利维亚、苏里南等 16 个国家要求支付实际工资 1 倍的加班费,哥伦比亚、阿根廷、委内瑞拉、巴拿马、伯利兹、危地马拉、海地、墨西哥等 8 个国家为 0.25 至 0.75 倍,巴哈马、安地瓜和巴布达、圣基茨和尼维斯、智利、圣文森特和格林纳丁斯、格林纳达、巴巴多斯等 7 个国家则没有明确规定。

关于解雇费用,解雇工龄满 1 年的雇员,墨西哥的解雇费用相当于该雇员 14.6 个月的工资,厄瓜多尔为 14.1 个月,乌拉圭、危地马拉、洪都拉斯、萨尔瓦多、尼加拉瓜、哥伦比亚、阿根廷、智利、苏里南等 9 个国家为 4—5 个月,多米尼加、巴拿马、秘鲁、哥斯达黎加、巴巴多斯、安地瓜和巴布达、特立尼达和多巴哥、巴拉圭、圭亚那、巴哈马等 10 个国家为 2—3 个月,巴西、圣卢西亚、格林纳达等 3 个国家为 1—2 个月,多米尼克、牙买加、伯利兹、海地、圣基茨和尼维斯、圣文森特和格林纳丁斯等 6 个国家没有明确规定。

三、大部分拉美国家的政府效率令中国企业"无可奈何"

大部分拉美国家的腐败程度举世闻名,效率之低下令本土企业和外资企业均感无奈和头疼。

根据拉美各国所处的地理位置,表5.4将拉美地区分为三个次区域,即:墨西哥和中美洲、加勒比地区、南美洲,选择腐败控制、效率、政治稳定、制度质量、法律效力、透明度等6项指标,对各国政府的公共管理水平进行评估。每项指标的分数越高,标明政府在该方面的管理水平越高。每项指标乘以20%后加总,得到综合得分,综合得分越多,政府的公共管理水平越高。

表5.4 2012年拉美国家的国家治理指数

次区域	国家	综合得分	指标					
			腐败控制	政府效率	政治稳定	制度质量	法律效力	透明度
墨西哥和中美洲	墨西哥	57.6	42.6	63.2	24.2	67.0	36.0	55.0
	哥斯达黎加	85.1	71.3	68.9	67.3	70.3	64.9	82.9
	巴拿马	64.5	44.0	62.7	40.3	64.1	48.8	62.6
	伯利兹	60.7	58.9	47.8	53.1	33.5	41.2	69.2
	萨尔瓦多	56.4	44.5	49.3	54.0	59.8	28.0	46.4
	尼加拉瓜	37.0	24.9	20.6	36.5	42.6	28.9	31.8
	危地马拉	35.5	30.6	25.8	25.1	45.9	14.7	35.5
	洪都拉斯	33.8	18.2	26.8	34.6	45.5	11.4	32.7
加勒比地区	巴巴多斯	101.7	92.8	89.5	91.9	66.0	81.0	87.2
	巴哈马	92.8	88.0	78.9	91.0	62.7	67.8	75.4
	圣基茨和尼维斯	92.6	81.3	76.1	81.5	64.6	71.6	88.2
	安地瓜和巴布达	91.3	87.1	68.4	81.5	71.8	80.1	67.8
	圣文森特和格林纳丁斯	91.0	81.3	76.1	75.8	60.8	76.3	84.8
	圣卢西亚	87.9	79.4	70.3	75.8	59.3	68.7	85.8
	多米尼克	87.3	73.2	71.3	87.7	58.9	69.2	76.3
	格林纳达	77.0	68.9	61.7	61.6	62.2	58.8	71.6
	特立尼达和多巴哥	67.0	49.8	64.6	51.2	57.4	49.8	62.1

续表

次区域	国家	综合得分	指标					
			腐败控制	政府效率	政治稳定	制度质量	法律效力	透明度
加勒比地区	牙买加	62.7	46.4	55.0	50.2	58.4	42.2	61.1
	多米尼加	48.4	23.0	34.9	55.0	46.9	29.9	52.6
	古巴	41.5	65.1	41.1	57.8	3.8	32.2	7.6
	圭亚那	41.5	35.5	25.8	49.8	30.8	28.2	37.4
	海地	16.5	6.2	22.4	21.3	20.6	6.6	25.1
南美洲	智利	99.8	91.4	86.6	59.2	93.3	88.2	80.1
	乌拉圭	67.0	49.8	64.6	51.2	57.4	49.8	62.1
	巴西	64.3	56.5	50.2	47.9	54.5	51.7	60.7
	苏里南	60.0	45.5	56.5	49.3	38.3	53.1	57.3
	秘鲁	53.2	43.1	48.8	19.9	67.9	32.7	53.6
	哥伦比亚	51.9	41.6	56.9	8.1	63.6	43.6	45.5
	阿根廷	47.6	38.8	45.5	48.3	19.1	29.4	56.9
	玻利维亚	36.7	27.3	42.6	30.3	22.5	15.6	45.0
	巴拉圭	33.7	22.5	19.6	20.4	41.1	20.9	44.1
	厄瓜多尔	31.5	28.2	37.3	26.5	15.3	11.8	38.4
	委内瑞拉	13.0	6.7	12.9	17.5	4.8	0.9	22.3

资料来源：世界银行"国家治理指数"数据库。综合得分按每项20%加总。

(一) 绝大部分拉美国家"不及格"

6项指标的总分为120分，72分以上为及格。从表5.4可以看出，在33个拉美国家中，有23个国家的综合得分在72分以下，属"不及格"。

在墨西哥和中美洲地区，及格的国家只有一个：哥斯达黎加，其综合得分为85.1。在加勒比地区，及格的国家较多，有巴巴多斯、巴哈马、圣基茨和尼维斯、安地瓜和巴布达、圣文森特和格林纳丁斯、圣卢西亚、多米尼克、格林纳达等8个国家,其中巴巴多斯的得分高达101.7,位居拉美地区首位。在南美洲地区,及格的国家也仅有一个:智利,其综合得分为99.8,居拉美地区第二位。

(二) 大部分拉美国家的腐败程度较高

腐败控制指标的得分越低,表明腐败程度越高。一般情况下,腐败控制指标在60以下时,政府的腐败较为严重。

在墨西哥和中美洲,除哥斯达黎加外,其他7个国家的腐败控制指数不足50,其中洪都拉斯仅为18.2,而哥斯达黎加为71.3。在南美洲,除智利外,其他10个国家的腐败控制指数在60以下,其中委内瑞拉仅为6.7,而智利为91.4。

加勒比地区的腐败控制指数相对较高,在14个国家中,只有特立尼达和多巴哥、牙买加、多米尼加、圭亚那、海地等5个国家的这一指数在60以下,其中海地仅为6.2,而巴巴多斯为92.8。

(三) 次区域间的政府效率差异明显

墨西哥和中美洲地区、加勒比地区的政府效率相对较高,而南美洲地区则相对较低。

在墨西哥和中美洲地区,墨西哥、哥斯达黎加、巴拿马3国的政府效率指标在60以上,其他5个国家在60以下,洪都拉斯为26.8。在加勒比地区,牙买加、多米尼加、古巴、圭亚那、海地等5个国家的政府效率在60以下,海地仅为2.4。在南美洲地区,只有智利和乌拉圭两国的政府效率在60以上,其他10国均在60以下,委内瑞拉为12.9。

(四) 大部分国家的政治稳定性较低

在33个国家中,只有9个国家的政治稳定指标在60以上,有24个国家在60以下。

政治稳定程度较高的国家主要集中在加勒比地区,政治稳定程度较高的9个国家中,有8个位于加勒比地区,即:巴巴多斯、巴哈马、多米尼克、圣基茨和尼维斯、安地瓜和巴布达、圣文森特和格林纳丁斯、圣卢西亚和格林纳达。哥斯达黎加是唯一一个政治稳定程度较高的非加勒比地区国家,位于中美洲。

智利、古巴、多米尼加、萨尔瓦多、伯利兹、特立尼达和多巴哥、乌拉圭、牙买加等8个国家政治稳定指标介于50—60之间,圭亚那、苏里南、阿根廷、巴西、巴拿马、尼加拉瓜、洪都拉斯、玻利维亚、厄瓜多尔、危地马拉、墨西哥、海地、巴拉圭等13个国家介于20—40,秘鲁、哥伦比亚、委内瑞拉3国则在20以下。

(五)法律效力偏低,但透明度相对较高

只有9个国家的法律效力指标在60以上,但有16个国家的透明度指标在60以上。

政治稳定指标超过60的9个国家中,有7个是加勒比地区的国家,即:巴巴多斯、巴哈马、圣基茨和尼维斯、安地瓜和巴布达、圣文森特和格林纳丁斯、圣卢西亚、多米尼克。在墨西哥和中美洲地区,只有哥斯达黎加的政治稳定指标在60以上。在南美洲地区,只有智利的政治稳定指标在60以上。

中美洲的哥斯达黎加、巴拿马、伯利兹3国,其政府透明度指标在60以上。在南美洲地区,智利、乌拉圭、巴西3国的透明度指标超过60。在加勒比地区,多米尼加、古巴、圭亚那、海地4国的透明度指标在60以下,其他10个国家在60以上。

四、社会责任和环境责任令中国企业"有点陌生"

进入拉美地区的中国企业,尤其是石油、天然气和矿业领域的企业,除前述"水土不服"和"无可奈何"外,对如何履行社会责任、环境责任也感到"有点陌生",首钢、中铝在秘鲁积累了较多的经验,也已经取得了显著成效。

（一）"责任齐全"的秘鲁矿业

自 20 世纪 90 年代以来，秘鲁矿业全面向外资开放。随着外资大量进入秘鲁矿业，一方面秘鲁矿业快速发展，1990—2013 年，铜产量由 32 万吨增至 138 万吨，锌产量由 60 万吨增至 135 万吨，铁矿石由 218 万吨增至 680 万吨，黄金产量由 2 吨增至 15 万吨，等等。另一方面，外资矿业公司与秘鲁政府、当地居民之间频繁发生纠纷和矛盾。

在处理这些纠纷和矛盾的过程中，秘鲁政府和社会积累了丰富的经验，建立了完善的社会责任、环境责任监督机制和体系。

秘鲁是"采掘行业透明倡议"的支持国，截止到 2013 年，是拉美地区唯一的实施国。2006 年 53 位秘鲁政府部门、部分企业以及有关组织的代表签署了《矿业团结协议》①，该协议体现了"采掘行业透明倡议"的大部分指导思想和原则，成为监督矿业企业和有关企业社会责任、环境责任的基本准则。

采掘行业透明倡议的实施框架如图 5.1 所示，其基本的指导思想是：信息披露、社会责任承诺与履行、环境责任承诺与履行、利益相关方共同协商和第三方独立评估。

（二）"日渐适应"的中国企业

秘鲁是中国企业较早进入的拉美国家。1992 年首钢出资 3.118 亿美元收购了秘鲁钢铁公司及其铁矿，至今仍是秘鲁唯一的铁矿石生产企业（简称"首钢秘鲁"）②。

---

① 《矿业团结协议》的西班牙文全称为"Por Una Minería con Responsbalidad Socialy Ambiental: Un Acuerdo Fruto del Diálogo"。

② Barbara Kotschwar, Theodore H. Moran, and Julia Muir, "Chinese Investment in Latin American Resources: The Good, the Bad, and the Ugly", *Working Paper Series*, WP 12-3, February 2012.

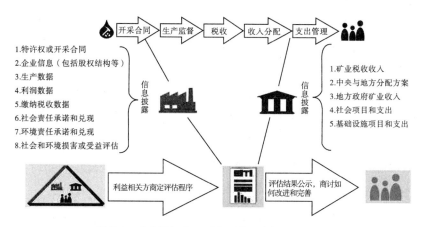

图 5.1　"采掘行业透明倡议"实施框架示意图

资料来源：Extractive Industries Transparency Initiative (EITI), *The EITI Standard*, EITI International Secretariat, 11th of July, 2013, http://eiti.org/eiti.

首钢秘鲁于 1993 年开始运营,在第一个十年中经历了诸多困难和挑战,铁矿石年产量一度由 464 万吨(1994 年)跌至 272 万吨(1999 年)。在此期间,秘鲁政府的一个调查委员会认为首钢的收购价格远高于实际价值(2.62 亿美元),怀疑存在腐败或贿赂行为;1992—1995 年,承诺的 1.5 亿美元投资没实现,遭受了 1400 万美元的罚款[①];因裁减冗员和工资水平相对较低,而多次发生罢工事件;工会、政府部门、当地居民组织等对首钢秘鲁的劳动保护、安全生产措施等多次进行批评和指责,甚至发生围堵厂区、阻挠生产等严重事件。

首钢秘鲁不是"采掘产业透明倡议"的成员企业,但在 2006 年加入了秘鲁的《矿业团结协议》,按照该协议的准则,制订和履行社会责任、环境责任。

在履行社会责任方面,根据秘鲁能源与矿产部社会事务管理总局 2011 年对首钢秘鲁的社会捐助审计报告,2006—2010 年秘鲁首钢

---

① Barbara Kotschwar, Theodore H. Moran, and Julia Muir, "Chinese Investment in Latin American Resources: The Good, the Bad, and the Ugly", *Working Paper Series*, WP 12-3, February 2012.

共捐助了840.7万新索尔(秘鲁货币,约合310万美元),其中41%用于食品、医疗和教育项目。

中国铝业于2007年进入秘鲁,成立了"中铝秘鲁"公司。自开始进入秘鲁起,中铝秘鲁就将环境责任和社会责任作为重点。在环境责任方面,用了近4年的时间完成了"环境影响评估",将该报告进行公示;履行治污承诺,投资约4400万美元修建污水处理厂,于2010年8月竣工并通过了能源与矿产部的验收,该污水处理厂每小时可处理5000立方米污水。

在社会责任方面,中铝秘鲁设立了"多洛莫乔(Toromocho)社会基金",截至2012年底,已完成4个教育项目;当时,仍在实施中的项目有8个,其中7个是教育项目,1个是医疗项目。截至2013年6月底,中铝秘鲁向基金捐助了114万新索尔(约合42万美元),其中89万新索尔已用于实施社会项目。①

---

① Oficina General de Gestión Social, Ministerio de Energía y Minas, Perú, *Informes Segundo Trimestre, Abril-Junio*, 2013. www.minem.gob.pe/minem/archivos/.

第六章 中资国企投资澳大利亚：政府审批环节

查道炯

一、投资澳大利亚的吸引力

澳大利亚有着丰富的自然资源。特别是在铁矿石、天然气和石油等能源资源、农业和畜牧业资源方面，澳大利亚的资源禀赋以及出口潜力具有全球性竞争力。通过吸引外商直接投资而持续发展这些产业、促进出口是该国的既定基本国策。同时，澳大利亚的政治和经济制度保持了长期稳定，政府对企业的监管公开、高效；其信息和通讯系统、银行服务等基础设施完善。外资赴澳投资能源和矿产开采，主权风险低。

对中资企业而言，在澳大利亚从事直接投资并获利，具有特殊的战略意义。若能在澳大利亚成功经营，部分因为澳大利亚市场与欧美国家市场之间的共性，中资企业则能够为进入其他经济与合作组织成员国市场建立起具有竞争力的品牌。毕竟，与中资在发展中国家市场投资不一样，进入澳大利亚的过程中，政府间发展援助不能发挥作用，因此，中资能赢得在澳经营的资质、且在澳政府监管体系下成功获利，是企业培养真实意义上的全球竞争力的有力佐证。

中资进入澳大利亚的能矿开采市场历程中，不乏中澳双方都津津乐道的成功案例。其中,中钢集团与力拓公司于1987年签署合营协议,共同开发位于西澳皮尔巴拉地区的恰那(Channar)铁矿。该铁矿是新中国有史以来的第一个海外合营矿业项目,也是中国企业在澳最早和最大的投资项目之一。经过多年的运营,已成为中国在海外最具影响力的铁矿石原料基地。2010年12月,中钢与力拓签署战略合作框架协议暨恰那合营企业延期协议(2012年至2017年)。

与此同时,2009年中国铝业公司试图提高其在力拓公司中的股份的努力,以被拒而告终。在西方金融危机的大背景下,中国与澳大利亚公司之间的这笔涉及百亿美元却不足以达成合作的交易失败,在国内外引起了无数的评论。尽管此后中铝与力拓以及必和必拓(BHP)等老牌跨国矿业公司之间的合作并没有因此而结束,该案对中澳在投资乃至更广泛的领域互动,产生着长期性的心理影响。

在澳大利亚从事直接投资,特别是能源和矿产、农业领域,对中国企业具有吸引力。根据毕马威悉尼事务所与悉尼大学中国研究中心在跟踪中资在澳的实际投资数据基础上所发表的报告,自2006到2012年,中资在澳的投资呈上升趋势;从产业分类看,73%为矿业,18%为天然气领域。①

就像其他成熟经济体一样,澳大利亚对外国产品和境外投资都设有一整套的准入制度。伴随着中资对澳投资的增长,出现了澳大利亚联邦政府的外资准入政策中是否存在对中资进行特别处理的话题。

二、澳大利亚直接投资准入中的"中资例外"

2009年中铝增持其力拓的股份努力,在澳大利亚引起了一场旷

---

① KMPG and China Studies Center, the University of Sydney, "Demystifying Chinese Investment in Australia", March 2013, p. 6. http://www.kpmg.com/au/en/issuesandinsights/articlespublications/china-insights/pages/demystifying-chinese-investment-in-australia-march-2013.aspx.

日持久的争论。虽然该国的另一个矿业巨头必和必拓公司的高管是为数不多的用"如何抵制外国资本入侵"这样激烈的字眼来讨论中资入澳,如何对待来自中国的投资,特别是澳大利亚的"战略性资源"(即:矿产、能源、农业等)领域,在整个澳洲社会一直是热门话题。①

从澳大利亚联邦政府的外资政策层面看,2009年8月4日,财长韦恩·斯万(Wayne Swan)宣布:修改澳外国投资法,提高对提案强制审查的门槛,取消私有公司收购2.19亿澳元以下的澳大利亚公司不得持有15%以上股份的限制;同时该项修订不适用试图进入澳大利亚市场的外国国有公司。斯万否认该项修订是对中国未来投资的歧视。但是,2011年3月,澳洲多数媒体都报道了维基解密中一份题为"新投资指导方针系针对中国",由美国驻澳使馆发给华盛顿的秘密电报。根据该电报,"FIRB的科尔默证实,新指导方针出台的主要原因是对中国投资战略资源部门的担忧日益加剧。""2009年,FIRB每周都能收到不止一项中国投资申请,""新外国投资门槛旨在'减少FIRB的行政负担',但"其中的变化不包括国有公司——实际上包括全部中国投资"。②

此后,对澳大利亚的联邦政府官员而言,在各种场合,特别是来中国招商,否认被引用的科尔默谈话的真实性并强调澳洲公平对待中资,成了经常性动作。至2013年7月,澳大利亚外资管理机构审查中资的基本门槛是:凡是超过2.48亿澳元的私有资本投资,所有国有资本投资,都必须经过政府审核。澳方的审查条件,已是持续多年尚未完成的两国自由贸易区谈判内容之一。③

---

① David Uren, *The Kingdom and the Quarry: China, Australia, Fear and Greed*, Melbourne: Black Inc., 2012, pp.15-38.

② Philip Dorling, "Labor's Secret Curb on China," *The Age*, March 3, 2011. http://www.theage.com.au/national/labors-secret-curb-on-china-20110302-1bex9.html.

③ Scott Murdoch, "Richard Marles in 11th Hour Bid to Seal FTA with China by Year End," *The Australian*, July 25, 2013, http://www.theaustralian.com.au/business/economics/richard-marles-in-11th-hour-bid-to-seal-fta-with-china-by-year-end/story-e6frg926-1226684619775.

在此,有必要对 FIRB 做一个简要介绍。外国投资审查委员会(Foreign Investment Review Board,FIRB)成立于 1975 年 9 月。此前,澳大利亚政府的外资审批实行双轨制:设立于 1972 年的外国收购委员会(Committee on Foreign Takeovers)处理外国资本通过收买澳现存企业股票进行投资的有关事务;设立于 1974 年的外国投资委员会(Foreign Investment Committee)则负责加强对外国新投资项目方案和扩大原有外国投资项目方案的甄别。FIRB 是对这两个委员会的合并。

起初,"澳大利亚对外资的审查标准富有弹性,关键是看澳大利亚控制程度,看是否违反澳国家利益。因此,除了在自然资源业和不动产产业的外国投资外,其他行业的投资,只要是澳人控制,一般都能获准。自然资源业和不动产业要依方案本身条件和另外一些标准审查,主要是坚持 50% 或 70% 澳股权标准。"

"一般说来,澳人控制就意味着澳国家利益有保障。因此,所谓国家利益标准是在澳人未取得控制权时审查方案的第二道防线。"[①]

当然,以 FIRB 为主体的外资审查机制的内涵,一直在调整。FIRB 的存在和运营,长期以来并不是中国企业界研判澳大利亚市场的重点。以矿业为例,习惯上,中国专家们观察澳大利亚(全国或某个省)的基本思路是:先看其自然地理条件、交通条件以及经济发展概况,分析其矿产资源勘查开发技术经济条件。在此基础上,对赴澳投资矿业的政策性环境,注重该国与中国的外交关系、鼓励外商投资的政策、税收优惠政策、外汇管理制度、对外贸易管理及关税政策等。[②] 鲜有对中资如何才能顺利获得市场准入的深入讨论。

倒是澳大利亚自身力图降低"国家利益"作为审查标准的模糊性程度。2008 年 2 月,澳大利亚财长专门颁布了一项旨在提高外资审批透明度的、针对外国政府投资审批的指导原则,列举了六个方面的

---

① 刘敢生:《澳大利亚的外资审批机构与制度》,《国际贸易问题》1989 年第 10 期,第 54—55 页。
② 张华:《澳大利亚矿业投资环境分析》,《中国矿业》2001 年第 1 期,第 72—75 页。

审查标准,以此判断一个来自外国国有企业或主权财富基金(统称"国有资本")的投资项目是否符合澳大利亚的国家利益。这些标准包括:[①]

- 投资者的运作是否独立于外国政府,投资者的治理结构安排(包括融资安排)是否使得外国政府得以实际或暗中控制投资者。

- 投资者是否遵循法律原则和通行的商业行为准则。在这方面,澳大利亚政府将审查投资者是否具有明确的商业目的,是否在设立的法域受制于足够和透明的法律规范和监管。如果投资者是主权财富基金,澳大利亚政府则要关注基金的投资政策,以及准备如何行使对拟收购的澳大利亚公司的投票权。

- 该项投资是否会抑制市场竞争或可能在拟投资的相关领域导致不合理的集中或控制。这项审查将与澳大利亚竞争和消费者委员会共同进行。

- 该项投资是否影响澳大利亚政府的税收或其他政策的制定。例如,投资者将会按照与其他商业实体相同的标准纳税,并且必须符合澳大利亚政府在环保等方面要求的目标。

- 该项投资是否影响澳大利亚的国家安全。在这方面,澳大利亚政府将考察一项外国投资是否会影响澳大利亚政府保护其战略和安全利益的能力。

- 该项投资是否影响被投资的澳大利亚商业实体的运作和方向,以及其对澳大利亚经济和社会的贡献度。在这方面,澳大利亚政府将考察投资者在完成收购后对澳大利亚商业的重组和改造,重点关注其在进出口、当地加工、研发和劳资关系方面的影响。

由于赴澳投资的中资企业(特别是从事矿业和农业项目的中资公司)绝大多数是国有公司,澳大利亚社会对中国的政府与国有企业

[①] Wayne Swan, "Principles Guiding Consideration of Foreign Government Related Investment in Australia", 17 Feb 2008, http://ministers.treasury.gov.au/DisplayDocs.aspx?doc=pressreleases/2008/009.htm&pageID=003&min=wms&Year=&DocType.

之间的关系并不熟悉,中资企业在 2006 年后对澳投资努力陡然上升,联邦政府一再向其社会强调:重点审查涉及外国政府和相关实体的投资是否具有商业性质,这类投资者是否追求有悖于澳大利亚国家利益的广义上的政治或战略性目的。

2008 年金融危机爆发,"美国衰落"、"中国崛起"一类的舆论充斥各种智库和媒体分析。在澳大利亚的国际问题和对外关系讨论中,澳大利亚不得不面对要在中美之间做出地缘政治和地缘经济意义上的战略选择等话题,颇有市场。在这种舆论大环境下,每一笔中资投资申请,都受到不同寻常的公众关注。虽然澳大利亚政府没有歧视中资的审查政策(至少公开没有),但是,中资公司投资澳大利亚的战略性产业,意欲为何?在过去几年,这个问题一直热度不减。

在澳联邦政府的外资审查程序方面,企业申报投资提案后,财政部长有 30 天时间考虑企业递交的投资申请并做出决定。此后,财政部长的决定将在做出决定的 10 日内通报申请企业。如果财政部长在 30 天内未采取行动,或在此后的 10 天通知期中未向企业发出通报,那么财政部长将无权阻止该投资项目。然而,财政部长可以发布临时命令,将这一期限最多再延长 90 天。如果提案非常复杂或提供的信息不足,通常就会发出临时命令。① 财政部长做出的决定有三种可能:一是批准申请;二是对投资实施的方式施加一些必须满足的附加条件;三是禁止该投资行为。

归纳起来看,中资投资澳大利亚市场,要获得政府批准,则必须把握好程序环节中对所有外资的条文性要求,同时应对澳方对中资的特有敏感。

本章选取三个案例,重点考察它们在澳大利亚外国投资审查政策变化时的应对策略。主要挑选社会影响力和投资规模较大,所在行业较典型,或发生时间与澳政策修改时间重合、形成互动的案例,

---

① 澳大利亚财政部:《澳大利亚的外国投资审批政策》,2013 年版,第 12 页。www.firb.gov.au/content/_downloads/mandarin_may_2013.rtf.

第六章 中资国企投资澳大利亚：政府审批环节

其中既有成功的良性互动，也有惨痛的失败教训，因而具有较高的参考价值。

三、中资在澳并购失败案例

莱纳公司是一家澳大利亚证券交易所上市公司，主要从事稀土开发。2009年启动与中国有色的交易前，在西澳拥有一个韦尔德山稀土项目，同时在马来西亚拥有一家在建稀土加工工厂。据莱纳公司网站介绍，韦尔德山是中国以外最优质的稀土矿床，开发潜力巨大。但是莱纳公司受金融危机冲击融资失败，这两个主要项目都被迫搁置，迫切需要外部资金支持。

中国有色就在这样的背景下与莱纳一拍即合。2009年5月1日，莱纳在网站上发布公告，正式宣布引进中国有色作为新的潜在大股东，并公布了双方签订的协议：中国有色以每股0.36澳元的价格买入7亿股新发行股份，从而持有莱纳51.66%的股份，成为莱纳的控股股东，总投资额约2.52亿澳元。此外中国有色可以任命四人进入莱纳的八人董事会。中国有色同时将向莱纳提供公司担保，由中方银行向莱纳提供1.04亿美元贷款，支持其完成稀土项目的第一阶段融资；如莱纳需要，还可继续为稀土项目第二阶段提供融资，预计贷款额达8000万美元。①

投资协议公布后，中国有色即向FIRB提交了投资申请。7月8日，莱纳公司在网站上发布公告，称FIRB要求中国有色撤回原申请，重新提交投资申请。这意味着，FIRB 30天的审批期限将从7月初起重新计算。当时业界及中国有色、莱纳交易双方都仍然持乐观态度，认为澳方既没有直接拒绝申请，也没有给出有条件允许的结果，只是延长审批时间，因此投资方案应该没有太大问题。中国有色未对方

---

① Lynas CorporationLtd., "Introduction of CNMC as a New Majority Shareholder to Lynas", May1, 2009, http://www.lynascorp.com/Announcements/2009/Introduction_of_CNMC_as_a_new_majority_shareholder_to_Lynas_final_719680010509.pdf.

案进行任何更改,就在当天重新提交了申请。莱纳在公告中直接表示:"对于这种性质的交易,FIRB 的这一决定并非不寻常和不可预期的",并预计将于 9 月召开股东大会批准与中国有色的交易。① 根据《财经》杂志的报道,莱纳在给《财经》记者的邮件中确认,中国有色"按照我们的建议,已经在当天通过其律师将申请原封不动地重新提交。""邮件称,FIRB 要求重新提交申请的原因是,对于中色集团在朝鲜等地的投资等部分事项,已在上次申请中说明,但是 FIRB 尚未来得及调查清楚。"②

但是,这次申请先后于 8 月、9 月两次被延长审核期限。8 月 3 日,莱纳发布公告称 FIRB 延长对交易的审核期限至 9 月初。9 月 2 日,莱纳再次发布公告称 FIRB 将审核期限延长至 10 月初。9 月 24 日,莱纳正式发布公告宣布交易终止——9 月 23 日 FIRB 公布了裁决结果,要求中国有色将持股比例降至 50% 以下,并减少其所占莱纳公司董事会成员数至半数以下;否则不得进行此项交易。但中国有色没有接受该条件,最终选择终止交易。

(一)与 FIRB 政策修订互动情况

在中国有色提出申请投资莱纳公司之前,中钢集团曾提出全面收购默奇森金属有限公司,最终澳大利亚政府仅批准中钢可收购默奇森最多 49.9% 的股份。舆论普遍认为这标志着澳大利亚政府对中国国企在澳投资设限——至少也设定了一个不允许外国国有企业控股澳矿业企业的"潜规则"。③ 尽管如此,中国有色还是提出了收购莱纳公司 51.6% 股份的投资方案。

---

① Lynas Corporation Ltd., "CNMC Transaction Update", 8 July 2009, http://www.lynascorp.com/Announcements/2009/CNMC_Transaction_Update_8_July_2009_739157.pdf.
② 张雅珺:《入股澳洲矿企审批延期 中色集团重交方案》,财经网,http://www.caijing.com.cn/2009-07-08/110194945.html.
③ 赵剑飞:《央企走出去战略反思:中国有色失手澳洲稀土》,《新世纪(周刊)》2010 年 11 月 15 日,http://biz.cn.yahoo.com/ypen/20101115/85280_2.html.

而在 FIRB 正式向中国有色通报审查结果的第二天,正如本章第二部分中提到的,9月24日 FIRB 委员帕特里克·科尔莫在出席澳中投资论坛时发表演讲,直接强调澳大利亚政府更易接受合资形式,希望外国投资在全新绿地投资项目中的持股比例不要超过50%,在澳大型企业中的持股比例不要超过15%。

(二) 收购失败主要原因

过分追求绝对控股权,可以说是中国有色投资莱纳公司失败的主要原因。

稀土是一种非常敏感的资源。它是生产芯片及电子产品的必需原料,在冶金、机械、化工、电子、航天等领域应用广泛。美国、日本等发达国家对稀土的需求量极大。但是稀土资源的分布非常集中,世界上95%的出口稀土都来自中国。而莱纳公司拥有一个十分罕见的高品位稀土矿韦尔德山的开发权——这一事实造成澳大利亚政府极为担忧中国垄断世界稀土生产,限制稀土供应。

几乎在中国有色将投资申请提交澳方审核的同时,中国政府陆续出台了一系列完善中国稀土产业管理、限制稀土出口的产业政策。2009年4月,国土资源部发布《稀土矿开采总量控制指标》,进一步降低国内稀土产能。8月,工信部宣布《稀土工业发展专项规划(2009—2015年)》和《稀土工业产业发展政策》已基本完成,正在征求国务院有关部委意见。[①] 同年11月,工信部出台《2009—2015年稀土工业发展规划》,提出限制稀土行业的出口。这一系列政策在西方发达国家引起了轩然大波,进一步加重了其对中国垄断稀土生产的担心。

而中国有色对绝对控股权的执着追求更是"火上浇油"。彭博社通过申请澳政府信息公开获得了 FIRB 讨论中国有色收购案的会议

[①] 徐虞利:《稀土工业产业发展政策》正征求意见,《上海证券报》2009年8月13日,http://news.xinhuanet.com/fortune/2009-08/13/content_11872587_1.htm.

记录,FIRB 在会议记录中指出,如果中国有色完成收购,委员会将"无法排除莱纳稀土生产的控制权对中国以外的终端用户构成损害的可能"。委员会认为,这种情况"不符合澳大利亚维持其作为所有主要贸易伙伴可靠的(稀土)供应者的地位,因此和澳大利亚的国家利益相悖。"①

澳财政部长给出的投资条件虽然将导致中国有色失去绝对控股权,但从财务投资的角度来看,由于莱纳在与中国有色签订协议后股价一路上涨,到 9 月 23 日已涨至 0.9 澳元/股,远高于约定的 0.36 澳元/股,据测算即使中国有色降低持股至 49%,账面盈利也可达 5 亿澳元。②

与这一失败案例形成鲜明对比的是,2009 年 5 月 29 日,Arafura-Resources 公司收到了澳洲政府同意江苏华东有色金属投资控股有限公司(JEC)收购该公司 25% 股份的批准。JEC 是华东有色金属地勘局下属的一家公司,也具有国企背景,但由于未一味追求绝对控股权,顺利通过了外国投资审查。而本案的莱纳公司得益于股价上涨起死回生,之后很快得到了一家日本企业的投资。2010 年 4 月,日本贸易公司双日株式会社与莱纳公司就稀土金属的供应和开发建立战略伙伴关系。双日将为莱纳的第二阶段扩产计划出资约 3 亿澳元(约 200 亿日元),换取为期 10 年的长期供应合同,每年莱纳为该公司提供 8500 吨以上的稀土产品(约占日本年消费量三成),且双日会成为 Lynas 稀土在日本的唯一承销商。③ 该交易顺利得到了 FIRB 的批准。

---

① Rebecca Keenan, "Australia Blocked Rare Earth Dealon Supply Concerns", Feb15, 2011, http://www.bloomberg.com/news/2011-02-14/australia-blocked-china-rare-earth-takeover-on-concern-of-threat-to-supply.html.

② 赵剑飞:《央企走出去战略反思:中国有色失手澳洲稀土》,《新世纪(周刊)》2010 年 11 月 15 日,http://biz.cn.yahoo.com/ypen/20101115/85280_2.html.

③ 双日株式会社:《向澳大利亚莱纳斯公司出资融资为实现稀土的稳定供给签署长期供应合同》,2011 年 3 月 30 日,http://www.sojitz.com/ch/news/2011/20110330.html.

如果中国有色能够更加灵活地处理控股问题,更深入地理解澳方意愿,完全可以先掌握49%的股份,再通过签订包销协议、长期供货协议等方式影响资源流向,并在莱纳公司内部施加影响。但对绝对控股权的过度追求不仅造成中国有色失去了马上到手的账面盈利,也进一步造成了"落人口实"的后果,等于验证了澳政府对该投资是出于"垄断资源"的战略目的而非财务收益的怀疑。

四、中资在澳并购成功案例之一

"澳大利亚OZ矿业公司是世界第二大金属锌公司,澳大利亚第三大矿业公司,在锌、铅、铜、镍、金、银等资源上拥有可观储量。"[①]但由于金融危机爆发,OZ矿业被银行要求立刻偿还到期债务,资金链断裂,最终无奈于2008年11月28日在澳大利亚证券交易所停牌,"公开寻求发行股票或债券、出售部分资产、公司股票收购等三种解决方案,避免遭遇破产处理。"[②]这为关注OZ矿业已久的五矿提供了良机。

五矿集团于2000年后启动战略转型,同时开始推进集团国际化进程。继2004年收购北美第二大氧化铝企业Sherwin公司,2006年与智利国家铜公司组建合资公司,2008年收购德国硬质合金企业HP-TeC公司后,2009年五矿将目光投向了拥有较完整矿业资产组合、业务优质、唯独资金捉襟见肘的OZ矿业。2008年12月24日,五矿集团子公司五矿有色向OZ矿业递交了投资兴趣表达函,提出了"股权收购+偿债"一揽子解决方案。经过反复磋商、邀请OZ矿业管理层来华考察等过程后,2009年2月16日五矿有色与OZ矿业签署了《收购实施协议》,"以每股0.825澳元的对价现金收购OZ矿业

---

① 王磊:《中国五矿成功收购澳大利亚第三大矿业公司OZ矿业主要资产》,2009年6月11日,http://www.cnr.cn/gundong/200906/t20090611_505364255.html。

② 黄海、商永胜:《五矿:打造国际矿业集团——中国五矿全资收购OZ矿业主要资产始末》,《中国有色金属》2010年第9期,第59页。

100%股权,并在适当时机为其安排现有债务重组。"①总投资额约26亿澳元。作为国有企业的五矿投资澳企需要接受审查,因此2月17日五矿有色向FIRB递交了投资申请。

3月27日,在30天审查期再加上10天通告期的最后一天,澳财政部长斯万公布了他的决定——由于五矿有色申请收购的资产包括位于Woomera军事禁区的Prominent Hill铜金矿,这将妨碍澳大利亚国家安全,与澳国家利益不符,因此斯万否决了五矿有色的申请。但斯万在声明中还表示,FIRB与五矿有色的沟通仍在进行,政府愿意继续考虑排除Prominent Hill铜金矿后的投资申请。②

Prominent Hill铜金矿是OZ矿业资产中最具含金量的核心矿产之一,失去这一矿产对五矿有色来说无疑意味着投资收益降低。但五矿集团在尊重澳方决定的基础上,反应迅速,对刨除Prominent Hill以外的OZ矿业资产重新评估,31日即拿出了第二套方案——以17.5亿澳元收购OZ矿业除Prominent Hill铜金矿及Martabe金银矿外的主要资产。4月1日,双方就此方案达成一致;4月13日向FIRB提交了新方案的投资申请。③

2009年4月23日,财政部长斯万发布公告,批准五矿新的投资申请,同时要求五矿遵守以下承诺(具法律效力):以商业利益为目标独立经营所获矿产;通过澳大利亚籍管理团队,在澳大利亚本地成立公司对矿产进行管理;签署包销承购协议时聘用澳大利亚销售团队根据市场行情定价;合理协调劳资关系,尊重雇员的保障权利;保持或扩大矿产开发,保障澳大利亚本地居民就业机会,提高原住民就业

---

① 黄海、商永胜:《五矿:打造国际矿业集团——中国五矿全资收购OZ矿业主要资产始末》,第59页。
② Wayne Swan, "Foreign Investment", 27 March 2009, http://ministers.treasury.gov.au/DisplayDocs.aspx?doc=pressreleases/2009/029.htm&pageID=003&min=wms&Year=&DocType=0.
③ 黄海、商永胜:《五矿:打造国际矿业集团——中国五矿全资收购OZ矿业主要资产始末》,第59页。

水平。① 斯万同时称,OZ矿产将继续作为上市公司接受市场监督,独立经营Prominent Hill铜金矿;且这项投资交易将为澳大利亚人额外创造约2000个工作岗位,因此与澳国家利益相一致。

排除准入障碍后,五矿有色的资产收购要求在6月11日OZ矿业股东大会上比较顺利地获得了总股份为92.48%的股东投票支持。6月18日,五矿集团在澳正式组建Mineralsand Mining Group(MMG)有限公司,负责所购资产运营,为这项投资交易画上了一个完满的句号。②

(一) 收购成功经验

1. 拥有专业的商业团队对资产进行评估,自身利益诉求清晰

五矿拥有一支专业的商业运作团队,同时外聘了国际投行、律师事务所、审计机构等专业跨国并购服务团队,对OZ矿业的资产进行评估。不仅事前对投资可能带来的收益做了准确评估,在申请遭遇挫折后,也能够快速反应,对新的方案进行评估并作出继续申请的决策——这些都需要知彼、知己。自身利益诉求清晰,追求绝对的财务收益——只要能获得净收益,就放手去争取——这正体现了其市场化、专业化、国际化水平。

2. 与澳政府、社会各界人士密切沟通,尊重澳方利益诉求

应对FIRB及澳财政部长给出的否决意见与投资条件,五矿集团首先是尊重,进而寻求双方的利益共通之处,迅速得出第二套方案,而非抵制或放弃。五矿作为一家企业,不可能与一个握有主权与管辖权的政府抗衡,"硬碰硬"的后果一定是五矿受损。因此这对于企

---

① Wayne Swan,"Foreign Investment", 23April, 2009, http://ministers.treasury.gov.au/DisplayDocs.aspx?doc=pressreleases/2009/043.htm&pageID=003&min=wms&Year=&DocType=0.

② 《五矿总裁周中枢率团访澳并出席MMG揭牌典礼》,中国铝业网,http://www.alu.cn/news/36151/.

业来说,实际上是保证自身商业利益最大化,避免意气用事与两败俱伤的上上策。

而五矿的这种应对方式与快速反应的专业水平,也让澳方相信这确实是一种商业行为,而非出于政治性的战略目的。与此同时,五矿在收购期间陆续拜访了澳大利亚总工会、反对党、地方政府部门,同时积极向FIRB咨询,保持密切沟通。在此期间作出了诸多承诺,包括完成收购之后仍聘用当地劳工、创造就业、聘用澳籍管理层等等——这些也都体现在了财政部长斯万的公告中。这些做法对五矿而言并非一味的牺牲,而是双方的共同利益交集:一是因为五矿不仅看重OZ的资产,更看重OZ国际顶尖水平的高级管理团队;二是因为只有尊重当地劳资关系,争取包括反对派及当地政府在内的政治势力支持,五矿新成立的MMG公司才能真正地在澳站稳脚跟,做到自身的可持续发展。

3. 与收购对象OZ矿业配合默契,获得了收购对象的坚定支持

由于前期准备工作充分,五矿的投资请求得到了OZ矿业领导层的坚定支持。在投资申请递交FIRB前后,OZ矿业在五矿和FIRB之间起到了非常重要的桥梁作用,其管理层多次与FIRB、甚至财政部长本人进行沟通,力图打消政府方面对五矿收购的疑虑。在跨国并购中,位于东道国的收购对象一定比作为投资方的跨国企业更加了解当地法律、政治、社会环境,政治公关资源也更为丰富。因此获得收购对象的支持,合力通关,效果将事半功倍。

五、中资在澳并购成功案例之二

澳大利亚既是农业大国,又是农业强国,技术水平较高,生产要素集中,具有较强的国际竞争力。但这种大规模农业生产模式需要较大规模投资,而澳大利亚资金并不充裕,因此澳中在农业投资合作上形成优势互补,越来越多的中国企业开始赴澳对农业进行投资。

库比农场是澳大利亚最大的私营灌溉企业,在昆士兰州南部经

营大规模的棉花种植和水利业务,占地9.6万公顷,拥有众多集约型灌溉设备及一个巨型水坝。但由于负债过多,加上多年的干旱及低迷的棉花收益,库比农场在2009年就进入破产托管模式。库比农场估值约4亿澳元,且累计债务已超过3.2亿澳元,澳大利亚政府一直希望将库比农场收归国有,但因所需资金规模过大,一直无法协调各方利益而失败。①

托管库比农场的 McGrath Nicol 公司于2011年3月通过高盛到中国市场寻找潜在买家。② 此后,中国纺织业巨头山东如意集团开始与库比农场接触。山东如意集团已在深交所上市,其中日本伊藤忠商株式会社拥有30%的股权。2012年8月31日,财长斯万就发布公告,有条件批准山东如意集团与澳大利亚羊毛加工企业 Lempriere 公司共同收购库比农场。10月12日,McGrath Nicol 公司发布公告称交易正式完成。③

(一) 投资遭遇巨大争议

由于库比农场棉花产量占澳大利亚全国产量比例达10%,并持有全澳最大的用水执照,又属于格外敏感的农业,因此本投资案社会影响巨大。媒体报道密集,且多集中报道澳政客对此投资案的消极评价,但主要矛头对准的是"软弱"的财政部长及 FIRB。最具代表性的就是被斯万批评为"仇外"的澳国家党参议员乔伊斯(Barnaby Joyce)。他多次表示将库比农场卖给中国企业是澳大利亚农业利益的沦丧,最大水资源使用权的沦丧和10%国家棉花产品的沦丧,并建

---

① Jessica Wright, "Chinamaybuyup Cubbie Station", April 24, 2011, http://www.theage.com.au/national/china-may-buy-up-cubbie-station-20110423-1dsbx.html.
② Ibid.
③ McGrath Nicol Co., "Cubbie Group Sale Update", October 12, 2012, http://www.mcgrathnicol.com/administrations/cubbie/Documents/Media%20information/E24-121011-CUBBCEN01-Media%20release-Final-3-SGG.pdf.

议将农场分块出售给澳公民,以保障澳大利亚农民的利益。①《新闻周刊》(News Weekly)于2012年9月29日发表的一篇文章则批评库比农场案暴露了澳外国投资审查制度的薄弱环节。② 此案争议如此巨大,以至于国会"农村与地区事务及运输委员会"要求FIRB主席Brian Wilson就此案接受质询,回应议员们对澳国家利益可能遭到损害的担忧。③

(二)争议解决方案

在斯万的财长公告中及FIRB主席Wilson接受国会质询时,都反复强调山东如意集团的私有企业身份——而且并非单纯的中国企业,而是中日合资企业——虽然它历史上曾是一家国有企业。由此可见,山东如意集团的私有企业身份也帮助它成功通过了审查。事实上,迄今为止,还没有一起中国民企赴澳投资受到FIRB阻挠和拒绝。中国企业赴澳投资的准入风险主要仍集中在国有企业上。此外,FIRB主席Wilson接受国会质询时还强调,山东如意集团在澳已经有过成功的投资经验,被投资资产运营良好,这也使得FIRB更加相信山东如意将基于商业利益,妥善管理库比农场。④

按照斯万8月31日公布的有条件批准方案,收购成功后,山东如意集团将持有库比农场80%的股份,Lempriere公司将持股20%。

---

① David Crowe, "Barnaby Joycedigsinon Cubbieas Coalition Fracture Sover Foreign Deals", *The Australian*, September 5, 2012, http://www.theaustralian.com.au/national-affairs/barnaby-joyce-digs-in-on-cubbie-as-coalition-fractures-over-foreign-deals/story-fn59niix-1226465146114.

② Peter Westmore, "Foreign Investment: Cubbie Station Sale Exposes Weak Foreign Ownership Rules", *News Weekly*, September 29, 2012, http://newsweekly.com.au/article.php?id=5338.

③ Colin Bettles, "FIRBChair Addresses Cubbie Concerns", 26Oct 2012, http://adf.farmonline.com.au/news/nationalrural/agribusiness/general-news/firb-chair-addresses-cubbie-concerns/2630214.aspx?storypage=0.

④ Colin Bettles, "FIRBChair Addresses Cubbie Concerns", 26Oct 2012, http://adf.farmonline.com.au/news/nationalrural/agribusiness/general-news/firb-chair-addresses-cubbie-concerns/2630214.aspx?storypage=0.

但斯万也提出要求,山东如意集团必须在3年内将控股权缩减到51%以下,由Lempriere负责管理农场经营和国际市场营销。① 山东如意和Lampriere公司承诺将多余的灌溉用水通过水交易市场进行分配,并为现有全体员工按现有雇佣条件保留工作机会。这些承诺都旨在消除外界的顾虑——虽然澳保守党及当地民众仍心有疑虑,但至少这些承诺成功地使澳政府批准了这一投资申请。

六、小 结

在中国的海外投资研究界,一般而言,提到"政治风险"便自动联想到发展中国家或是正在经历社会动荡的国度。从对几家中资试图获得澳大利亚市场准入的案例回顾,告诉我们一个道理:进入发达国家市场,同样必须面对政治风险。海外并购,必须抛弃"胆量就是生产力"的诱惑。特别是到海外发展,胆量有余,经验不足,不会游泳就一头跳进海里,则难免失败。另外,评估发达国家市场时,"政治的归政治"思维也不可取。如何在事前做好功课,按照投资对象国的审查规制办事,在过程中灵活调整,才是中资需要自我提高的能力。

从政府间中澳经贸关系的角度看,两国曾于1988年签署《中华人民共和国政府与澳大利亚政府相互鼓励和保护投资协定》。但这项协定受时代局限,内容仅涉及投资的定义、投资待遇、人员的入境和拘留、征收条件和补偿、资产转移,以及争端解决程序等方面,所保障的投资自由化水平较低,这与当时中澳较低水平的双边投资规模也是相匹配的。但经过近30年的实践与发展,中国在其他国家签署的双边投资协定程度也趋于深化,"逐步接受趋向高标准的国际投资保护措施、最低待遇标准,放宽对资金转移的限制,禁止绩效要求,并

---

① Wayne Swan, "Foreign Investment Decision", August 31, 2012, http://www.treasurer.gov.au/wmsDisplayDocs.aspx?doc=pressreleases/2012/079.htm&PageID=003&min=wms&Year=&DocType=0.

且全面接受国际仲裁。"①这些新发展对促进中国与其他国家间的双向投资与资金流通起着至关重要的作用。但是,中澳双边投资协定没有得到更新或修订,国际投资协定的新发展和新趋势都无法得到反映,如代位求偿权、国民待遇等议题都未在协定中提及。

反观澳大利亚与美国之间签订的澳美自由贸易协定(AUSFTA),则在降低市场准入门槛上取得了极大的成就。在澳大利亚的外国投资审查制度中,唯一能够"例外"的就是美国企业。正是得益于AUSFTA中的投资协定,美国私有企业对澳投资只要金额在9.53亿澳元以下就不需要向FIRB递交投资申请。因此,如果中国也能在与澳大利亚的自贸谈判中达成类似条款,或者签署更高水平的投资保护协定,那么对中国企业,至少对中国民企而言将是一大利好,将极大降低中国企业赴澳的市场准入风险与投资成本。

从2005年5月启动谈判至今,中澳累计进行了十九轮双边自由贸易区谈判。中澳之间在农业、乳业、矿业、制造业等领域的互补性很高,又是彼此最重要的贸易、投资伙伴之一,在投资领域合作空间广阔。中国政府与澳方合作,改善本国企业赴澳投资政治环境的潜力巨大。此外,2013年5月启动的《区域全面经济伙伴关系协定》(RCEP)第一轮谈判,涵盖货物贸易、服务贸易、投资等议题。随着中国企业在国际投资领域涉及的相关利益越来越多,相关协议的签订将为中国企业"走出去"投资环境的改善带来极大利好。

当然,市场准入问题在发达国家与发展中国家的双边投资协定及自由贸易协定谈判中仍然是非常敏感的问题。在中国的经济发展水平仍无法与OECD国家比肩的情况下,放开市场准入可能导致中国企业在国内直面发达国家企业竞争,产生难以控制的社会与经济后果。因此,中国企业"走出去"时应对发达国家设置的市场准入门槛,现阶段最为可行的仍是在企业层面上研究应对策略。就企业本

---

① 胡斌、程慧:《中国双边投资协定的实践与发展》,《国际经济合作》2013年第6期,第15页。

身的努力而言,可以有以下几个策略:

(一) 有必要充分了解东道国诉求,谋求与对方政府的共同利益,建立合作关系

"求同存异"这一原则既适用于国家与国家之间的关系,也适用于跨国企业处理与东道国的关系。由于跨国企业必须接受东道国的管辖,在这种情况下,企业应充分了解东道国的诉求与顾虑,加强沟通联系,尽可能谋求与东道国的共同利益,从而保障自身利益的实现。

发达国家的外国投资审查制度及其宗旨具有很强的共性,即在保障国家安全利益、市场自由秩序的前提下,引进外资发展本国经济、扩大就业,同时保障资本的自由流动。澳大利亚财政部与FIRB的政府职能中规定其要在保障澳大利亚国家利益的前提下,并对外资进行指导和引领工作,尽可能引入外资为澳大利亚经济建设服务,这是澳大利亚长期坚持的基本国策。但不可避免的,执政党需要顾忌社会舆论及反对党抨击造成的负面影响,这也正是FIRB鼓励外国企业在正式提交投资申请前,应先行沟通,并接受免费咨询服务的原因。FIRB对于外国企业,尤其是外国国有企业如何开展投资以打消澳方顾虑,给出了很多明确的提示或指导。主要建议包括:澳资产的经营主体在澳大利亚股票交易所(ASX)上市,与澳企业合作建立合资企业进行投资,提供其他证据证明企业决策独立于关联政府(如母公司已上市,接受公众监督),投资有明确的动机与商业目标,公司治理与决策公开透明,投资交易完成后尽可能保留澳籍管理人员及雇员等等。[1]

在这方面,五矿及兖州煤矿都是比较成功的案例,他们在投资申

---

[1] Wayne Swan, "Principles Guiding Consideration of Foreign Government Related Investment in Australia", 17Feb2008, http://ministers.treasury.gov.au/DisplayDocs.aspx?doc=pressreleases/2008/009.htm&pageID=003&min=wms&Year=&DocType=.

请递交前、递交后,甚至交易启动后都与澳方保持密切联系,并作出了许多旨在打消澳方顾虑的承诺,如全面保留收购对象的澳方管理人员,争取上市等等。五矿董事长周中枢还拜会了工会、反对党等社会各界人士,做足了沟通工作,为中方企业的准入及后续经营营造了非常良好的氛围。投资既使中方企业收获了商业利益,同时为澳大利亚当地带去了资金和就业机会,通过外资审查的几率无疑将大大增加。

（二）要寻求东道国本地合作者,深入了解利益攸关方情况及社会、政治环境

除了直接与东道国政府及社会各界人士接触外,中资企业还可以通过寻求与东道国当地企业、第三方机构等的合作,深入了解利益攸关方情况及社会、政治等影响因素,更加顺畅地融入当地环境。

1. 可采用建立合资企业方式进行投资

以澳大利亚为例,在澳建立合资企业,再通过合资企业对澳大利亚企业、矿产等资产进行投资,这本身就是FIRB鼓励的一种投资方式。但由于建立合资企业对双方企业管理制度与企业文化的有机结合要求比较高,而中方企业普遍国际化程度较低,企业文化与管理制度又与西方企业区别较大,因此很少有中国企业采用这种模式进行投资。但这仍不失为一种可供考虑的选项,不仅仅更易于通过市场准入审查,另一方面也有助于中方企业更加深入实地了解发达国家的市场、法律与政治环境,而非"隔岸观火"。

2. 寻求国际专业投资银行、咨询公司、律师事务所的服务

一方面利用它们的独立性对目标资产进行考察与审计,另一方面也要善加利用其多年参与国际投资,与东道国政府、企业打交道积累下来的宝贵经验。五矿收购OZ矿业主要资产时聘请了瑞银作为其财务顾问。由于看重五矿的成功经验,兖州煤矿在收购Felix公司时也聘请了瑞银作为财务顾问。而反面例子如首钢集团,在2008年提出收购吉布森山矿产公司时,甚至还没有到向FIRB提交申请的阶段,就被其收购对象吉布森山矿业公司举报,因涉及关联交易、违反

澳《公司法》,而被澳收购委员会要求暂停股权买卖交易。① 聘请专业投资银行及当地律师事务所将大大降低这类合规风险。

3. 在当地聘请或组建专业公关团队,应对社会及媒体公关需求

中国企业,尤其是中国国有企业赴发达国家投资,往往成为媒体及社会团体追逐的焦点。尤其是资源与农业行业关系到环境保护、食品安全等重大议题,在当地媒体与社团组织、NGO 的"围追堵截"下,一点负面消息都可能造成极大的舆论压力,从而对外资审查机构的决策产生影响。因此,在当地聘请或组建专业团队,合理、及时地应对随时可能发生的公关危机,也是非常有必要的。时刻做好准备应对突发情况,及时调整投资策略。

4. 中国企业赴发达国家进行投资,由于面临复杂的社会、政治环境,可能遭遇各种各样的突发情况,必须提前做好应急预案,并在需要时及时调整投资策略

从澳大利亚政府对中国国有企业赴澳投资审查的几个案例来看(包括上文介绍的五矿集团收购 OZ 矿业、中国有色收购莱纳公司,以及兖州煤矿收购 Felix 煤矿公司、鞍钢收购金达必公司、湖南华菱收购 FMG 集团等等),澳方作出审查决定的同时,提出投资交易所必须满足的前提条件已成为常态和主流。

这些条件大多是比较笼统虚化的条件,如保障澳方人员就业,促进当地经济发展,收购资产的经营主体总部必须设在澳洲,必须启用澳方管理人员等等。其他一些具体条件主要与股权分配有关,如要求中国有色将收购股份降低到 50% 以下,要求兖州煤矿在澳大利亚的全资子公司 Yancoal 2012 年以前在澳上市,且兖煤持股比例降低至 70% 以下。少数是由于投资涉及极为敏感、被认定妨碍国家安全

---

① 根据澳大利亚《公司法》的规定,投资者收购上市公司股份超过 20% 时,必须履行全面要约收购义务或申请豁免。首钢已经通过另一家香港上市公司亚太资源在吉布森山铁矿持有股份。由于首长国际和亚太资源被证明是关联公司,因此如果首钢集团下属子公司首长国际 2008 年投资成功,首钢集团将控制吉布森山铁矿近 40% 的股份,远远超过要约收购的标准。

的资产，需要从投资方案中剔除，如五矿放弃对 Prominent Hill 铜金矿的收购。

实际上，这些条件都是与 FIRB 及澳财政部一贯坚持的原则相一致的。有了先行者的前车之鉴，中国企业"走出去"应该做好充分的准备，应对东道国政府方面可能提出的各种条件，结合各方面情况，在企业商业利益第一的原则指导下快速做出反应，及时调整投资策略。五矿在投资申请遭到澳政府否决后，三天内拿出一套全新投资方案的做法，可以说是一个典范，值得所有赴发达国家投资的中国企业参考。

综合以上论述，中国企业赴发达国家投资的市场准入门槛仍将在较长的一段历史时期内继续存在。因此，深入探究发达国家外资审查制度的历史与现状，尤其是其与中国企业的互动、演变过程，对"走出去"的中国企业来说意义重大，这也正是本章的主要研究目的。本章仅以澳大利亚为例，试图从一个典型案例揭示中国企业应对发达国家市场准入门槛的普遍性规律，但在具体讨论投资案例时，仍应对相关发达国家的实际情况进行具体分析。

最后，值得一提的是，从澳大利亚的历史来看，即使是英国、美国、日本等老牌资本主义国家，也曾在大规模进入当地投资时引发澳外资审查制度的针对性调整，并受到澳社会舆论的"抵触"。二战前，澳大利亚对英国资本较为警惕；二战后警惕对象变为美国，这直接催生了 FATA 1975 年法案的诞生；20 世纪 80 年代，日本资本成为了众矢之的，这进一步推动了 1989 年外资收购与接管条例的产生。如今，美欧日等发达国家的投资在澳大利亚已是司空见惯，几乎不会在媒体、社会舆论中激起半点涟漪。这样的变化，与上述国家企业逐渐掌握在澳投资的审查制度与游戏规则，并在追求投资收益的同时积极融入澳大利亚社会，为其作出经济、社会贡献，是密不可分的。这也理应成为中国企业进入发达国家市场的路径，只有这样，中国企业"走出去"的步伐才会越来越稳健。

第七章 中企投资澳大利亚：商业风险与项目运行风险的管理

李 薇 汉斯·杭智科

澳大利亚是中国第六大进口来源地，每年向中国提供许多战略资源，如铁矿石、天然气等。同时，澳大利亚也是一个对外资开放的国家，近年来随着中国对战略资源的需求增长，在澳进行直接投资给中资企业创造了潜在的利润空间与发展机会。据统计 2005 年到 2012 年期间，澳大利亚是接收中国投资最多的国家，[①]中资企业在澳累计投资超过 500 亿美元。[②] 与其他国家相比，澳大利亚矿产资源丰富，政局稳定，法律健全，有完善的市场经济体制，对外资也比较开放。中资企业在澳投资不但可以有较好的投资收益，还可以积累经验，这对中企国际化发展起到了"投石问路"的作用，有助于中企进一步在其他国家投资。

反思近年的案例，无可否认中企在澳投资仍面临许多风险。海外并购正如一把"双刃剑"，一方面可能增加企业的收益与利润，另一

[①] Heritage Foundation,"China Global Investment Tracker", 2013, http://www.heritage.org/research/projects/china-global-investment-tracker-interactive-map.

[②] Hans Hendrischke and Doug Ferguson, "Demystifying Chinese Investment: China Outbound Direct Investment in Australia", 2013, http://sydney.edu.au/business/_data/assets/pdf_file/0009/165609/demystifying-chinese-investment-2013.pdf.

方面也可能放大企业本身的问题，带来巨额亏损。例如查道炯教授指出，中企在澳虽然无主权风险，但却面临政府和相关机构审批投资项目时，审批标准和结果的不确定，形成某种程度上的政治风险，影响投资计划。① 本章从另一个角度，着重探讨中企在澳投资时容易忽视的商业风险和项目运行风险。这些风险一是出于海外投资本身作为商业行为是一项复杂性与技术性并存的专业投资活动，另外更重要得是出于中国与澳大利亚在商业与体制环境上存在众多差别，这些差别要求中企调整固有的企业运作机制和本地化战略，才能实现投资预期。

本章内容结构如下：首先通过回顾案例，区分了近年来中企在澳投资的四个特点，这个区分是很必要的，因为在不同的国家，投资特点不同，而这些特点也直接决定了投资的具体风险和管理；然后，我们将重点考察中企在澳并购时可能遇到的商业风险，包括估价风险、溢价风险、融资和汇兑风险，以及项目运行风险，如并购整合的风险和工程建设的风险，并通过建立一个新的分析框架，从中企与其他经济、社会利益相关者之间的关系出发，给出可行的应对措施；最后，本章选择两个典型案例，展现中企在收购时，如何针对澳大利亚独特的商业和体制环境，应对所遇到的风险，为中企在类似国家展开同类并购项目提供借鉴。

一、中国企业在澳投资的趋势与特点

过去 3 年，悉尼大学商学院与毕马威对中企在澳投资进行了一系列的研究。我们收集整理了 2006 年以来的 128 个中企在澳投资的案例，这个案例库是目前最完整的统计，它涵盖了中企通过第三方

---

① Daojiong Zha, "Chinese FDI in Australia: Drivers and Perceptions", *Lowy Institute Publications*, June 2013, http://www.lowyinstitute.org/publications/chinese-fdi-australia-drivers-and-perceptions? utm _ source = Newsletter + May&utm _ campaign = 84cbdf8b78-The _ Informer_June_2013&utm_medium=email&utm_term=0_6351bb5fb7-84cbdf8b78-58690701

国家和其他地区注册的企业在澳投资的并购、合资或绿地项目。①

虽然近年来中企全球范围的对外投资一直持续增长,根据我们的统计,从金额上来看中企在澳投资的波动性较大,且从2006年才开始有一定规模。如图7.1显示,起初2007年至2008年的2年中,投资额不断上升,2008年累计投资额高达162亿美元,然而从2009年至2010年,投资额却大幅下降,2010年跌至37亿美元,不足2008年水平的四分之一;2011年以来,投资额开始回升,2012年中企在澳投资额为114亿美元,基本回到2009年的水平。这些波动反映了目前中企在澳的投资具有一定的不稳定性。

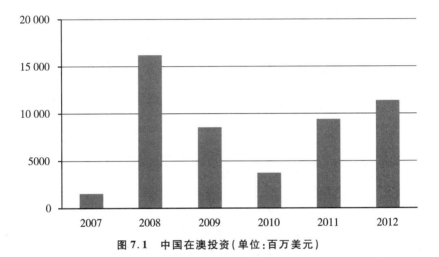

图 7.1　中国在澳投资(单位:百万美元)

数据来源:悉尼大学/毕马威数据库。

从已完成的收购案中看来,中企在澳投资趋势至少有四个特点:第一,国企是中国在澳大利亚投资的绝对主体。在128个完成的交易中,102个交易由国企完成;从交易规模来看,94%的投资由国企完成(见表7.1)。因此,国企是中国在澳投资的主导力量。相比之下,中国于全球其他国家的投资项目中,国企所占的份额却没有这么高。

---

① 案例库只统计投资额大于500万澳元的项目,原因是小额投资项目的细节一般不公开,信息确认难度很大。

例如,商务部的统计数据显示,截至 2011 年底,中国在全球的非金融类对外投资存量中,国有独资企业占 63%;[①] 美国知名咨询公司 Rhodium Group 的研究显示,从交易规模来看,中国在美国的投资中约 65% 由国企完成,在欧洲的投资约 72% 由国企完成。[②] 可见,虽然国企在这些国家的投资数量和规模都不小,但其主导地位却不如在澳大利亚明显。国企在澳的绝对主导地位与中国在澳以资源和能源类投资为主密切相关。与其他行业相比,资源和能源行业需要大规模的初始资金投入,投资周期长,风险高,私有企业一般较少参与;另外,由于资源和能源过去属于垄断行业,私有企业在国内少有参与开发,也缺乏项目运行的实力和经验,而国企凭借多年来在国内开采、生产及与澳的贸易合作,积累了经验,在海外投资中更为主动。

表 7.1　中企在澳投资—按所有权分类 2006—2012

所有权	投资规模（亿美元）	%	项目数量	%
国企	478.8	94%	102	80%
私企	29.3	6%	26	20%
总量	508.1	100%	128	100%

数据来源:悉尼大学/毕马威数据库。

第二,中企在澳投资以资源与能源项目为主,尤其是铁矿、煤炭与天然气项目,其他行业的投资非常小(见表 7.2)。从投资额来看,2006 年至 2012 年间,中企超过 72% 的投资集中在矿业,将近 17.5% 的投资集中在液化天然气行业。澳大利亚良好的政治、自然环境和资源禀赋是中企投资资源和能源项目的主要原因。

[①]　中华人民共和国商务部、中华人民共和国国家统计局、国家外汇管理局:《2011 年度中国对外直接投资统计公报》,中国统计出版社 2012 年 8 月,第 17 页。

[②]　Daniel H. Rosen and Thilo Hanemann, "An American Open Door? Maximizing the Benefits of Chinese Foreign Direct Investment", *Center on U. S. -China Relations Asia Society Special Report*, May 2011, http://www.ogilvypr.com/files/anamericanopendoor_china_fdi_study.pdf.

表 7.2　中企在澳投资—按行业分类 2006—2012

行业	投资金额（亿美元）	%
矿业	368.9	73%
天然气	88.7	17%
可再生能源	22.1	4%
其他	28.4	6%
总量	508.1	100%

数据来源：悉尼大学/毕马威数据库。

值得注意的是，我们的案例库显示，2012年中企在澳的投资重点从矿业向液化天然气转移。2012年中企投资的114亿元中，天然气占投资总额的比例上升至42%，矿业下降到48%（见表7.3）。这一变化主要是出于2012年度中国钢铁和煤炭需求明显放缓，导致中企海外投资铁矿和煤炭的激励减少。例如，根据国家统计局的数据，中国粗钢2012年3月份的产量同比减半，下半年的产量也持续下滑；同时，全球对液化天然气的需求却显著增加。供需缺口，加上中国为保护环境、对能源消费结构实行多元化发展战略，为中企竞标澳大利亚液化天然气项目提供了合理解释。

表 7.3　中企在澳投资—按行业分类 2012

行业	投资金额（亿美元）	%
矿业	55	48%
天然气	48	42%
可再生能源	2	2%
其他	9	8%
总量	114	100%

数据来源：悉尼大学/毕马威数据库。

中企在澳投资的第三个特点是以并购为主要市场进入方式。我们收集的128个案例中，95%的投资项目以并购为市场进入模式，相比之下绿地投资项目和合资企业的比例还不到5%。与此形成对比的是，2007年金融危机以后，国际上绿地投资逐渐成为海外投资的主要方式。据UNCTAD的统计，国际上三分之二的海外投资以绿地投资为市场进入方式。① 偏爱并购一是因为中企海外项目开发经验不足，相对于绿地投资来说，并购可以较快地得到所需资源，减少因政府和社区对项目过多干预而造成的延误。更重要的是，并购的市场进入模式反映了中企对战略性资源的寻求，通过并购企业不仅能获得自然资源，还有机会得到其他的战略性资产，包括技术、知识产权、品牌和管理经验等，帮助中企提高在国内和国际市场的竞争力。然而，值得注意的是，并购的风险很大。近年来的研究显示，大多数公司在并购后并未达到最开始设定的绩效目标。② 另据商务部的统计，目前中国并购的项目中，只有三分之一处于盈利和持平状态。

第四，中企在澳收购时，大多寻求全额或多数股权收购，即获得目标企业的完全所有权或至少控制权。近年来典型的案例有：中钢集团2008年全额收购中西部公司（Midwest Corp.），2009年中国有色试图收购莱纳公司（Lynas Corp Ltd.）51.6%的股份，以及兖州煤矿2009年全额收购菲利克斯资源（Felix Resources）。中企寻求全额或多数股权的收购，有的是因为企业家要展现海外业绩的渴望，有的是受国内小股东利益缺乏保护的偏见影响，认为即使高风险、低回报，也要取得多数的股权，这样才能保障自身的利益。这种趋势在2012

---

① United Nations Conference on Trade and Development (UNCTAD), *World Investment Report* 2013-*Global Value Chains: Investment and Trade for Development*, United Nations Publication, 2013, pp.7-8. http://unctad.org/en/publicationslibrary/wir2013_en.pdf.

② David King, Dan R. Dalton, Catherine M. Daily, and Jeffery G. Covin, "Meta-analyses of post-acquisition Performance: Indications of Unidentified Moderators", *Strategic Management Journal*, Vol.25, No.2, 2004, pp.187-200. Richard Schoenberg, "Measuring the Performance of Corporate Acquisitions: An Empirical Comparison of Alternative Metrics", *British Management Journal*, Vol.17, No.S1, 2006, pp.361-370. Maurizio Zollo and Degenhard Meier, "What is M&A Performance?." *The Academy of Management Perspectives*, Vol.22, No.3, 2008, pp.55-77. Vassilis M. Papadakis and Ioannis C. Thanos, "Measuring the Performance of Acquisitions: An Empirical Investigation Using Multiple Criteria", *British Management Journal*, No.21, 2010, pp.859-873.

年有所改变,主要是在能源行业,基于行业的原因,中国天然气企业的绝大多数收购都是进行少数股权投资。然而在其他行业,例如矿业和农业方面的收购,仍然以全额或多数股权收购为主。

综上所述,分析2006年以来的128个案例,我们区分了中企在澳投资的特点:国企是投资的绝对主体,行业主要以资源和能源投资为主,绝大多数项目以并购为市场进入方式,中企更偏向寻求全额或多数股权的收购。因此,与其他国家相比,尤其是美国、欧洲等发达国家,中企在澳的投资从主体上和模式上都更为单一,投资项目和意图也比较明确。区分这些特点有利于我们确定投资澳大利亚的具体风险和管理。针对这些特点,以下的讨论将结合澳大利亚的商业和体制环境,集中探讨中企在澳投资的商业风险与项目运行风险。

二、中企在澳投资的商业风险与项目运行风险

与其他资源国家尤其是发展中国家不同,澳大利亚属于成熟的西方市场经济,有健全的对外投资法律体系、高效的资本市场和专业的中介机构。表7.4列举了6个主要资源型国家的全球竞争力指数排名。全球竞争力指数每年由世界经济论坛发布,该指数由表中的12大支柱和113个分项指标构成,能比较全面地反映一个国家的竞争力和市场成熟度。从表中可见,澳大利亚的综合竞争实力在全世界144个国家中排名第20,虽然低于加拿大,却远高于巴西、俄罗斯、南非、纳米比亚等资源国家。从各个指标来看,除了市场规模低于巴西和俄罗斯,资本市场发展落后于南非,澳大利亚与加拿大在其他各分项指标均领先于其他资源国家。在体制、宏观经济环境、教育(尤其是高等教育)、商品市场效率、科技就绪水平方面的优势尤其明显。

尽管澳大利亚有良好的市场环境,但对中企来说,成熟的市场意

味着它们在并购和项目运行中要更专业及面对更多的竞争。① 总的来说,中企在澳并购面对的风险主要有两类,一类是商业风险,一类是项目的运营风险。

表7.4 澳大利亚等资源国家在144个国家中的排名(2011年)

指标\国家	澳大利亚	加拿大	巴西	俄罗斯	南非	纳米比亚
国际竞争力指数	20	14	48	67	52	92
体制	18	11	79	133	43	52
基础设施	18	13	70	47	63	59
宏观经济环境	26	51	62	22	69	84
健康、初等教育	13	7	88	65	132	120
高等教育、培训	11	15	66	52	84	119
商品市场效率	24	13	104	134	32	87
劳动力市场效率	42	4	69	84	113	74
资本市场发展	8	11	46	130	3	47
科技就绪水平	19	20	48	57	62	104
市场规模	21	13	9	7	25	120
商业成熟度	30	26	33	119	38	102
创新	23	22	49	85	42	101
经商面临的最大困难	严格的劳动规章	政府官僚主义	税收规定	腐败	缺乏受过教育的劳动力	缺乏受过教育的劳动力

来源:世界经济论坛,全球竞争力指数2012—2013。

(一) 并购的商业风险

并购投资(Mergers & Acquisition)——中企在澳惯用的市场进入方式——被看做是企业发展的方式之一,② 通过横向、纵向或混合式

---

① 如前所述,中企在澳95%的投资项目以并购为市场进入模式,因此下文中我们将主要探讨中企在澳并购的风险。
② Friedrich Trautwein, "Merger Motives and Merger Prescriptions", *Strategic Management Journal*, No.11, 1990, pp.283-295.

并购,企业可以获得新的资源、市场或技术,使自身的业务多元化,或者实现企业重组。同时,并购也可以是一种战略行为,通过并购类似企业,减少潜在的竞争对手。值得注意的是,并购投资作为商业行为是一项复杂性与技术性并存的专业投资活动,参与并购的企业要面对许多特有的商业风险。具体来说,中企在澳并购的商业风险有:

1. 估价的风险

即收购一方对目标企业的价值估计偏离企业实际价值的风险。① 经济学理论认为,若企业间存在信息不对称,则会引发市场失灵,加大企业的监督成本和议价成本。② 具体来说,在并购前期双方企业信息并不对称,并购企业往往处于信息劣势,尤其海外并购双方处在不同的国家,双方商业环境有较大的差别,并购企业缺乏目标企业的准确信息;而目标企业为了获得更高的价格,短期来说倾向于隐瞒问题,美化经营和资产信息。因此并购企业无法对目标企业进行较完善的价值评估,导致定价风险的存在。此时,并购企业应通过各种渠道收集目标企业的信息,来减少信息不对称。例如,选择上市公司为并购对象是中企在澳回应信息不对称的一大方式。我们的案例库显示,近年来中企在澳大多收购上市公司的项目,这主要就是因为澳大利亚对上市公司信息披露的时效性和准确性有严格要求,有利于中企准确地估算目标项目的价值,管控估价风险。

另外,前期的尽职调查也有助于中企获得年度报告以外的增值信息,降低在澳收购的估价风险。中企在澳投资失败常见的原因是尽职调查不够。具体来说体现在两个极端:一边是早些年忽略尽职调查,很多项目往往依靠一把手拍板决定,尽职调查只是流于形式;

---

① 陈志兵:《我国企业海外并购不同阶段的财务风险与防范》,《对外经贸》2012 年第 3 期,第 150—151 页。

② Ronald H. Coase, "The Nature Of The Firm", *Economics*, Vol. 4, No. 16, 1937, pp. 386-405. Oliver E Williamson, *Markets and Hierarchies: Antitrust Analysis and Implications*, New York: The Free Press, 1975, pp. 10-20. Oliver E Williamson, *The Economic Institutions of Capitalism*, New York: Simon and Schuster, 1985, pp. 15-42.

一边是近期的过度重复尽职调查,实际并未充分估计并购风险,或评估结果未得到有效利用,却导致评估进程缓慢,最终导致交易的失败。《经济学人》杂志的一份报告指出,对许多未能进入要约阶段的中企,尽职调查缓慢和风险评估是最大的问题。①

要做好尽职调查,并购企业需建立专业的顾问团队,明确并购评估的目的、价值类型以及合理选择评估方法,并从各个方面对目标企业进行调查。尤其是注意澳大利亚特有的敏感领域,包括环境事宜和土著产权等。同时,针对澳大利亚的矿产和能源项目的并购需要在尽职调查时考虑铁路、港口等配套基础设施建设的准入。澳大利亚基建网络的运输能力有限,例如西澳的基建网多为大型采矿公司私有,这意味着中企计划开发新项目及扩大现有项目时,必须要考虑扩建或升级基建网络来提供运能。中钢集团在西澳的 Weld Range 铁矿石项目,由于矿区附近没有铁路,缺乏深水港口等基础设施,项目对应的 Oakajee 港口和铁路工程进度太缓慢,使得其一些矿产开发项目被迫搁浅。② 表7.5 针对澳大利亚的商业环境,给出了中企投资资源项目时,应做尽职调查的主要项目。

表7.5 中企投资澳大利亚资源项目尽职调查的主要项目

公司层面	(1)产权结构(2)组织结构(3)财务状况(4)经营情况(5)管理层和雇员人数、安全及退休金(6)法律纠纷(7)知识产权及信息技术
资源项目	(1)资源的质量和数量(2)地质情况(3)设备和备件的供应和采购(4)相关设施的建设、运营和维护(5)采掘资源权
基础设施	(1)铁路(2)公路(3)港口(4)水电供应(5)管道
行业研究	(1)竞争者(2)供应链(3)行业相关规则和标准(4)税务政策

① Economist Intelligence Unit, "China Going Global Investment Index", *EIU Report*, 2013, http://www.eiu.com/public/topical_report.aspx? campaignid=ChinaGoingGlobal.
② 《受累 Oakajee 港中钢暂停西澳铁矿石项目》,搜狐网,2011年6月24日,http://business.sohu.com/20110624/n311487984.shtml. 转引自21世纪网—《21世纪经济报道》,6月23日。

续表

环境事宜	(1)对自然资源的影响(2)环境污染包括二氧化碳的排放
土地所有权	检索土地所有权
土著产权	检索土著产权
文化遗产	检索文化遗产

2. 与估价风险相关,中企在澳并购还面临着溢价风险

溢价风险是指并购企业支付的并购价格高于目标企业证券或股票的面值,给并购企业带来风险。溢价风险一方面反映了并购企业缺乏对目标企业资产价值和盈利能力的准确判断,另一方面反映了市场和股东对中企并购中的审批风险高及并购后企业运行和盈利的预期不高。这里市场和股东的预期主要代表了澳工商界的看法。需要指出的是,对中企的投资,澳大利亚政府部门、公众和商界的看法并不完全相同,理解的角度也不相同。表7.6比较了澳大利亚政府、公共和商界对中企投资的看法。例如澳政府主要的顾虑是中企海外并购与政府"走出去"的鼓励政策密切相关,尤其对国企,担心他们未必以追求利润为主要目标。[1] 例如2009年,中铝收购力拓时,双方达成战略合作协议后不久,时任中铝总经理肖亚庆便转任国务院副秘书长,企业高管转任政府高官,增加了澳方对中铝背景及其真实目的的疑虑。

表7.6 澳大利亚各界对中企投资的看法

	看法	回应
政府	与政府"走出去"的鼓励政策密切相关,投资出于战略考虑	对国企投资进行审查,希望矿产领域,外国投资在绿地投资中的持股比例不超过50%,在澳大型企业中的持股比例不超过15%

---

[1] John Larum, " Chinese Perspectives on Investing in Australia ", *Lowy Institute Publications*, June 2011, http://www. lowyinstitute. org/publications/chinese-perspectives-investing-australia.

续表

	看法	回应
公众	中国的社会及政治体制与澳大利亚完全不同	认为澳大利亚让太多中国投资进入该国
商界	中企对澳大利亚商业环境和惯例不了解，并购以后的整合和本地化的运营具有高的不确定性	对中企收购要求更高的溢价

普通民众对中国投资的态度以不信任为主，这种不信任主要是出于对中国的不了解。悉尼外交政策研究中心洛伊研究所（Lowy Institute）2013年发布的一项民意调查结果显示，57%的受访者认为，澳大利亚允许太多的中国投资进入该国，只有3%的受访者觉得中国投资太少。负责民调的亚历克斯·奥利弗（Alex Oliver）认为，澳大利亚人担心的因素主要包括"对中国不熟悉，以及中国的社会及政治体制与澳大利亚完全不同"。相比之下，澳大利亚商业界则更看重中企在澳的盈利能力。他们认为虽然中企有充足的资金、潜在的市场、在国内开矿的经验，却缺乏国际化与在西方商业环境内运作的能力，并购后难以成功整合与实现本地化运营，同时，国企收购过程中面临中国与澳洲双重审批风险，因此在并购估价时，对中企要求更高的溢价。总的来说，澳大利亚政府和民众对中企的看法都加深了市场和目标企业股东对未来收益不确定性的预期，认为企业未来盈利的风险加大。当市场和股东有这种预期时，对中企收购要求更高的并购价格、作为对风险的补偿，就显得理所应当了。

支付高额的溢价不单加大了中企的并购成本与风险，中企明显的收购意图也会引起国际资本或大机构的狙击，或者引发国际机构来套取中国溢价。对于中企，一方面对外要在交易未完成前尽可能地保密，一方面对内要表现得更加开放透明，让股东更多地了解企业的背景、组织结构、决策机制及并购后的整合计划，从而降低股东预期的风险，减少中企并购时的溢价风险。

3. 除估价风险与溢价风险外,中企还面对融资和汇兑的风险

海外并购需要大量的资金,中企在实施海外并购时,不仅应该量化并购时需支付的成本,对难以量化的整合成本也要充分估计,因为如果融资安排不当,势必造成财务危机。同时,中企还应拓宽融资渠道,避免过分依赖政策性银行的贷款,多利用中外银行银团贷款(syndicated loan),通过一家或数家银行牵头,由多家银行与非银行金融机构组成银行集团为企业海外并购提供资金,这样不但能降低风险,还能消除澳方对于中企受政策性银行扶持的忧虑。另外,采取以股权资本为主的融资结构也是可行的方式,企业可以与投行、PE等金融机构合作,实现股权筹资的无偿性和长期性。引进 PE 等金融机构的好处在于,他们不仅可以为收购方企业提供现金支持,也能凭借丰富的投行经验,对目标企业做充分的调研工作,了解当地的相关政策法规,为融资方案提供专业的帮助,提高并购成功的可能性。

目前,中企在澳投资的融资渠道单一,除自有资金外,主要以国开行和进出口银行等中资银行的债务资本为主。中铝 2009 年试图收购力拓时,在其股份盈利率从 2007 年的 0.84 元暴跌至 2008 年的 0.00068 元时,国开行、进出口银行、中国农业银行和中国银行组成的银团,仍同意向中铝提供约 210 亿美元的贷款额度,外界不禁对中铝为何在这样的财务状况下还能从中资银行得到巨额贷款提出疑问,担心中铝入资力拓的背后获得了中国政府的财务支持。相比之下,2004 年联想则是通过负债融资和权益融资两种形式,一方面向由渣打银行等国际银行组成的银团贷款,一方面与德克萨斯太平洋集团等三家私人投资公司合作,发行可换股优先股和非上市认股权证,获得战略投资,共筹集了 9.5 亿的资金,成功完成了对 IBM 个人电脑业务的收购。[①] 另外,本章后面提到的金风科技,虽然在美元融资方面

---

① 潘颖、聂建平:《我国企业海外并购融资问题研究》,《开发研究》2010 年第 1 期,第 127—129 页。

有优势,但却出于资产负债表的考虑,选择在澳大利亚本地进行项目融资。2013年金风成功获得包括澳大利亚国家银行(National Australia Bank)、中国银行、交通银行、中国建设银行、中国工商银行在内的五家金融机构组成的银团提供的无追索权项目融资,融资总额为2.5亿澳元,给中企在海外融资树立了好的榜样。

4. 澳元汇价波动性较高也是中企在澳并购时需要考虑的重要因素

汇率发生波动时,目标企业的股票、债券的价值也随之发生波动,并影响并购企业所支付的有效价格,这不仅关系到并购的顺利推进,还关系到并购完成后目标项目的后续盈利等问题。另外,中国国内的审批流程较慢与澳大利亚政府审批时间的不确定性,也让中企难以把握具体的收购时间,增加了汇率对企业交割时收购成本的影响。如何确定适合的兑换利率、利用金融衍生产品管理外汇是企业并购风险管理的要点。2008年10月20日,中信泰富集团在澳大利亚收购Sino Iron的磁铁矿项目后,突然发出盈利警告,正是因为2008年澳元大跌,公司与香港数家著名银行签订了多份累计杠杆式外汇买卖合约引发8.08亿港元的巨额亏损。① 因此,中企在澳并购时需要加强汇率风险的预测、识别、控制和处理。随着4家中资银行在澳大利亚开设分行,中企可以利用优势,适时组建以澳币为主、有本地银行参与的银团贷款,减少汇率波动的影响。

总的来说,在澳并购是一项复杂的商业操作,中企需针对澳大利亚市场的特点,建立足够的竞争优势来妥善规避和管理估价风险、溢价风险、融资风险和汇兑风险等,只有管理好这些风险,并购作为企业增长的优势才能充分地体现出来,让企业获得所需的资源、市场、技术,以及实现自身的业务多元化。

---

① 《中信泰富外汇合约巨亏》,新浪财经,2008年10月21日,http://finance.sina.com.cn/blank/zxthks.shtml。

（二）项目的运行风险

中企在澳并购交易完成后并非一劳永逸，并购后项目的运行将面临更大的风险，例如并购整合的风险以及工程建设的风险。目前一些最新的文献开始讨论企业应如何面对项目运行的风险，有的学者认为对整合风险的管理应提前做好经营战略规划，加强财务、人力资源和文化整合风险的控制，[1]有的学者认为建设项目的管理应加强人力资源管理和合同的风险管理，与国际接轨，熟悉国际规则和当地的投资法规。[2]这些研究多集中从传统企业管理战略的角度来看待风险管理，即将企业风险管理战略与企业内部资源和所处产业联系起来，提出企业需要针对所处产业的结构与要求，提高自身资源的储备，来降低项目运行的风险。本文认为，对于海外并购的中企来说，核心问题在于管理企业运行体制环境的改变，即在项目运行过程中，中企作为澳大利亚社会中的一员，不单是一个商业个体，还是一个社会个体，随着环绕项目运作的体制环境转变，中企需要重新审视与其他利益相关者之间的关系，以实现成功的海外投资。

这点与哈佛大学麦克·波特（Michael Porter）教授提出的"创造共享价值"（creating shared value）看法是一致的。[3]麦克·波特教授通过对西方企业运作的研究，指出近年来资本主义制度正备受抨击，企业被视为造成社会、环境和经济问题的祸首。公众眼中的企业正

---

[1] René Olie, "Shades of Culture and Institutions in International Mergers", *Organisation Studies*, Vol. 15, No. 3, 1994, pp. 381-405. John Child, David Faulkner, and Robert Pitkethly, *The Management of International Acquisitions*, Oxford：Oxford University Press, 2001. pp. 166-180. Annette L. Ranft and Michael D. Lord, "Acquiring New Technologies and Capabilities：A Grounded Model of Acquisition Implementation", *Organisation Science*, Vol. 13, No. 4, 2002, pp. 420-441.

[2] 初哲、江共养：《澳大利亚矿山项目风险管理工作的分析及反思》，提交给"第九届全国采矿学术会议暨矿山技术设备展示会"的论文，昆明，中国，2012年8月24日，第232—235页。

[3] Michael E. Porter and Mark R. Kramer, "The Big Idea：Creating Shared Value", *Harvard Business Review*, Vol. 89, No. 1, 2011, p. 2.

当性已跌至谷底,促使政治领袖制定损害竞争力、削弱经济成长的政策。为了避免公众对企业的信任进一步减弱、商业陷入恶性循环,企业必须将商业和社会重新整合到一起,把创造共享价值看成是达到经济成功的新方式。麦克·波特的观点给中企的启示在于,它指出项目运作尤其在西方国家并非单纯的技术问题,而是在管理层面企业应如何于特定的体制环境中有效地经营。

以此为背景,下文将提出一个新的分析框架,从中企与其他经济、社会利益相关者之间的关系出发,讨论在澳大利亚的体制环境中,项目运行面临的主要风险。具体来说,中企在澳项目运行风险可以从4个方面来看,如图7.2所示。

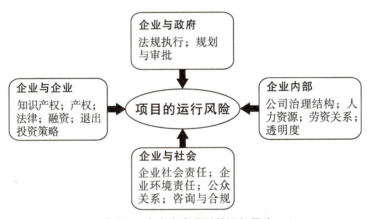

图7.2 中企在澳项目的运行风险

1. 中企与澳洲政府之间的关系

中企在澳投资时要注意处理与政府间的关系,特别在遵守标准、法规和进行规划与项目审批时。澳大利亚综合的执行手段和严厉的监督机制确保了法律、法规在国内的贯彻。中企一方面需要认识到这些法律、规章、标准影响着企业在市场环境中的运作,一方面要认识到中澳在标准、法规和政策方面的区别。比如说,中国行业标准与澳大利亚行业标准的差异往往让中企忽视项目设计初期对工程风险的确认,最终导致施工计划无法按期实施,影响工程进度与费用。①

同时,中企还需要注意澳大利亚属于联邦制国家,联邦政府与州、地方政府之间的关系与中国中央政府与地方政府之间的关系并不相同。澳大利亚宪法赋予联邦制政府一些明确的政府权力,包括国防、外交、财税、公共卫生系统的管理等,而把其他的权力赋予六个州和两个内陆领地的政府,州和内陆政府根据本领地的情况制定相关的法律与政策,所以针对同个领域各州之间的法律政策可能有很大区别;同时,州政府和联邦政府还共享一些权力,这导致某些领域联邦政府与州政府的法规出现重叠。因此,中企项目在澳运行时,必须弄清各级政府的权力和相关政策。

另外,中企在澳不能一味消极地应对政府及其法规政策的变化。近年来在全球化的压力下,澳大利亚政府面临不断调整财政、税收政策来保证经济增长的挑战。在政策调整的过程中,中企要把握机会,积极提高政府和社区对其投资项目的了解,预防政策向不利于项目运行的方向调整。

2. 中企与澳企之间的关系

合理安排与其他企业的关系对降低项目运行风险也十分重要。这包括中企通过与供货商和客户的合作,确保生产所需设备、产品、服务和技术的采购达到要求,以及保证客户对产品的需求稳定。需要注意的是与中国不同,澳大利亚企业间的关系主要建立在正式的合同与市场竞争的基础之上。最近的一些研究指出,资本主义市场经济国家的企业关系并非完全一致,不同的市场经济国家内,企业间以不同的方式合作。大体来说,现在的市场经济可以分为两类,一类是以美国、澳大利亚为代表的自由市场经济国家(liberal market economy),即公司通过竞争与正式的法律合同为核心保证货物和服务的交换,企业根据市场的需求、边际收益和边际成本调整生产量,

---

① 初哲、江共养:《澳大利亚矿山项目风险管理工作的分析及反思》,第232—235页。

从而获得最大利润。例如澳大利亚对于工程风险的控制很大程度是通过设计合同中严格详尽的条款来实现的;另一类是以德国、日本为代表的协调市场经济国家(coordinated market economy),这些国家的企业更多地通过非市场的联系来协调与其他企业之间的关系,增加企业的竞争力。这些非市场的联系不以正式的法律合同或竞争为基础,而以非正式的协议、在企业关系网及人际关系网内互换信息及企业间协调为基础。与自由市场经济国家不同的是,协调市场经济国家企业在决定产品产量时,更多基于企业间的协调与战略的互动。

中国目前企业间的关系与协调市场经济国家更相似,即交易更多地以非正式协议、关系网络和企业间协调为基础。然而,当中企进入澳大利亚这样的自由市场经济国家中运行时,就要转变原有与其他企业联系的方式。尤其在保护产权和知识产权、确保法律在交易过程中的地位、融资机制和渠道以及制定投资退出策略时,中企需更多地依赖正式合同与以市场竞争为指向。

3. 中企与并购后企业内部管理之间的关系

中企在澳并购后对企业内部的管理必须适应澳大利亚的体制环境。澳大利亚对企业在公司治理、人力资源管理、劳资关系和透明度方面都有严格的要求。例如就公司治理方面,《2001年公司法》确定了公司董事和管理人员的职责,一般来说,在澳企业大部分的治理权力由董事及其他公司管理人员行使,股东的权力范围一般较为有限。对于上市公司,澳大利亚证券交易所(ASX)公司治理委员会发布的《公司治理原则与建议》,决定了上市公司的信息披露及公司治理实践。由于体制转型尚未完成,大多数"走出去"中企尚未完全建立完善的现代企业制度,来澳运作时一旦忽视了企业内部管理的要求及成本,就会为项目运行带来极大的风险。

又如,劳资冲突也是中企在澳并购后面对的一大潜在风险。失业率一直是政府、公众和媒体关注的焦点之一,澳企普遍担心被收购后,中方会引进中国劳工来代替本地员工。另一方面,澳大利亚劳动法对劳动者的保护全面,工会作为代表职工的组织影响很大,政府对于每年引进的外籍劳工都有严格的限制。因此,对中企来说,要加强处理劳资关系的能力,深入调研劳动法律法规,防止劳资纠纷导致的项目成本增加。同时,实行本地化管理也是减少劳资纠纷好的选择。一方面,澳大利亚本地人在与当地政府和社区之间的联系中发挥着重要的作用,另一方面澳大利亚和中国项目运行的地理和技术环境有区别,当地管理者可以更好地给出本地化的解决方案,例如怎样给员工好的奖励和激励机制。

4. 中企与澳洲社会之间的关系

中企如何处理与社会的关系也将影响项目的运行风险。中企需认识海外并购不仅仅是一项经济活动,通常还是一项社会活动,尤其近年来在发达国家,随着污染测量技术的进步和网络的发达,公众对气候变化、水资源保护以及资源类项目对环境的影响尤为关注,其话语权也在不断增强。这要求中企将投资政策与社会责任和环境责任融合,在项目运行初期便广泛咨询利益相关者,积极处理公众关系。2013年,力拓计划扩建其在猎人谷附近的一个煤场,此计划虽然得到州政府的批准,却被新南威尔士州法官驳回,原因是当地居民强烈反对,认为扩张计划"对生物多样性的不利、噪音和灰尘","以及该项目对社会的影响"。[①]

中企在澳投资不乏因环境和社会因素而导致项目成本剧增的案例,例如因采煤作业可能产生环境影响,神华被迫向新南威尔士州Gunnedah市的居民支付高额的价格收购矿产周边的农场;中信泰富在西澳的磁铁矿项目也因低估了磁铁矿开采尾矿处理的成本,导致项目延期、成本大大超过最初预算。可见,中企在澳投资需要遵守与

---

① Sean Nicholls,"'Acceptable to Putin': Alan Jones Fires up Crowd Over NSW Mining Policy", *The Sydney Morning Herald*, August 14, 2013, http://www.smh.com.au/nsw/acceptable-to-putin-alan-jones-fires-up-crowd-over-nsw-mining-policy-20130814-2rw4n.html#ixzz2bvbTMy31.

社会紧密联系的原则,把需要承担的社会责任与环境责任纳入企业的投资战略规划中,这样才能降低并购后项目的运行风险。

综上所述,澳大利亚的体制环境决定了项目运行在澳面临的主要风险与中国有很大的区别,中企如何处理与政府、其他企业、并购后对企业内部的管理及与社会的关系决定了他们投资的初衷是否能够实现。

三、中企在澳投资案例分析

本章选择2个案例,重点考察它们收购时面临的商业风险及在澳大利亚的体制环境中运行时遇到的项目运行风险及其管理。

(一) 金风澳大利亚收购 Gullen Range 风场

1. 收购背景

新疆金风科技是中国最大的风电设备制造企业,公司于1998年成立,在不到15年的时间里,公司从40人增长到4000人的规模。2008年金风通过收购德国 Vensys 公司70%的股份,加速了风机技术的产业化,也为其供应链加入了国际成分。澳大利亚金风成立于2009年,是金风科技的全额子公司。选择投资澳大利亚主要有三个原因:一是中国国内风电设备制造产能过剩,国内市场趋于饱和,金风通过在澳投资,能为其风力发电设备拓展新的市场,降低对国内市场的依赖;二是澳大利亚政府制定了鼓励风能发展的政策,电力销售协议(PPA)市场活跃,为金风在澳投资风场的收益提供了保障;①三是澳大利亚的法规、立法、政策具有确定性,这对本身是长期投资项目的风场来说非常重要。

2011年,金风澳大利亚与风场开发商 EPURON 公司签订销售协

---

① 澳大利亚联邦政府规定到2020年可再生能源发电量占本国发电总量20%的发展目标,大型的火力发电公司须与风电场签订购电协议,以达到20%的发电量由可再生能源发送的目标。

议,向 Gullen Range 风场提供风力发电机。同年,金风通过子公司天润从 EPURON 公司购买了 Gullen Range 风场 100% 的股权,完成了从设备生产销售商向 EPC 建设商与资产运营商的转变。Gullen Range 风场原由开发商 EPURON 公司设计与开发,公司对风场进行了选址、买地、设计风场布局、实地评估和申请项目审批等工作。2010 年,新南威尔士政府批准了 EPURON 在 Gullen Range 风场建立 73 台风力发电机组以及基础设施的建设。由于澳大利亚申请风场项目手续和所需材料与中国完全不同,金风从有经验的澳大利亚开发商 EPURON 处购买有政府批准的风场,可以避免项目审批时出现的风险。金风在整个收购过程并未遇到大的阻碍,EPURON 本身作为风电场的开发商,对资本运营不感兴趣,出售风场的意图明显;同时由于投资项目属于敏感性低的风电行业,金风在向外资审查委员会(FIRB)提交申请时,并未遇到大的困难。

2013 年,Gullen Range 风电场项目成功与 Energy Australia 签订电力销售协议(PPA),意味着金风对 Gullen Range 项目的收益要求已基本得到保障。

2. 成功经验

(1) 积极转变为项目建设与运营商

中国的风机制造商要打开澳大利亚的市场并不是一件容易的事,尤其单靠买设备与技术是不可行的。澳大利亚风电产业的竞争较大,市场被 Vestas Wind Systems A/S(VWS)和 Suzlon Energy Ltd(SUEL)等国际型大公司垄断。金风最初进入澳大利亚市场时,作为风机制造商,虽然在风电设备制造有成本优势,却没有被澳大利亚业界认可的项目,无法显示其技术和设备的稳定性。在这样的情况下,金风抓住市场上澳政府已经批准的风场项目众多、但并未进入建设阶段的特点,积极转变角色,从设备生产销售商转型为项目建设商与资本运营商。2011 年,金风从发展商 EPURON 公司处购买已获得政府审批的 Gullen Range 项目,负责项目的建设与资本运营,以此打开澳大利亚风机的销售市场。

不但如此,项目建设与资本运营商的身份也帮助金风实现稳定的投资回报。一般来说,风电场方面的投资可分为两个部分,其中1/3的投资集中在研发、设备生产领域,目前这个领域的回报率波动较大,尤其在2008年以后,风机设备面临生产过剩的问题;还有2/3的投资集中在风电场项目的建设与发展上,这个领域的投资回报率则是稳定的。因此,长远来说,金风转型为项目建设与资本运营商有利于获得稳定的投资回报。

(2)本地化运作

金风在澳投资风电场面临的风险主要是项目运行方面的风险。中资风机制造商一般对澳大利亚的体制环境并不了解,没有在澳大利亚开发与建设风场的经验。风场的规划、建设和运营都与政府尤其是地方政府密切相关,它们在提供相应的基础设施和电网连接上起重要作用。澳大利亚的规划条例与其他国家有很大的差别,例如欧洲国家的规划条例普遍没有澳大利亚严格,2013年维多利亚州政府规定禁止在住宅2公里范围内建设风力涡轮机,这一规定给风电场的运作增添了许多限制,也将影响未来风电场的规模。同时,中资风机制造商还要面临当地社区居民和一些反对风能开发团体的抗议活动。近年来一些居民担心风电场会影响人体健康和周围土地价值,反对风电的呼声高涨,使得项目的发展受到延迟或阻碍。另外,澳大利亚的能源供应商对中企普遍抱怀疑态度,虽然有很多风能企业要进入澳大利亚市场,但是最终签订电力销售协议是困难的。

面对项目运行风险,本地化是金风采取的有效策略。在收购Gullen Range项目之前,金风开发了Morton Lane项目,该项目规模小,采用13台单机容量为0.15万千瓦风机,所发电力全部通过购售电协议上网,2012年金风成功将Morton Lane项目出售给中广核风电。Morton Lane项目虽小,却向澳大利亚风电行业和能源供应商展示了金风在本地进行项目建设和运营的能力,为金风赢得口碑,有利于 Gullen Range 项目的开发。

金风本地化的策略还包括其在澳大利亚的员工几乎全是本地人,以及在 Gullen Range 风电场的建设过程中,金风积极与本地公司合作,分别与澳大利亚当地的承包商 Catcon 和 CPP 公司签订了项目建设协议,与 Deugro 公司签订了机组零部件运输协议;在融资方面,虽然中企在美元融资方面有优势,但金风却出于资产负债表的考虑,选择在澳大利亚本地进行项目融资。2013 年,金风成功获得包括澳大利亚国家银行(National Australia Bank)、中国银行、交通银行、中国建设银行、中国工商银行在内的五家金融机构组成的银团提供的无追索权项目融资,融资总额为 2.5 亿澳元。以上一系列本地化的运作让金风降低了项目运作的风险与成本,成为中企在澳大利亚风电行业中成功的典范之一。

3. 将来的挑战

首先,澳大利亚的风电行业是一个竞争激烈的行业,将来还会有更多的风电企业进入这个市场。金风不仅仅要保持公司在风电机组研发、制造和销售方面的优势,还要发展风电服务、风电场投资、开发和销售等多个环节方面的能力。其次,澳大利亚风电项目政策的不稳定性也是金风面临的一大挑战。澳大利亚不同的州有不同的规划条例、审批程序、风力涡轮机离民宅的距离等,加上反对风能开发团体的抗议,进一步引起政策的不确定性。例如近期新南威尔士州政府把审批权力下放给地方政府、澳大利亚联邦政府决定于 2014 年 7 月 1 日废除碳税等等,这些政策的变动都潜在加大了金风在澳运行的风险。最后,澳大利亚的基础设施有限,有的地区虽然有很好的风力资源,却远离电网,并不值得投资,中企在选择投资地点时需要十分谨慎。

(二)兖州煤业的澳大利亚海外扩张之旅

1. 并购背景

兖州煤业属于早期一批进入澳大利亚市场的企业。在来澳大利亚投资前,兖煤的母公司——兖矿集团成立了一个专门的投资委员会,对不同投资国家和地区进行分析,包括非洲、欧洲、俄罗斯、印尼和澳大利亚,比较各个国家的资源、文化和地理环境,最终认为澳大利亚是最好的选择。对兖矿集团来说,澳大利亚的优势有:

- 法律健全:健全的法律体系为投资提供法律保障。处理事情以法律为准绳;
- 好的信用体系:人与人之间的信任感强。工作信誉度高,按市场运行机制操作;
- 政府透明度高:澳大利亚政府务实、亲民,民选政府需要对选民负责;
- 良好的自然环境:有丰富的资源、能源储备。煤层离地表近,开采条件好;
- 高品质的煤炭资源:澳大利亚煤炭的质量好,品种全;
- 良好的社会环境:澳大利亚是一个移民社会,对于移民和海外投资者没有歧视;
- 股东的回报:以上的优势会给股东以好的回报。

从 2004 年开始,兖煤先后收购了奥斯达煤矿、菲利克斯资源、新泰克、西农公司在西澳的卓越煤矿等项目。尤其在 2009 年,兖煤以 33.33 亿澳元全额收购菲利克斯资源,成为中企在澳的最大一笔收购。值得注意的是,当时外资审查委员会(FIRB)已收紧审批条件,表明不希望中企在澳大型企业中的持股比例超过 15%,兖煤通过坚持不懈,不断修改收购方案,在三次提交申请后,最终获得了有条件的批准。FIRB 给兖煤提出的条件如下:①

- 公司由澳大利亚全资子公司(兖煤)负责运营在澳大利亚的

---

① Nick Sherry,"Foreign Investment Decision-Felix Resources", The Treasury Department of Australian Government, No. 081, October 23, 2009, http://ministers.treasury.gov.au/DisplayDocs.aspx?doc=pressreleases/2009/081.htm&pageID=003&min=njsa&Year=2009&DocType=0.

第七章　中企投资澳大利亚：商业风险与项目运行风险的管理

所属煤矿，管理团队和销售团队主要来自澳大利亚；

- 兖煤及旗下的子公司必须要有两名以上的董事以澳大利亚为主要居住地，其中一名须为独立董事；
- 兖煤的行政总裁和首席财务总监必须以澳大利亚为主要居住地；
- 兖煤董事会每年的会议必须大多数是在澳大利亚召开的；
- 兖煤最迟于2012年底在澳大利亚证券交易所上市，届时兖矿集团在兖煤的持股比例减少至70%以下；
- 几个菲利克斯资源经营的矿场是与第三方公司合资拥有，在兖煤上市后，兖矿集团对这些矿场的所有权必须低于50%；
- 兖煤在澳大利亚生产的全部煤炭产品将参照国际市场价格、按照公平合理的原则进行销售，遵循市场化原则运作。

从以上的条件来看，FIRB对兖煤的要求主要集中在公司治理结构与资源价格市场化两方面，这些条件对日后兖煤的运作产生了一定的影响。2012年6月，为了满足FIRB属地上市的要求，兖煤实现了在澳扩张的一个里程碑：成功与格罗斯特(Gloucester)合并，并取代格罗斯特在澳大利亚证券交易所上市。上市后的兖煤资产超过80亿澳元，拥有超过10个矿山和煤田的股份，并有效发挥运营资产和港口、运输等基础设施的协同效应，一举成为澳大利亚最大的独立煤炭上市公司。而兖煤的母公司兖矿集团也因此成为中国唯一一家拥有境内、境外四地上市平台的企业。兖矿集团董事长王信在接受采访时曾自豪地说："对于兖矿来说，澳大利亚公司是所有公司里最赚钱的一家。"

2. 成功经验

(1) 技术优势

兖煤引入的综合机械化放顶煤开采技术(LTCC)为澳大利亚煤炭开采注入新的科技活力。LTCC技术由母公司兖矿集团开发，在中国经过了实验和运用，带动了兖矿集团的整体升级，使矿井产量和安全水平都有了质的飞跃。同时,LTCC 技术也为兖矿集团国际化提供了技术基础,通过并购向投资国输出了先进的开采技术,改变了国际上普遍认为中企海外投资一味攫取资源的印象,有助于集团跨越收购壁垒。

围绕其拥有的 LTCC 技术,兖矿共获得 60 多项国内专利,并有 3 项相关技术获得澳大利亚发明专利。2004 年,兖煤收购奥斯达煤矿时,该煤矿因无法解决煤炭自燃的问题,出现过多次安全事故,面临破产。凭借 LTCC 技术输出,兖煤迅速解决了自燃问题,将奥斯达煤矿转变为"新南威尔士北区安全最好的煤矿",煤矿的回采率也由 47% 提高到 85% 以上。虽然奥斯达煤矿的有效可采储量仅有 4100 万吨,其规模相比兖煤集团其他的矿场来说算是非常小,但这桩收购却向外界证明了 LTCC 技术的实用性和可靠性,为公司后期在澳的并购打下了良好的基础。

(2) 本地化管理

与金风相似,兖煤在澳大利亚也实行本地化管理的原则。首先,兖煤注重与各级政府的合作。在联邦政府一级,兖煤与投资审查委员会(FIRB)建立了积极的沟通与合作关系,主动定期向 FIRB 汇报技术与运行的情况;另外,公司也与联邦能源与资源部保持密切的沟通,以获得煤炭政策的最新动向;在新南威尔士、昆士兰州一级,兖煤也努力保证与州政府和地方政府之间的紧密合作,以确保各煤矿场的合规运作。

其次,在公司内部,兖煤实行属地化管理。对澳方管理层基本留任,经理层面的员工绝大多数是澳大利亚本地人。兖煤所处行业与制造业有很大的区别,煤炭企业需要与当地政府和社区之间密切合作,以减少环境、噪音、运输造成的不良影响。澳大利亚本地员工在与当地政府和社区之间的联系中能发挥重要的作用。另外,兖煤在矿上一级的所有管理人员也都是当地人。在澳大利亚和中国经营煤矿的地理和技术环境不同,属地化管理对兖煤来说是一个学习过程。

当地管理者更了解各州不同的劳动力市场和基础设施等情况,从而制定相应的员工奖励和激励机制,并给出本地化的执行和解决方案。

3. 不寻常的 2013 年

如果说 2004 年到 2012 年兖煤是春风得意,与之形成反差的是,2013 年的兖煤则面对千折百回的状况。首先,2013 年 3 月,兖煤澳大利亚 CEO 贝利(Murray Bailey)离职,贝利在煤炭行业有丰富的经验,外界猜测他离职或是出于与董事会关系紧张。①

其次,兖煤股价从去年 9 月高点 1.2 澳元下跌至 0.7 澳元附近徘徊。7 月兖矿集团发布公告,拟以存托凭证方式置换兖煤股东 22% 的股权。由于兖矿集团已持有兖煤 78% 股权,一旦上述换股交易完成,兖煤将成为兖矿集团 100% 的控股子公司,而后者也将从澳大利亚证券交易所退市。消息一出,马上在澳引起轩然大波。如前所述,09 年兖煤收购菲利克斯资源时,属地上市是 FIRB 开出的先决条件,因此,退市也就必须得到 FIRB 的批准,类似兖煤的情况并无先例,FIRB 是否会阻挠仍是未知之数。

再次,8 月份兖煤发布 2013 年半年度业绩公告,公司上半年亏损 7.49 亿澳元,而去年同期盈利 4.10 亿澳元。根据兖煤,公司转盈为亏的主要原因是澳元贬值引来巨大的汇兑损失以及由于煤炭价格下跌而引起的资产减值损失。

最后,9 月新南威尔士州 Camberwell 小镇的居民把兖煤告上了环境法庭,该镇居民称,兖煤澳大利亚煤矿场的扩建损害了小镇的水质和空气质量,对居民的健康造成损害,要求环境法庭推翻之前州政府对项目的批准,禁止兖煤澳大利亚对矿场的扩建。

毋庸置疑,兖煤 2013 年面临的一系列问题与煤炭市场的持续疲软分不开。这一点可以从兖煤的企业战略中看出来,2012 年 4 月兖

---

① Sarah-Jane Tasker, "Yancoal Looks for New CEO", The Australian, February 12, 2013, http://www.theaustralian.com.au/business/mining-energy/yancoal-looks-for-new-ceo/story-e6frg9df-1226575732446.

煤还集中于扩大煤炭产量及寻找可能的并购机会,2013年8月的上半年公告中兖煤已经把企业重点放在削减成本和提高生产力上。兖煤还预测下半年全球煤炭市场运行仍将艰难,冶金煤和动力煤价格都将保持疲软。然而,兖煤策略的改变似乎有点晚了,实际上一些矿业公司从2012年就已经开始努力产生现金流并保持低成本。这些方面体现了兖煤在判断市场、分析全球煤炭市场变化信息方面仍需加强。

不可否认的是,宏观市场变化可能只是一种催化剂,让企业内部的矛盾显示出来。首先,在公司治理方面,可以说是兖煤在澳遇到的一个挑战。作为国企的兖煤,在中国所熟悉的公司治理做法,到了澳大利亚以后必须要进行调整。尤其作为上市公司,兖煤要遵守澳大利亚证券交易所(ASX)公司治理委员会发布的《公司治理原则与建议》,按要求设立董事会的结构,建立及披露董事会和管理层的职责,确保财务报告的完整性,及时披露信息,尊重股东权利,识别管理风险,及建立公平的薪酬体系。对兖煤来说,如果企业原来的公司治理模式与新的要求相差甚远,要在短时间内调整必然给企业带来沉重的合规负担和成本。例如,在上市以前,兖煤的高层管理者由不超过20人的中方代表组成。这些中方管理者负责与中国股东交流,决定投资方向,及发掘好的投资机会。而在上市以后,公司的决定则要董事会全体通过,而对于公司董事,《公司治理原则与建议》就有严格的要求,它规定在上市的澳大利亚公司至少应有9名董事,三分之二的董事应为独立董事。至少两名董事持有澳大利亚绿卡或具有澳大利亚公民身份,主席应为独立董事,主席和执行官不能是同一人,绝大多数董事会的董事应为独立董事。如此一来,上市以后兖煤原本高层管理者的集中高效的决策方式不但无法发挥出优势,而且还可能还引起其他管理者的误解。

另外,兖煤的经验也提醒中企需要注意高层管理团队的融合。中国与澳大利亚的体制环境有很大的差别,需要对两种体制的尊重和理解。企业不能因为在国内很成功,就照搬国内的一套管理方法。在澳投资应把中方在技术和资金上的优势与澳方在商业和管理方面的优势结合起来,双方的高层管理人员经常交流,一同共事,这样才能做出更好的决策,获得成功的投资回报。最后,兖煤在新南威尔士的项目遭到 Camberwell 小镇居民的反对,体现了目前在发达国家运行资源项目的环境和社会要求越来越高。企业不单要努力地减少资源开采的环境影响,还需要积极改善自身声誉,主动地投资于所服务的社区。

第八章 从缅甸密松电站看冲突风险的迷局与出路

蒋 姮

近年来,一些曾被我国企业认为具有地缘政治优势而投资踊跃的高冲突集权国家正转化成高风险投资地区。以缅甸密松电站项目为代表,中国投资似乎正被摆到这些国家民意的对立面。我国传统的外交和海外投资模式中过于依赖高层,导致对其他利益相关者的了解和重视不足。公共关系处理上这种极不平衡的状态,很容易在目前反政府民主风潮的动荡形势下受到牵连。

未来5年,我国对外直接投资计划年均增长将在17%左右,特别是资源能源类投资仍将处于迅速发展时期。在全球政治的风口浪尖上走钢丝,需要更加平衡的战略思想。当下需要对高冲突国家不断加剧的官民冲突高度重视和认真评估,需要在重视传统上层路线之外,平行开辟第二条道路,大力加强海外群众路线,从而缓解冲突风险的威胁。

一、冲突风险的机理剖析

高冲突国家并没有统一的定义。根据联合国全球契约《在受冲突影响与高风险地区负责任商业实践指南》,"受冲突影响"和"高风险地区"包括四类国家、地区或区域：一是目前并没有经历严重程度武装暴力，但政局和社会仍不稳定，并且存在一系列可能构成未来动乱爆发的因素；二是目前严重暴力冲突不存在，但有关于人权、政治和公民自由的损害问题受到关切；三是当前暴力冲突，包括内战，武装起义、跨境战争和其他类型的有组织暴力，正在发生；四是当前在从暴力冲突向和平进程转化，这个过程有时被称作"冲突后"时期，然而在这个时期，局势依然高度不稳定并易回到暴力冲突状态。

（一）冲突成因与"资源诅咒"

20世纪80年代以来，一些经济学家开始注意到冲突与资源之间的紧密关联性。1993年，奥蒂（Auty）在《丰富的资源与经济增长》一书中，在研究产矿国经济发展问题时第一次提出了"资源诅咒"（Resource Curse）这个概念，资源诅咒指与矿业资源相关的经济社会问题。丰富的自然资源可能是经济发展的诅咒而不是祝福。即丰裕的资源对一些国家的经济增长并不是充分的有利条件，反而是一种限制。

近年来世界上三大战事分别发生在塞拉利昂、利比里亚和刚果，都是资源惹的祸，导致了约500万人的死亡以及这些国家基础设施几乎完全破坏。结果，国际社会不得不为此买单，联合国有史以来花钱最多的维和行动就在这三个国家。

研究发现，在非洲、拉丁美洲和亚洲的大多数经济贫穷的资源依赖型国家里，资源采掘与贫穷和冲突之间均出现关联性。资源具有地理依附性，通常富藏于边远地区，在一片赤贫中形成"财富岛"，所以采掘业比其他行业更常卷入冲突，冲突与资源之间结有不解之缘。好莱坞电影《血腥钻石》（*Blood Diamond*）形象地讲述了发生在西非塞拉利昂围绕钻石矿山控制权发生的战争及其给当地人民带来的后果。德国海因里希·伯尔基金会研究报告《自然资源与冲突》中，揭示了自然资源与冲突之间有以下的关联规律。

1. 自然资源丰富的国家大多冲突激烈

资源的开发加大了生态环境的压力,城市环境问题突出,污染治理水平差。脆弱的自然环境状况不仅阻碍了地区潜在优势的发挥,而且成为经济发展的主要障碍。在资源接近枯竭时,经济发展的可持续性受到了严峻的挑战,由此引发了大量的失业和社会不稳定问题。自然资源在过往成为了战争和冲突的目标或工具,将来还将如此。交战双方需要钱,往往为此不择手段。

资源甚至能影响战争的进行,Philippe Le Billon 2007 年在《资源战争的地缘政治学》一书中,以安哥拉为例进行了阐述。在安哥拉案例中,反对组织 UNITA 通过中国及一些西方工业化国家的援助以及黄金、木材、野生动物和钻石贸易等多种渠道获得资金。冷战结束后,UNITA 又通过其控制的钻石矿的收入支持军事战争。在 26 年内战中,交战双方都大肆通过矿业收入敛财,这虽然不是战争的原因,但是在为战争提供经济支撑方面发挥了关键作用。

2. 自然资源丰富的国家大多增长缓慢

大多数自然资源丰富的国家比资源稀缺的国家增长更慢。Sachs 和 Warner 在 1995 年构建 Sachs-Warner 模型(简称 S-W 模型),对"资源诅咒"这一假说进行了开创性的实证检验。他们选取 95 个发展中国家作为样本,测算自 1970—1989 年这些国家 GDP 的年增长率,结果发现仅有两个资源丰裕型国家年增长速度超过 2%。回归检验表明,自然资源禀赋与经济增长之间有着显著的负相关性,资源型产品(农产品、矿产品和燃料)出口占 GNP 中的比重每提高 16%,经济增长速度将下降 1%。即使将更多的解释变量纳入回归方程,比如制度安排、区域效果、价格波动性等,负相关性依然存在。

3. 集中性资源经济体冲突更大

根据资源地理分布集中度的不同,自然资源可以被划分为集中性资源(Point Resource)和扩散性资源(Diffuse Resource)。集中性资源(如矿产资源)经济体更容易遭受资源的冲突诅咒。因为政府可以通过集中开采直接获取大量收入,进而滋生一个腐败和掠夺性的政府,而对于类似农业耕地这种分散性资源,国家财政收入只有依靠从企业或个人的征税中获得。为了能够赢得公众政治上的支持,政府必须更加追求发展的持续性、政策的一致性和增加国民福利等政治目标,因此,"资源诅咒"的冲突现象在主要农业国表现得并不十分明显,但是在矿产资源丰富的国家表现十分明显。

4. 资源业比重大的经济体冲突更大

当资源采掘业在 GDP 中占比很大时更容易出现冲突。冲突与一些资源采掘之间的联系并非总是非常清楚,一个国家的资源财富并非必然导致暴力冲突,挪威和加拿大就是例子,博茨瓦纳和智利也不典型。对文莱、迪拜、科威特等人口较少的石油大国也不适应,这些国家可以将大量的石油出口收入用于购买社会和平。但是总体上看,资源富国比资源穷国更容易出现冲突情况。特别是当资源采掘占了一个国家 GDP 很大比重(大约30%)的时候,即一个国家大量依赖金属矿石、油气等大宗商品的出口的时候。比如安哥拉、利比里亚和塞拉利昂,钻石贸易甚至为这些国家的战争提供资金,这就是国际上谴责的所谓"冲突钻石"贸易,并继而推出了金伯利机制。

(二)冲突风险的激发因子

高冲突国家往往存在以下国情:侵犯人权行为;非法或不具备代表性的政府的存在;缺乏平等的经济和社会机会;系统性的对某公民群体的歧视;缺乏政治参与;对包括自然资源在内的收入的非妥善管理;腐败盛行以及充斥高度风险和责任的长期贫困。[1]

这种国情内部蕴涵着许多额外的风险因子,各方面都存在复杂的冲突隐患。

---

[1] 联合国全球契约:《在受冲突影响和高风险地区负责任商业实践指南》,联合国全球契约办公室,2010年,第6页。

1. 法律政策不稳定

高冲突国家经济长期处于落后、附属地位,没有成熟的市场经济机制,碰到经济问题时不是履行国际惯例,而是为了维护本国利益采取极端措施。八九十年代一些拉美国家大规模私有化改革是典型案例。私有化改革曾经一度使得拉美国家经济迅速发展,但社会资源的极度分配不均也导致了中下层民众的不满,并最终使得拉美国家在2000年左右爆发了大规模政治危机。随后,拉美左翼政党相继上台,先后废除了全面私有化政策,以委内瑞拉为首的拉美国家随后采取严格的国有化政策,大量外资企业资产被低价甚至强制没收,许多投资无法收回。

2. 财政货币不稳定

冲突国家的国家财政储备大多比较薄弱,一旦出现经济危机,其自身外汇、黄金储备无法平抑物价,导致货币容易出现大规模贬值。津巴布韦货币危机是典型案例。根据津巴布韦央行2008年公布的数据,该国通货膨胀率高达百分之二百二十万,从而使其成为世界上通胀率最高的国家。外电报道,由于津巴布韦货币急剧贬值,美元对津元的比价由当年年初的1比5300急剧升值至1比1200亿。① 如此不稳定的货币很容易使得投资者血本无归。

3. 社会社区不稳定

冲突国家社区冲突容易呈现暴力状态。以非洲为代表的部分国家,其治安环境极度恶劣,往往无法保证外来投资者人身安全。世界银行估计,尼日利亚3400亿美元的石油收入中,80%被这个国家1%的人口瓜分,大多数人口仍处在绝对贫困线下。愤怒的武装组织将积怨发泄在石油公司身上,绑架事件经常发生。并且一旦发生,必然会附加针对外国企业的抢劫、冲击等活动。哥伦比亚内战反叛组织

---

① 《津巴布韦中央银行将实施货币改革》,新华社哈拉雷2008年7月26日中文电,http://news.xinhuanet.com/newscenter/2008-07/27/content_8779145.htm。

ELN向企业勒索钱财,威胁不给钱就炸企业的运输管道。1989年11月,大型潘古纳铜金矿的所有者拒绝布干维尔岛居民提出的补偿要求,20多年来该矿山收入占巴布亚新几内亚出口收入的几乎一半。矿业主拒绝矿山所在区农民要求补偿相关环境损害要求的理由是:损害没经科学证据证实。当地社区通过破坏矿山来发泄怨恨。矿山被迫关闭,政府封锁该岛进行镇压,但很快导致冲突激化成公开的战争,超过1万人为此丧生。在利比亚,中资企业撤离之前,有27个企业工地、营地遭到暴徒袭击抢劫,部分人员受伤。2007年4月24日中国石油公司在埃塞俄比亚项目遭200多名不明身份武装分子袭击并抢劫。① 这种现象在非洲并非个案。

4. 极端主义蔓延

经济恶化,贫困、失业严重和两极分化的加剧造成国内阶级矛盾的尖锐化,成为宗教和民族极端主义滋生和蔓延的国内根源。这种情况下,一般民众容易走向极端,将这些问题的产生归根于外国人。中国企业生产成本低、技术水平高、劳工素质好,其大量涌入往往使一些高冲突国家企业无力与其在本土市场和第三国市场上竞争,部分当地人对中国人的存在颇为不满,进而采取包括抵制、抗议甚至武装袭击的形式发泄心中的不满。

(三)冲突风险的高危特点

高冲突国家的投资风险具有高危性,一旦爆发往往容易引起"鸡飞蛋打"的巨大损失,这是冲突风险本身的特点所决定的。

1. 冲突的复杂性

相对而言,一些发展中国家内部拥有非常严重的社会、民族、宗教与地区问题,包括教派冲突、分裂主义、正当斗争等一系列的激烈

---

① 《中国驻埃塞大使馆称袭击中幸存者已安全转移》,腾讯网,2007年04月25日, http://news.qq.com/a/20070425/001964.htm。

社会问题。内部长期的社会分化,导致了内部政党间缺乏像欧美国家之间的合作机制,其斗争往往也具有相当严重的冲突性。特别是在大选之年,一旦总统轮换政府更迭,往往出现全盘换牌的情况,对上届政府签订的合同全部重新审查,好多项目被由此拖黄,损失却由投资者承担。由于政治、历史、宗教等原因,更多发展中国家之间也发生武装冲突,比如泰国、柬埔寨之间的柏威夏领土冲突等。2012年有59个国家和地区领导权变更。那些民主化程度不高、体制不完善、市场化程度不高的发展中国家,在大选之年往往更是出现冲突加剧、政权不稳,发生军事动荡的几率增加。

2. 冲突的潜伏性

虽然冲突风险具有剧烈的致命性,但是在企业进入时它们却往往呈现潜伏状态,并无特别显性的特征。这是因为高冲突国家对外资的准入门槛低。其政治、社会、法制等方面的种种内部缺陷,导致当地社会标准要么较低,要么缺失,一些社会问题在投资进入阶段并没有体现在法律框架或政府要求当中,初期就没有风险屏蔽工具。这种容易使人麻痹的特点,导致冲突风险具有更高的危险性,因为最大的风险往往是没有认识到风险的存在。

3. 冲突的破坏性

高冲突地区较为腐败的政治框架往往不鼓励投资企业与社区沟通,导致一些社会冲突在投资初期对于没有经验的投资者仍然处于深度隐藏状态。小的冲突由于长年累月的叠加累积,而最终呈现极高的破坏性,一旦爆发就往往给投资项目的存续、投资机构和人员的安全带来颠覆性挑战。中东、北非局势持续动荡下,在非洲、中东等自然资源丰富地区拥有大量投资、工程承包、基础设施建设的中国企业已经体会到此种风险的恶性程度。

二、我国海外投资面临的冲突风险

根据经济学上"资源诅咒"理论,资源丰富的国家,往往国内利益格局复杂、争夺激烈。少有的那些冲突低而资源多的国家（如加拿大、迪拜等）早已被发达国家所掌控，中国企业很难有投资空间。所以资源驱动型的中国海外投资大多走向了高冲突国家。

（一）我国海外投资结构的高冲突偏向性

我国企业之所以遭遇冲突风险的频率较高与我国海外投资结构有关。

1. 我国海外投资行业结构的高冲突偏向

根据商务部、国家统计局、国家外汇管理局联合发布《2012年度中国对外直接投资统计公报》。2012年，在全球外国直接投资流出流量较上年下降17%的背景下，中国对外直接投资创下流量878亿美元的历史新高，同比增长17.6%，首次成为世界三大对外投资国之一。投资存量达5319.4亿美元，位居全球第13位。

我国海外投资显著的一个特点是投资存量在自然资源行业高度集中。根据2011年的统计数据，能源和电力业占据了将近一半（1022亿美元，占总额的47%），其次是采矿业（28%）。能源、电力和采矿等自然资源业总计占了中国海外投资的四分之三。

根据国际经济学中"资源诅咒"（resources curse）理论，资源丰富的国家，往往是国内利益格局复杂争夺激烈的高冲突国家，例外是迪拜、加拿大等人口特别少资源又特别丰富的国家。而自然资源类投资往往正是高冲突国家的冲突之源，对民生和环境的潜在压力均较大，容易引起社会冲突。

自然资源领域经历了70年代的资源危机，80年代和90年代的环境和社会危机后，全球舆论和社会价值观开始抵触资源业，导致资源开发业在全球范围内遇到了空前的社会冲突危机。随着全球金融危机带来的全球政治和社会动荡，"资源诅咒"效应更是凸显。以在利比亚、叙利亚、苏丹、埃及、缅甸等国所遭受的巨大损失为代表，我国资源业海外投资的社会冲突风险问题正成为我国海外投资中面临的首要挑战之一。

2. 海外投资区域结构的高冲突偏向

从投资区域看,我国海外投资区域结构也高度集中。2012年末,中国对外直接投资存量前20位的国家地区存量累计达到4750.93亿美元,占总量的89.3%。2011年,直接流向发展中国家(地区)的投资为612.3亿美元,占82%。无论流量还是存量上,亚洲地区一直占有中国海外投资的主要份额。近几年,对非洲的投资也迅速增长,2008年对非洲的投资流量曾超过亚洲跃居第一。

究其原因,我国处于工业化中期并正在向后期过渡,工业基础雄厚,部门齐全,部分行业产能严重过剩,需要优化产业结构、转移过剩生产力。而亚非发展中国家大多处于工业化初期,经济以农业、采掘业、原材料为主,工业部门普遍不均衡。比如在非洲,除个别国家外大多数国家亟须发展工业部门,缺乏工业制成品,需要技术、设备、资金。近年来随着国内制造成本,特别是资源能源成本的不断上升,中国与亚洲和非洲的这种经济互补性越发明显。

然而,我国投资高度集中的亚非大陆恰恰有较多高冲突国家,典型的是缅甸、柬埔寨、老挝、巴基斯坦、安哥拉、苏丹、利比亚、叙利亚、埃及、刚果金等。在2010年中国对外直接投资存量排名中,中国对典型的高冲突国家缅甸的投资排在第12位。如果不算对三大自由港的投资,则排名在第9位。

(二)我国海外投资高冲突偏向的成因

高冲突地区经济不发达,政治腐败、利益争夺激烈,但往往资源丰富,基础设施亟待大规模开发,与我国产业优劣势有较大匹配性。而且高风险之下,去当地投资的企业不多,竞争激烈度不高,利润高。总体上看,以下几个方面对中国企业诱惑尤其大:

1. 准入门槛较低。西方发达国家目前对于资源高度重视,无论是在直接进口还是在海外投资方面都严格对中资企业进行限制。最典型的案例就是中海油收购美国优尼科石油公司因为"国家安全"原因遭到美国国会的否决。与此相对应的是,随着全球能源问题的加剧,各发展中国家目前大力寻求外资开发其大量未开发的资源,借此获取经济发展的资金、技术。以非洲国家为例,外资投资已经成为当地经济发展的主要推动因素。发展中国家因而大都十分欢迎包括中国在内的外国投资。北非、拉美等国为了吸引外资大都采取了类似我国改革开放初期实行的各种优惠政策(包括税收减免、基础设施建设以及简化生产经验程序等)。

2. 西方排挤效应。一百多年前就开始了海外扩张的西方跨国公司对海外优质资源市场早已先行占据,特别是在能源基建等领域。另一方面,在西方发达国家,目前"中国威胁论"大有市场,许多西方政客出于各种目的,对中资企业正常的经济投资也往往大加批判,将其与中国"威胁"论扯上关系。而在民间,西方民众在一定程度上对于中国的崛起还抱有偏见,同时"中国制造"在全球市场的价格竞争力导致了许多西方企业的衰退,这也导致了一些西方民众、商人反感中资企业,更有甚者会在一些反华分子的怂恿下采取极端措施。最典型的莫过于发生在西班牙、意大利的烧毁中国鞋子的事件。

3. 高层战略互动。早在新中国成立之初,出于意识形态等方面原因,中国向非洲、拉美以及东南亚地区进行了长期大规模的经济援助。中国接触这些受冲突影响的国家的事务是基于中国外交政策的某些核心原则,特别是不干预别国内政原则,在地缘政治上有一定的传统优势。

(三)冲突风险的发展趋势

"资源诅咒"效应下,在很多国家,来自自然资源的金钱往往与贫困、冲突和腐败相连。中国公司在这些国家和地区经营需要直面因社会冲突而带来的许多额外的投资风险。没有经验的投资者意识到冲突风险存在的时候,往往已经身陷风险漩涡无法抽身,人员、资产和机构面临巨大安全威胁。

1. 近年来冲突风险频发

根据外交部领事司数据,2011年我国有关部门处理各类领事保护案件约3万起。国家信息中心数据显示,利比亚事件中,中国承包的大型项目50个,涉及合同金额高达188亿美元,这些投资主要集中在基建、电信领域。动荡局势和突然停工让中方公司损失严重,包括固定资产和原材料损失、难以追回的工程垫付款、撤离人员安置费用等。仅中国中冶、中国建筑等四大上市央企发布的公告中,累计停工合同金额就达410.35亿元。

2012年,我国境外施工人员接连发生遭劫持和绑架事件:1月28日,29名中国工人在苏丹遭劫持;31日,25名中国工人埃及又遭劫持。

2011年9月底,投资规模2200亿人民币号称"海外三峡"的密松大坝项目以"民意"的名义被缅甸总统吴登盛叫停。

2. 高冲突国家步入风险高发期

研究认为,高冲突国家未来可能步入风险高发期,在某些地区冲突风险可能一触即发,这有国际经济、技术、政治、规制等多方面的原因。

(1) 全球经济形势的影响。发展中国家受金融危机的冲击远大于发达国家。发展中国家社会发展基础薄弱,社会保障体系不健全,贫困现象严重。发展中国家除了面临西方转嫁经济金融负担外,还面临信用紧缩,外国直接投资下降,官方发展援助减少,资源产品价格下跌等困难。出现大批失业者和非正规就业者,贫困人口激增,赤贫现象日益严重,社会治安持续恶化。金融危机演变为社会危机的最直接因素,通常是企业倒闭、裁员所导致的失业问题。国际劳工组织估计,受金融危机冲击,全球失业人口2008年一年新增2000万人。全球经济持续低迷,导致贫困人口不断增多,爆发更大规模的社会危机难以避免。据一些国际智库的研究,未来5年可能是全球第三轮民主浪潮汹涌、政局动荡的五年。

(2)全球信息技术发展的影响。目前"阿拉伯之春"等全球政治动荡,以及缅甸等国看似突然的民主转身都非偶然,而是传统与非传统安全因素交织,固有内外部矛盾长期累积,在新的信息技术革命浪潮激荡下的必然结果。2006年是世界微博元年。据统计,至2011年10月的短短几年间,中国微博用户总数就至少达到2.5亿人。微博使得个人可以通过各种客户端轻易组建个人社区,并实现信息即时分享,人人成为小喇叭。草根力量迅速崛起,对高冲突国家往往比较腐败的政府,形成强大的冲击。

(3)全球治理环境的变化。研究显示,金融危机之后全球规则体系悄然发生了重要变化,我国海外投资企业成为全球治理的焦点之一。从美国反海外腐败法的执法情况看,跨国公司在华企业成为焦点,2008年在全球查处的共计35项FCPA案件中有5项涉及中国,占比14%。2009年共计44项案件中有10项涉及中国,占比23%,2010年的数据看,占比将近30%。美国虽1977年就制定了《反海外腐败法》(Foreign Corrupt Practices Act, FCPA),但近两年来通过创新执法理论和执法手段,大幅强化了法律执行的力度,无论是立案件数还是处罚金额均大幅上升。为了支持法律的执行,2010年7月美国新出台了《多德-弗兰克华尔街改革与消费者保护法》,规定一旦举报跨国公司违规情况被证实为真实,告密者将得到跨国公司罚金的10%—30%作为奖励。这一新的检举奖励规定很快带来了美国证交会更多的执法诉讼,其效果在未来还将不断凸显。

(4)风险认识能力的欠缺。近几年,我国已经有中交、中建、中国地质工程等至少13家大型企业因为在一些高冲突高风险国家的项目中被世界银行认为有腐败、欺诈、操纵竞标等行为而进入世界银行黑名单,制裁期2—8年不等,但这并未在企业界引起足够的重视和探讨。金融危机之后随着一些主要国家不断出台新的法规和执法举措,国际规制环境发生了很大变化。根据国际四大会计师事务所之一的安永公司的连续5年的调研报告显示,其中4年,由于全球规制环境变化导致的合规风险都被大多数全球公司列为十大风险之首。但中国公司只将这类风险列到第七位,说明尚未高度重视新型风险,认识不到风险可能正是最大的一个风险。

三、缅甸密松电站项目冲突风险的识别

缅甸属于典型的高冲突地区。缅甸拥有135个民族,国内的民族矛盾极为尖锐,利益格局极为复杂。缅甸前总统奈温曾说,"缅甸有多少个少数民族,就有多少支反政府武装"。

（一）国别冲突风险分析

中国电力投资集团在缅甸投资建设伊洛瓦底江上游密松水电站,位于缅甸北部的克钦山区,是中电投投资兴建的缅甸伊洛瓦底江上游密支那以上流域7个梯级电站中的第一座,位于迈迪开江与恩梅开江汇合处,工程项目总装机容量2150万千瓦,总投资37亿美元,是缅甸最大的水电站,号称"海外三峡"。

缅甸多年处于战火煎熬。据公开资料,缅甸内战自1960年开始,军事强人尼温夺取政权,建立军事独裁,否决少数民族的自决权,开始缅甸同化政策,致使缅甸陷入50多年的内战。停战协议和特区模式虽为缅甸换来了20年的相对和平,却形成了"国中之国"的地方割据,并未真正解决缅甸国内的民族矛盾。比如自1994年后,缅军丹瑞政府公开承认克钦政府为克钦邦"第二特区政府",克钦党（KIO）、政（KIC）、军（KIA）实际控制克钦邦80%以上领土和资源,但缅甸政府与KIO之间的冲突并没有消除。

（二）项目冲突风险分析

缅甸密松电站坝区处于KIA和缅甸中央政府武装双重控制地区,坝区内KIA与缅甸政府军的控制区域呈现犬牙交错态势。这从

一开始就卷入了冲突格局,埋下了冲突风险的隐患,使得企业面临紧张局势的干扰。

2011年3月16日,KIO公开致信我国前国家主席胡锦涛,表示密松电站的继续建设可能导致冲突升级为全面战争。

2011年5月27日,缅甸总统吴登盛访华前夕,KIO联合书记La Nan在接受媒体采访时表示,如果中国帮助缅甸中央政府向KIO施压,则"要先照看好"中国在克钦邦境内的水电、玉石、采矿等投资。

2011年6月9日,缅甸政府与KIA整编谈判最终破裂,KIA要求缅甸政府军在6月13日之前,撤出KIA的军事据点附近地区,这一最后通牒遭到了缅甸政府军的回绝,随即,KIA炸毁了与中资太平江水电站相连的一座桥梁,即宣告结束了与缅军自1994年以来长达17年的停火状态,战火重新燃起。

交战的缅甸政府军和KIA均大打中国牌,保护中国投资成为缅军挑衅行动的一个重要借口,KIA将领也以控制区内中国投资的安全相威胁。冲突开始后,交战双方均通过派人前来或写信的方式征求意见或要求调停。

四、缅甸密松电站冲突风险应对的国际比较及启示

在高冲突地区经营,任何企业都会面临更多难以解决的困境。我国走出去战略必然要经历一个逐步探索和完善的过程。我国实施这一战略只有十来年时间,基本上仍处于初级阶段,对海外投资环境存在的问题和风险缺乏全面的了解和应对经验,对高冲突地区复杂的风险更是应对无力。但西方跨国公司在一百多年前就进入了这些国家,积累了更多的经验教训,值得我们深思和参考。包括采纳包容兼顾的用工政策,以促进族裔和社区间的融合;制订针对"经济金字塔底层"的商业战略,以增进人权、劳工、环境和反腐败方面的最佳实践;建设真正有利于当地社区发展的基础设施,以促进社区发展;给予弱势群体和受冲突影响的人群特别考虑,以创造就业机会和促进

社会公平;等等。

(一) 投资利益分配

克钦中央委员比萨在媒体公开表示:"2011年引发冲突的太平江和密松等中国水电站问题,是因为在克钦的地盘上修电站,根本就没有问过我们的意见,也没有给我们利益的打算。克钦地区的事情很复杂,外国企业不能只依靠缅甸政府做事,而把克钦抛到一边。"缅甸军政府对中国在缅北投资利益的独断分配最终令我国投资企业被视为造成不公的共谋及不公行为的受益者,成为紧张局势和暴力事件的焦点,甚至招致国际关注,影响企业运营和名誉。

国际比较:相比而言,联合国全球契约《在受冲突影响地区负责任投资指南》中的如下案例,推荐了相关领域冲突风险管理的最佳实践:

> 一家有意在中东某国家经营油气业务的跨国企业,在与当地政府进行谈判之前充分认识到了政府利益分配的敏感性,并采取了相关措施。一是要求对其中一个项目重新划定边界,以使其完全隶属该地方政府认可管辖的范围之内。二是与政府协商,在一段协定的时期后,企业可选择离开此项目,以便为地方和中央政府留出足够时间解决有关利益分配协议的重大法律和政治问题。三是与地方政府就公开透明做出共同承诺,提倡尊重和支持自愿性的国际最佳做法,例如采掘业透明度原则或安全和人权自愿原则,宣示鼓励公开透明并支持保护人权。四是将向地方政府支付的支持基础设施和能力建设的资金向公众公开,通过澄清和政府机构之间的关系,降低了企业风险。

上述案例的相关启示是:密松电站处于KIO控制区内,水坝淹没地区在KIO的地盘,项目涉及库区移民搬迁、征地、公路桥梁建设、砂石料开采、淹没区矿产和森林资源开采等诸多问题,都与"克钦特区政府"和克钦军民有直接关系。此种情况下,企业应在签订协议之前,在本地和国际层面采取尽职调查措施,识别和测评针对投资利益分配的相关风险,并采取措施尽可能降低风险,比如兼顾考虑存在50多年的 KIO 的意见。

(二) 企业信息披露

关于密松水电项目掠夺资源的一些说法最能挑动缅甸民众情绪:第一个最大担忧是,密松电站建成之后,在 BOT 期间内,90% 的电力将输往中国这种公平的商业交换行为,被认为是中国借机掠夺缅甸资源。

第二个重大担忧是密松电站一定会破坏缅甸的生态环境,认为伊江上游目前存在的森林砍伐、水土流失、雨季洪水、旱季缺水等一系列问题,将在密松水电开发后进一步恶化。据国内外专家的研究,其实水利水电开发也是解决生态环境问题的出路之一,水电开发程度越高的国家和地区,生态环境越好,经济越发达,社会越进步。雨季的洪水与旱季的缺水,是水资源时空分布不均造成的,目前人类社会无法很好解决这一问题,通过建造水库,可以把雨季的洪水存储下来,留到旱季使用。密松 7 级电站的水能资源大约相当于每年 5000 万吨原煤,每年可减少一亿吨二氧化碳的排放。科学开发建设密松水电站也是保护缅甸伊洛瓦底江生态环境的重要举措。

第三个重大担忧是密松大坝的安全问题。实际全世界所有的发达国家,全都无一例外地仍然采用大型水库蓄水的办法解决各国水资源时空分布不均的矛盾,大量事实可以证明当代的科技使得大型水坝的安全性有了很高的保障。

在利益争夺剧烈的情况下,缅甸军政府一直以来采取对言论和资讯高度管制的办法,被一些西方国家称为"东南亚看不见的国家"。密松大坝项目在缅甸直至开工仪式后才允许媒体进行非常有限的报道,我国投资企业在当时情况下也难以进行有效的澄清和解释,各类误解因而越积越深,直至冲突大爆发。

相比而言,《CDA勘探业冲突风险防范指南》中的如下案例,推荐了相关领域风险管理的最佳实践:

> 在西非某勘探地区,一企业的勘探团队需要取得一片区域用于停放直升机,以进行空中考察。勘探团队向社区酋长介绍了企业的目的,并直接明确提出:将在调查期间按月给社区交付地租,并从社区中聘用两人作为保安人员。社区酋长召开了社区会议并宣布了这项决定。团队认为交涉十分顺利,并且对资助社区中心建设的计划很有信心。然而,社区酋长的兄弟并没有参加社区会议,他直接向警方控诉,表示企业勘探队的行为从未获得社区允许。
>
> 在了解到当地政府实行酋长制时,企业勘探队默认酋长即代表整个社区的利益和立场。但在从社区成员处了解了社区内是如何进行决策和沟通以后,企业意识到不应该想当然地认定酋长能够真正代表整个社区的意见,也无法确定酋长是否将企业与社区间的协议进行了正确有效的传达。企业勘探队进而意识到应该在公众会议的场合下与酋长沟通,才能确保没有人会被排除在决策过程之外,甚至以此为理由对企业的勘探项目加以阻挠。

上述案例的相关启示是:缅甸民间对包括来自中国的外国投资项目整体上有怨气,这主要是因为军政府大肆拦截了跨国投资给当地少数民族人民带去的利益,使得企业背上黑锅。在法律和商业限制范围内,企业应提升与东道国政府关系的透明度,澄清误会、消减怨恨;可以建立正式的申诉程序让受影响的相关方可以向企业反映问题,以应对由不满引起的问题和因暴力诱发的犯罪,同时及时掌握冲突情况,适时缓解风险。

透明的底气来源于合规反腐,腐败包括行贿受贿、回扣、勒索、保护费、疏通费、诈骗、洗钱、政治和慈善捐款贪污等形式,有计划、有步骤的长期腐败行为往往会加剧群体间的不满。应完善并认真实施企业合规内控制度,建立针对具体贿赂问题的详细合规政策,设置健全的合规管理程序,将选择当地承包商的招投标程序透明化,合规反腐制度也应适用并宣讲于企业的合同方,包括政府、当地供应商、合资伙伴、代理商、社区组织等。

(三)社区沟通协商

我国企业之所以冲突意识淡薄,主要是因为我国国内的投资环境和政局比较稳定,利益格局也相对稳定,利益争夺较少呈现极端暴力状态,政府往往成为各个利益相关方的交汇点和稳定器。在国际经营经验不足的情况下,我国企业习惯于将国内重上层路线的经营模式搬到海外,有些企业一味重视政府关系却忽略与非政府组织和媒体等重大非政府利益相关者打交道。

在冲突国家,社区和媒体却往往是不容忽视的重要利益相关方,有强大的社会影响力和公信力,和西方媒体与国际机构之间保持密切联系,使得在这些国家投资和经营的企业长期面临来自劳工、环保和人权方面的实际压力与监督,成为社会利益制衡机制中不可或缺的重要一环。如 Bank-Track 就专门跟踪私营银行的运营和对社会及环境的影响;Bank Watch 专门监视中欧和东欧地区的公款;雨林行动网(RAN)专门抗议花旗银行向破坏热带雨林的活动提供资金。

本案中,我国企业对缅甸的研究和了解主要依靠当地官方渠道,官方报道所给予的歌舞升平印象背后掩盖了其他利益主体争夺激烈的真相,因而阻碍了我国企业对利益相关方及投资风险的全面认识。各种非政府利益相关者将民众对军政府的不满嫁接于密松水电项目,利用非政府组织、互联网络技术及私营媒体等扩大负面形象和推动反对声浪。由于缺乏沟通,企业在早期无从及时察觉这些冲突,更无从建设性地、有效地及时处理冲突,导致冲突日益累积恶化,不满人群不断扩大,关系日益紧张。

有资料显示，对密松水电站建设反对声音最强的群体不是直接受大坝影响的当地村民，更多的是集中于仰光、内比都以及泰缅边境的人士，其中包括政府内部各方派系、民盟在内的各种缅甸反对派势力和非政府组织。自 2008 年之后不断活跃起来的缅甸民间组织，借助水电环境议题，寻求政治体制上的变革。比如缅甸非政府组织"缅甸生物多样性与自然保护协会"（Biodiversity and Nature Conservation Association）曾公开了一份密松大坝环境影响评估报告，被西方舆论认为是缅甸政府被迫搁置密松大坝的关键因素。这份报告的英文全文被另一非政府组织"缅甸河流网"的网站刊载，进一步助长了缅甸民间的反坝情绪。而缅甸全国民主联盟（NLD）领导人昂山素季在 2011 年 8 月发表一份《伊洛瓦底请愿书》，呼吁中缅双方重新考虑水电建设事宜，将反对风波推至高潮。

外部利益相关者也卷入其中。据美国的维基揭秘网站，美国向阻挠密松坝项目的团体提供了资助。据英国《卫报》网站，美国的一份外交电报显示，美国驻仰光大使馆资助了缅甸的一些公民社会团体，后者迫使政府暂停在伊洛瓦底江建设一座引人争议的中国大坝。

不同利益集团各自有不同的政治诉求，在其通过密松电站扩大影响力的同时，冲突不断升级。在缅甸新的民选政府上台后，为了取悦民意，首先拿民意反对意见较大的项目开刀。2011 年 9 月 30 日，密松电站项目最终成为军政府的替罪羊。缅甸联邦议会宣布吴登盛总统在其任内（至 2015 年）搁置该项目，称："缅甸政府是民选政府，因此，我们必须注意人民的意愿，我们有义务把重点放在解决人民的担忧和顾虑。"

针对相关领域的冲突风险，联合国全球契约《在受冲突影响地区负责任投资指南》中提到了以下案例，值得参考：

> 在亚洲，当地社区和一家石油公司之间就油田运营带来的影响问题发生了纠纷。此纠纷威胁到企业按时完成作业和蒙受经济损失。该公司采用了四种主要策略与社区进

行协商,包括与重要的舆论领袖和决策者对话等社区宣传活动;在更广泛的社区中开展信息传播、教育和交流活动;通过民意调查和参与性研讨会方式介绍企业项目并确认初步的调查结果;让社区参与到制订环境管理计划的过程中。沟通程序方面特别强调正规和透明,通过公布董事会声明、公司年报、会议纪要等方式加强透明度,以展示企业是可接近和负责任的。沟通中,企业所做的承诺均登记在册,尽量落实,显示企业是讲信誉的。在这个总投资45亿美元的投资项目中,花在社区协商方面的成本约为600万美元(为总投资的0.13%)。经该企业核算,通过采取当地社区参与协商的做法,企业成功避免了约10—15天的项目延误可能,由此节约了因作业延误和违约罚款而导致的支出,共计5000万到7200万美元。

以上案例的相关启示是:在当地多利益群体之间关系紧张的局势下,我们应建立主动和兼容并包的利益相关方协商制度,主动与有关民间组织和国际组织互动。我们可以更多依靠当地商会、媒体、非政府组织、民间社会组织等民间渠道,宣传我国和平崛起和促进双赢的海外投资方针,更多披露我国在缅甸的援外情况,企业社会责任履行情况,特别是拆迁补偿的具体情况,通过加大社区沟通与协商,促进中国带去的利益更多延伸到民间,避免为当地黑恶势力背黑锅。

(四)公益项目建设

目前企业社会责任运动已经发展成为全球性的运动,被看做可持续发展的重要基础和有效渠道,在全球范围内迅速普及,标准化和规范化进程明显加速。各国政府和公众高度关注,甚至出现泛政治化倾向,成为国家之间利益博弈的工具。

本案中,我国公司在企业社会责任方面有不少经济投入。包括组织缅籍技术人员赴国内开展水电工程培训,向难民和坝区移民捐赠以帮助解决实际困难,帮助修路等公共设施建设等。但善意的社会投资项目被指责为削弱了当地政府提供基本服务的角色定位,一些当地人甚至认为我国企业根本没有履行社会责任,这与企业的努力有很大出入。主要原因是企业社会责任战略线条粗泛,公益项目设计和实施没有与企业的经营特点和当地国情充分结合。比如我国企业在缅甸建设的外形精美的拆迁安置房就不尽为当地人所接受,对当地风俗习惯不完全了解是原因之一。中国人习惯了成片相连外形一致的房屋设计,而这不符合缅甸人追求房屋外形差异化的审美传统和文化。

一跨国公司在非洲投资的石油和天然气项目也曾导致社区之间围绕公益项目等问题可能发生暴力冲突。该企业采取了引入独立调解人的办法,围绕所有社区之间的利益分配协议进行三个方面的磋商,一是人口规模,二是所有权的历史渊源,三是在施工期间由于地理位置邻近而受到的干扰。磋商分别从三个层面展开,一是与传统领导者协商,二是与三个占主导地位的社区制订最终谈判的原则,三是与所有利益相关方(包括所有社区、企业、政府代表和承包商)进行最后的谈判。结果,项目实施过程中没有任何社区之间或企业与社区间的冲突发生,项目由于没有受任何社区干扰而准时完工。①

上述案例的相关启示是:企业社会责任不仅仅是花钱的问题,而是怎么花钱的问题。仅仅针对最为显著的和邻近社区的企业行为可能引发被忽略社区煽动暴力冲突。仅仅听取政府的意见,在没有官民协商传统的国家可能导致社区利益被边缘化。而且,如果社区没有切身参与项目的设计和实施,或感到没有掌握所有权,则企业的社

---

① 联合国全球契约:《在受冲突影响和高风险地区负责任商业实践指南》,联合国全球契约办公室,2010年,第23页。

会投资努力将无法产生良好影响,同时企业声誉上的收益非常有限。

因而,社会项目的实施首先应采取与其他业务操作同样严格的标准,项目的设计与实施涉及社区信息和社区开发技能等专业问题,需要以专业的社会沟通和调查工作为前提,以社区冲突管理工具为抓手,社区项目应成为与利益相关方沟通的平台。其次,应具备可持续性,一般不应取代应该由当地政府提供的服务,不应混同于企业的拆迁补偿等经营行为,不应只是考虑迎合当地政府的偏好。第三,也需要体现创新精神。委内瑞拉 Ron Santa Teresa 公司,2003 年在遭遇当地匪徒暴力袭击后,公司的管理者们给被抓获的匪徒提供了三个月量身定做的培训,结业的匪徒获准加入公司。这种做法后来发展成为一种应对黑帮风险的模式,该模式推出以后,当地犯罪率下降了 40%,三个黑帮团伙因此瓦解。

第九章 "资源诅咒"下南苏丹风险的评估与管理

蒋 妲

南苏丹的新一轮暴力事件令全球各国政府忧心忡忡,耕耘苏丹多年的中国石油公司无疑处于风暴中心,巨额石油投资项目存在功亏一篑可能,国家总体能源战略面临挑战。

南苏丹独立前,我国企业在苏丹的石油产业投入了巨资。南苏丹的建立意味着中国投资的大部分石油现在位于完全不同的国家境内,看起来独立之后的南苏丹显然摆脱不了根深蒂固的部落冲突诅咒。经济学理论中有"资源诅咒"(resources curse)理论,资源丰富的国家,往往是国内利益格局复杂、争夺激烈的高冲突国家,来自自然资源的金钱往往与贫困、冲突和腐败相连。成也石油、败也石油,南苏丹正成为最新的"资源诅咒"代表国。

2013年,我们对南苏丹各类利益相关者进行了实地调研及国内的跟踪回访,试图剖析符咒背后千头万绪的冲突脉络,从而探寻破解之道。我国约75%的海外投资聚焦在自然资源行业,这些投资中绝大部分落地在或多或少遭受"资源诅咒"的高冲突国家,对南苏丹的研究解析因而具有重大示范意义。

第九章 "资源诅咒"下南苏丹风险的评估与管理

一、南苏丹冲突风险及影响分析

2011年南苏丹独立前,苏丹内部经过了22年大规模旷日持久的内战。2011年1月,苏丹南部独立,当年7月建国。当告别激烈的革命主题,转入现实的建国主题时,因为对北苏丹的恨而凝聚起来的合力渐渐消亡,各部落、党派、教徒之间多年的冲突和矛盾回潮激荡。先有国家、后有民族的序列错位所引发的种种特殊问题,使得文化、政治、经济、社会等各方面的巨大鸿沟不可能随着建国而得到跨越,这注定其独立后的稳定与发展将呈现高度的复杂性与矛盾性。中国企业被裹挟其中,处境艰难。

(一)历史现实的考量下,部落政治爱恨无常

南苏丹在欧美国家的支持下取得独立,其媒体对中国常有负面报道,特别是对中国在苏丹内战以及达尔富尔问题上的作用,存在较深历史成见。一些亲西方官员登上政治舞台,也成为欧美价值的代言人。调研中当地人甚至表示,中国在当地建设的著名医院不应取名为"友谊医院",因为中国既然是苏丹的朋友,就不能同时成为南苏丹的朋友。恨意犹存的同时,不少当地人也开始认识了向前看的重要性,不得不爱中国,因为似乎只有与中国加强政治和经济合作才能走出当下的极端困境。

1. 这种爱恨交织的心理带来较多政策的反复无常

比如南苏丹不时威胁暂停我国企业原有的石油合同和协议,致使我公司不敢投资扩大生产;曾多次攻击中国石油公司,并调查他们是否协助苏丹扣留经其管道运输出口的石油;曾驱逐了中国—马来西亚石油合资公司 Petrodar 的总裁;对中国公司使用最多的建材等征收重税。有些政策虽然针对所有外资,但作为苏丹最大的外资来源国,中国公司首当其冲。比如禁止所有外国人经营生活用水项目,部分导致当地出现"水荒";本地资本含量从1%快速增加到30%。

而且新政策的出台有时仅通过电台、电视台进行公告,第二天就立即执行。在与苏丹的资源谈判陷入胶着对峙中时,我国企业更是陷入困难境地。

2. 政策执行的不合规性更多针对中国企业

很多情况下对中国企业的执法检查没有依据,标准随机,索贿意图明显。例如,一中资企业说因为门前马路上有两个矿泉水瓶而受到重罚,而朱巴路面上随处可见矿泉水瓶;一中资医院因给病人打针时让病人坐着而非躺着而受罚;交警拦车找茬司空见惯,罚款无凭据,罚金可协商。

3. 对中国企业的不满更容易激化为群体暴力冲突

我国油区附近有时遭到袭击,通讯设施遭到故意破坏。2011年,我国企业雇用的当地员工因操作不当触电身亡,赔偿方案产生分歧时,员工所在社区将企业办公场所层层包围,企业只得去联合国维和部队营地躲避,更多村民集结,又将部队营地包围数天。

(二)创伤型社会期望高企,僧多粥少难以平衡

1. 社会期望很高,难以尽数满足

长期经历战火的当地人迫切憧憬战后美好生活,认为停战就能富裕,社会期望很高,包括就业、公共服务和补偿等等。期望对象首先是公司。中国是南苏丹最大外国投资来源国,中国企业普遍感到社会项目负担太重,很难满足。这种情况下当地社区就可能由失望至怨恨,加之我国企业普遍不擅长社区关系处理,在当地民间组织和反对派的激发下,怨恨往往导致暴力冲突或索赔诉讼。比如社区要求公司为当地居民提供更多的就业机会,对油管通行土地、受损牲畜等提供大大超乎实际的补偿。当地员工常要求与其职位贡献不相称的薪资,引起纠纷和诉讼,常常以公司承担巨额罚款收场。在Pariang县等地,当地人则通过破坏石油开采活动的方式,对公司施压,要求更多赔偿并支持更多社会发展项目。

2. 社会投资的分配难以平衡,反而引发矛盾

南苏丹部落派系争斗十分激烈。4 大族群 64 个部族 572 个部落,各自为政,相互对立,为争夺水源、土地、草场和粮食等资源,经常爆发冲突。牛群作为南苏丹财富的象征,频繁地成为爆发冲突的源头之一。我国企业的社会项目,或大或小几乎都成为争夺对象,引发冲突。比如一中资企业的采石加工项目,承诺为当地建设一所小学。为争夺对学校的使用权,当地两个族群进行了持久的对抗。两个族群长老率领各自族人,连续几个月守在企业工地。结果,学校项目一直未能落实,采石项目本身也受到影响。①

(三)武装冲突烽烟四起,安全环境四面楚歌

政变、小武器扩散、反叛武装、恐怖袭击、内战威胁等等都显示我国投资安全在南苏丹的脆弱性。2013 年,南苏丹内部以总统和副总统所属的两大部族之间的分歧与矛盾,最终演变成了目前的武装冲突。

1. 南苏丹政府面临着来自反政府武装的挑战,掣肘安全环境

2010 年 4 月大选后,苏丹南方很快涌现至少 7 股叛军,总数约 1.4 万人,在盛产石油的尤的尼提州,当地接连发生反政府武装袭击事件,不仅造成大量人员伤亡,对当地石油产业也造成严重打击。

2. 在苏丹地区周边活跃着恐怖组织

作为基地分支的马格里布、索马里青年党等恐怖组织,一旦局势突变,将为恐怖势力提供有利的生存和发展土壤,南苏丹有可能成为恐怖主义滋生蔓延的重灾区。②

---

① 蒋姮、张卉:《应对中国企业在南苏丹的安全挑战》,《石油、安全与社区互动中国在南苏丹日益增长的作用》,Saferworld Report,2013 年 8 月,第 11 页。
② 臧纯钢:《南北苏丹关系现状分析》,《亚非纵横》2012 年第 6 期,第 48 页。

3. 部落矛盾升级，内战绵延不休

由于经历了长年的武装冲突，轻小武器在南苏丹很多地区泛滥严重，在族群冲突、偷牛袭击和犯罪行为中大量被使用。南苏丹的部族矛盾主要表现为两大部族丁卡人和努尔人之间的冲突。两族在历史上就常常为争夺土地而发生冲突。总统基尔和副总统马沙尔分别属于第一大部落丁卡族和第二大部落努维尔族。高层的权力之争演变成丁卡人与努尔人之间的对抗，曾经导致南方内战拉开帷幕。南方最大州琼格莱州是暴力事件重灾区，2013年2月发生的部落冲突又造成4万多人受影响。① 2013年12月15日爆发的争夺，使得战事迅速蔓延到全国各地，迫使中石油撤离部分员工。专家认为，南方部族和武装集团之间，以及与南方政府之间的恩怨，不是一朝一夕就可以化解的。

4. 我国企业普遍有四面楚歌之感，人心思归

不少企业处于边远地区，缺乏紧急服务和手机信号接收站，更加脆弱。油田的保安工作基本依靠当地军队，但军队保安职责不明，管理不善，时常发生越权或失职行为，也引发各种冲突。2012年1月，中水电集团29名工人在苏丹南科尔多凡州（South Kordofan State）遭到绑架，反叛组织想通过绑架中资公司员工要挟南苏丹政府。2013年4月，中铁五局办公室遭到武装团伙抢劫，造成了严重的人身伤害和财产损失。2013年12月19日，中石油联合作业公司油田发生武装冲突，14名南苏丹雇员死亡。

（四）经济基础一穷二白，单一经济与狼共舞

1. 经济配套缺乏，施工进度受阻

南苏丹是世界上最不发达的国家。虽然资源十分丰富，但几乎

---

① 联合国：《秘书长关于南苏丹的报告》（N1225264），2012年3月，第2页。

没有规模化工业生产,工业产品及日用品完全依赖进口。据世界银行估计,该国道路网络共12,600公里,其中仅4000公里为全年可通行路段①,人工铺设道路不足100公里。这导致中资企业所需的物资、工具和配件大多要从国内或南苏丹周边国家购买。我国企业施工和货运车辆难以顺畅通行,严重影响工程进度。

2. 人才极度匮乏,办事效率低下

公开资料显示,800多万当地人口中只有2%有小学文化程度,文盲率85%。劳动力素质低下,技术人才奇缺,多数劳动力来自乌干达、肯尼亚等邻国。人才缺乏导致当地管理部门的工作效率低,影响到了中资项目进程,对于基础设施建筑公司而言尤其成问题。比如,从乌干达采购的物资清关快则两天,慢则数周。等待边境清关的车队经常长达数公里。

3. 基本保障缺乏,生活经营困难

当地农业处于原始状态,生产效率非常低,基本靠天吃饭,粮食、蔬菜、水果等大部分食品几乎全部依赖从乌干达、肯尼亚等邻国进口。基本上没有灌溉系统,缺乏公共水源供给,电力供应也仅限于某些城镇,亦无保障。没有保险机制,银行转账不规范,有些银行为了到地下钱庄赚利率差而拖延到账时间。无垃圾处理设施,医疗垃圾都无法处理,关键药品买不到。这导致中资企业的经营及员工生活需要克服众多困难。

4. 单一石油工业,仍需与狼共舞

南苏丹98%的财政收入靠石油出口,石油收入受国际市场原油价格波动影响大,存在较大不确定性和不稳定性,过分依赖石油工业必然造成国家经济体系脆弱。而且,根据世界银行及印度石油天然气公司数据,南苏丹石油勘探前景黯淡,勘探空间不大,石油增产潜

---

① *Project Information Document*:*South Sudan Rural Roads Project*, World Bank Report No. AB6832, Washington, 2011.

力小,这不利于吸引外国投资和完善自身石油工业体系。

即使是单一的石油产业目前也存在很大不稳定性。2011年7月独立后,南苏丹虽然获得了原苏丹3/4的石油储备,日产原油30万桶,但变成了纯粹的内陆国,必须通过苏丹境内的管道和港口出口到国际市场。由于与苏丹在边界划分、安全安排、石油利益分配等问题上分歧严重,其原油出口无异于与狼共舞。2012年以来南北争议所导致的停产,甚至影响到公共政治的运转,经济陷入严重危机,公务员都发不出工资。最近一些参与协调南北关系的官员遭到解职,只会使两国关系正常化更加困难,石油供应的不确定性增大。

二、我国企业应对冲突风险的现状与挑战

中石油在苏丹拥有其在海外最大、最完整的石油产业链,覆盖上中下游及相关港口设施。但南北苏丹分立后,中国目前主要石油投资位于南苏丹境内,对这个刚独立的国家有既定的利益。中国至少消费了南苏丹出口石油中的80%。

(一) 我国企业应对社会冲突风险的基本情况

南苏丹建国以来,我国以各种发展项目的形式向南苏丹政府提供了贷款和援助。我国企业不仅仅追求经济效益,也重视社会责任,积极参与扶贫济困、捐资助学、社区服务等工作,以缓解当地的社会冲突。

中石油利用自己的技术和资金,承建了一些道路、基础学校、医疗保健设施、足球场、机场照明工程等,也资助了数名当地学生到中国学习。[①] 此外,对因石油基础设施建设受损害的社区和个人进行了赔偿。

---

① 中国石油天然气集团:《2012年社会责任报告》,www.cnpc.com.cn/csr/PageAssets/Reports/shzr2012-cn.pdf。

比如大先锋作业公司(GPOC,中石油参与的石油公司联盟)向定居在油田周围的人们提供用水,让他们与公司员工共用卫生设施,发放临时帐篷,为居民孩子搭建临时学校。调研中看到,中国企业的水罐车将企业基地附近公路沿线的空桶灌满了水,营地的诊所向普通百姓和油区卫兵开放,救护车服务惠及部分居民,营地诊所就医的平民数量远高于石油工人。

尤其值得一提的是,公司开始引入了利益相关方参与机制,通过多种方式,与项目所在地政府、社区、员工、业务合作伙伴等多层次多角度交流,了解利益相关方的关注点和诉求,增加了透明度。比如就是在与社区沟通基础上进行需求评估,中石油在业务活动县开发了当地急需的水资源供应项目,自 2013 年 4 月石油复产以来,开始在联合州各处安装 20 台水泵。

(二)我国企业应对冲突风险的挑战

1. 当地社会百废待兴,企业社会责任承担能力吃紧,引发不满

调研中感觉,南苏丹普遍弥漫着一种不切实际的期望氛围,超乎企业的能力。比如大先锋作业公司对其设施附近的社区提供基础设施和生活上的帮助,但某些社区成员(例如 Rotriak Boma 地区 Kuor 村的村长)仍声称企业供水量不足。企业对邻近社区的帮助吸引了其他社区蜂拥搬迁而来,企业供应能力吃紧。位于班提乌—阿比诺曼(Bentiu-Abiemnom)公路沿线的 Thol Wang 村村民就抱怨没有得到公司的任何帮助。其实,紧邻油田的地区原本是应当禁止任何社区进入的,否则影响公共健康以及企业安全作业。

与此同时,南苏丹政府对企业社会责任规定了一些不尽符合实际的硬性标准。例如,在南苏丹政府与外国石油公司 2012 年 1 月份签订的过渡期合同中,增加了硬性环境标准、当地雇佣比例、社会保护规范等条款。但是当地员工技能和素质往往达不到要求,享受过

度保护,导致企业在当地劳工问题上往往受到重罚。

也有小部分企业合规治理能力较差,严重影响了中国企业的整体形象。比如一些建筑企业很少有休假,日工作时间有时长达十几小时,被指责为以牺牲人权换取效率。不少企业负责人及员工面对腐败时不讲原则破财消灾,惯坏了当地一些官员,导致更多人向中国人大伸其手,胃口越来越大,在当地民众中也造成了不好影响。一些企业对员工的跨文化管理和礼仪培训力度不够,一些企业兜售伪劣假冒产品。

2. 当地安保能力薄弱,我国企业在冲突爆发时处于弱势

大多数中国企业在南苏丹的业务运营都基于他们与南苏丹政府签订的合同。根据这些合同,南苏丹政府派军队和警察保护油区的安全。但军队承担的保安工作,有越权或是不作为行为,不易管理,地方保护主义和历史成见影响下,他们有时也无心有效保护中资企业利益。

私人保安公司方面,由于没有得到南苏丹政府许可,中国保安公司目前无法在南苏丹开展业务,中资公司只能雇用当地或周边地区的保安公司来负责安保工作,安保水平参差不齐。我国企业自身,在冲突管理的硬件和软件管理方面缺乏系统的投入,应对能力薄弱。以上种种均可能导致中国人在与当地公民发生纠纷或冲突时处于弱势,合法权益和安全得不到保障。

三、避免卷入冲突漩涡的战略框架

当下,随着南苏丹内部冲突升级,南苏丹似乎正在成为最新一个遭到资源诅咒的国家。在这个国家,中资企业是最大的外国投资者,不仅主导了石油业,还涉足酒店业、餐饮业、电信业和建筑业,如今不仅巨额投资可能功亏一篑,国家总体能源战略也面临挑战。

我国当下亟须在南苏丹寻找一条破解石油诅咒的道路,帮助缓解冲突;同时应着眼长远,以中国和南苏丹各方面均存在的互补性为

基础,通过与南苏丹建立全面经济合作关系,助力其超越石油。

(一)战略思路:内外发力,直击冲突的根源

1. 促进石油利益分享的平衡透明,化解冲突的内部根源

南苏丹几乎完全依赖于石油收入。美国智库称,独立以来,南苏丹的国家根基一直摇摇晃晃不够稳定,原油在一定程度上能够决定这个新生国家的未来命运。国际货币基金组织前总裁卡恩曾表示,如果南苏丹打好自己的这张牌,那么这个国家的潜力将非常大。

对于南苏丹来说,原油在一定程度上能够决定这个新生国家的未来命运。"败也石油,成也石油",如何对石油收入进行管理和分配在国家政治中占据关键地位,"独立后就会富裕"成为了南苏丹人普遍共识,这样的精神支柱势必导致他们对石油十分关注。南苏丹对"9·27"协议中执行最好的就是石油合作协议,往前推动和进行最快的也是石油合作协议。破解当下以石油利益争夺为根本原因而爆发的冲突,也需要抓住石油这个牛鼻子,而重中之重则是促成各方对石油利益公平透明的分享。

南苏丹在通过石油获得成功上受到挫折,体现了非洲政治生态的不良影响:部落和宗教高度多元化;历史和现实中不同族群在权利、资源、地位等方面形成不平等的分配格局。一旦族群间经济不平等强化,以地域为聚落单位的族群很容易成为政治动员的基础,经济上的断裂往往成为政治上断裂的根源所在。因此,若想通过石油取得成功,必须至少在全国范围内建立公平收入分配的模式以及相应的监管机构,否则始终可能是一个过度集权和独裁以及高度不稳定的国家。

相反,如果管理完善,石油部门可能成为一个关键手段,用以分散集权和平衡各方政治权力。有专家曾提议,建议南苏丹政府成立特别经济区,如同南北朝鲜金刚山经济区一样,双方在划定的区域保持相对和平,以保障油田不受影响进行作业。考虑到南苏丹目前经

济上濒临崩溃的状况,冲突双方都亟须石油收入以维持存续,这种提议的大框架可能得到响应,关键是特区的具体模式设计需要得到冲突多方的认同。

而取得共识的关键点在于,特区的石油利益分配模式应当根据各方期待朝向公平透明的方向实现创新。应当将多元化的地域、群体利益纳入一个具有包容性和均衡性的规制体系,在保障各地域、群体独特性的同时,为地域、群体间通过政治体制营造利益共识。同时,在特区内应加强对轻小武器扩散、转让、进出口的管控,引入市场化的安保力量等。

对于发生在南苏丹内部派系之间的冲突,我国应审时度势把握和权衡应当承担及有能力承担的国际责任,在外交行为上做出适当的调整和平衡,在坚持不干涉内政原则的同时,需要对该原则的实施给予更大的弹性,更精准把握"内政"的边界。随着中国企业日益成为全球参与者,机械宽泛地执行不干涉内政政策可能会与国家利益发生冲突,特别是能源安全。因为在不少国家,能源本身就是最高的政治,这点在南苏丹体现的尤其明显,南苏丹石油部副部长就明确对我们说,石油是南苏丹最大的政治。中资企业也普遍希望南苏丹政局动荡时,中国政府相关部门能更多维护到中资企业利益,减少中企的损失,成为真正的坚强后盾。

2. 促进南北苏丹石油经济进一步融合捆绑,缓解外部冲突

内部冲突的解决需要调停说服南苏丹各界以生存和发展为重,搁置族群矛盾,但同时也需要国际社会共同努力,特别是需要苏丹的配合。

苏丹南北分裂已成事实,中国在苏丹地区的外交政策变为对两个不同国家的外交关系。但在苏丹南北1839年以来的172年交往史上,绝大部分时间都是掠夺和战争,南北双方170多年的积怨和裂

痕很难得到化解和弥补。① 但同时,国际政治上没有永远的敌人。南北双方交织互融的经济纽带,即使历经波折,最终会因为双方利益的相互捆绑,实现更高程度的和平共处。我国应顺时促进南北经济的互动发展。

这首先需要我们更多参与和帮助南苏丹的和平重建。南北苏丹的分歧导致南苏丹石油停产,我国利益受到损失,凸显不参与政治问题的局限性。没有稳定局面以及边境存在冲突风险,对拥有长期高产的石油行业构成威胁,因此中国实际无法只关注石油问题,应当放眼长远,尽力帮助处理南苏丹与苏丹之间的巨大政治分歧,同时帮助处理其国内的部落主义和地方主义等冲突。

中国是南苏丹石油最大的投资者和消费者,82%的南苏丹石油出口到中国。中国同时也是苏丹最大的盟友,在苏丹投资约200亿美元,影响无人能及。这双重身份令中国最可能帮助平息两国因石油财富分配而产生的紧张局势,并结束两国边境及国内的暴力。

(二)战略路径:冲突敏感性及冲突风险评估管理

冲突敏感性及冲突风险评估管理,在过去二十多年中,已被包括世界银行和亚洲发展银行在内的很多大型多边机构所采用。同时,许多欧洲、美洲、非洲和东南亚的政府以及非政府机构也将该理念运用到在高冲突国家的经济投资和援助项目中。在高冲突国家投资的采掘业西方跨国公司基本都开发了冲突管理的数据库和监测系统,以帮助企业在设计和实施项目的过程中,更精准地评估当地冲突的脆弱性,减少激发潜在冲突的可能性,帮助企业减少处理危机事件产生的运营成本,减少员工人身安全遭受的威胁。

根据跨国公司冲突管理的经验,在高冲突地区投资前至少一年,企业就需进行冲突风向评估作为决定投资与否的重要依据。一般先

---

① 王猛:《苏丹民族国家建构失败的原因解析》,《西亚非洲》2012年第1期,第77页。

通过精细调研,了解当地社区背景和利益相关者的冲突结构,评估企业活动可能新增或激发的直接或间接冲突影响。比如,因勘探地点选址导致社区居民拆迁属于直接影响,而勘探作业地区人口激增属于间接影响。影响规模有大有小,可以小至行车轧死当地家禽,大到生态系统的大规模污染。要注意的是,社区对企业勘探活动影响的理解可能与企业不一样。

针对我国企业的具体情况来看,冲突风险管理有几个关键点:

1. 大幅加强冲突敏感性认知,全面认识风险管理成本的必要性

我国的投资和援外项目高度聚焦在高冲突国家,但是我国机构及企业却普遍冲突敏感性认知不强,更没有系统精细的冲突风险评估和管理工具。我们在冲突风险管理方面裹足不前的最大顾虑之一是成本控制。而西方公司普遍认为这是绝对必要的成本,也是投入产出率很高的投资。比如在缅甸投资的道达尔公司的相关系统价值不菲,但公司认为这钱花得非常值。

比如公司在亚洲的一处运营遇到社区纠纷后,采用了四种主要策略与社区进行协商。包括与关键舆论领袖和决策者对话;在社区中广泛开展信息传播、教育和交流活动;通过民意调查和参与性研讨会等方式介绍企业项目并确认初步的冲突风险评估结果;让社区参与制订企业环境管理计划。项目总投资 45 亿美元,以上四项社区协商工作成本约为 600 万美元(为总投资的 0.13%)。企业核算,四项社区工作的投入使企业成功避免了约 10—15 天的项目延误,由此节约了因作业延误和违约罚款而导致的支出,共计 5000 万到 7200 万美元。

2. 亡羊补牢,通过社区调研和沟通,大幅充实对当地冲突信息的精准了解

我国企业在南苏丹的既有投资基本都错过了冲突风险前期评估的机会,但是仍然可以亡羊补牢,通过后期更加细致的冲突危机管理

尽量减少损失。这要求我国企业必须高度认识南苏丹作为一个受冲突影响的国家的特殊性,全体员工始终保持高度的冲突敏感性,通过社区调研深入了解当地冲突架构及利益相关方的格局。通过社区沟通透彻分析投资活动与社区背景之间的互动,这样能更加科学地跟踪和预警冲突的发展态势,既避免盲目大意,也避免过度紧张,既避免被卷入重大冲突漩涡,也避免激发新的冲突。比如如果采用更具冲突敏感性的方法,在上文的案例中,大先锋作业公司其实可以在帮助当地社区的同时,避免把居民吸引到油田附近,联合国难民署这类机构就有较多这方面的最佳实践方法和工具。

3. 迅速习惯和社区组织等非政府利益相关方打交道,及时化解潜在冲突

相对中国人而言,非洲人普遍习惯公民社会参与决策的方式,这是由当地弱政府、强公民社会的环境决定的,也是殖民时期西方影响的遗留。南苏丹的公民社会也很强大,在很多工作上参与力度很大。如南苏丹轻小武器法律的制定,非政府机构都被邀请参与,并且有很大的影响力。又比如针对袭击油田附近公共设施的行为,南苏丹某当地公民组织自发组建了油田专案组,培训周边群众为破坏行为进行预警。此外,各种地区性和国际性机构也在南苏丹各种领域扮演非常重要的角色。南苏丹政府也不反对我国企业与社区直接沟通,比如石油部官员还提议组织召开"社区意识研讨会"(Community Awareness Workshop),让中资企业、南苏丹政府和公民社会在会上共同商讨如何改善企业和社区关系。

这种背景下,如果我国企业照抄国内的上层路线模式,只重视官方层面沟通,忽视与公民社会打交道,当地人很容易认为自己被边缘化,从而产生偏见和怨恨,长期累积压抑必然会通过暴力冲突的形式寻找出口。而当地一些腐败官员也会因为企业孤立无援而加大对企业的勒索等不合规执法力度,企业最终需要付出的摆平成本可能反而大大增加。

当然,南苏丹社区总体上对中资企业的期待很高,沟通中我国企业要根据实际情况,尽力做好能力范围内的事,不能胡乱夸海口。为了防止社区沟通引起更高期待,根据国际经验,沟通工作形式上要平实低调,可以由企业内部研究团队加上外部委托的专业人士,以研究身份先期介入。态度上则要诚恳,不能主要怀抱宣传自己的目的,回答社区疑问时藏头藏尾,这可能招致更多猜忌。路径上可首先依靠当地有影响力的政治家、非政府组织、媒体、宗教领袖、学者、商人、社区领袖等。他们不仅代表了重要民意,同时也是宝贵的平台,能为辐射其他重要利益相关者提供渠道。

与社区沟通,语言可能是一大障碍,因为当地社区说方言土语,英语也不管用。当地中国企业商会可以建立语言人才库,委托当地民间机构去寻找能说当地方言和英语的人,有需要时临时雇用。

为了保障与社区的顺畅沟通,需要尽量提高对当地社区的雇佣率。根据当地冲突人口结构,特别应注意多向当地年轻人提供就业机会。在劳动力市场不规范的前提下,可以多了解和参考同业外国公司的标准,了解劳动力市场行情,避免差距太大。应尽量使工作合同正规化,适度提高员工待遇,倾听员工个人诉求,对当地员工的习俗文化礼仪等保持高度敏感性和尊重度。

4. 大幅调整政府关系模式,团结一致抵制腐败

南苏丹政府无论从能力还是从意愿上来说,提供公共服务的能力都很弱,政策和承诺缺乏长久性,失信于民,更突出的问题是腐败。某些政府官员干涉企业雇佣政策,在企业高管位置安插亲信,基于南苏丹人民对精英阶层的不满,致使我国企业招致底层人民的愤怒,企业被置于险境。我国项目涉及的征地和搬迁问题上,民众满意度较低,主要是因为我国企业想当然地指望南苏丹政府全权处理社区问题,企业只负责出钱。实际上当地政府往往并不与社区广泛协商,补偿款也多有雁过拔毛。

由于土语语言沟通困难、社区网络不足、担心涉嫌干涉内政等,

较多中国企业选择沉默,代人受过,不仅形象受损,而且直面社区怨恨,在南苏丹这种暴力因子较多的高冲突国家,久而久之必然导致冲突以暴力形式爆发。而且,即使是一些社会项目也难以收到应有的缓解冲突效果。比如我公司捐助的部分学校和医疗保健中心没有教师或医护人员,让当地民众产生更多的失望。当地非政府组织表示,我国企业只与当地州长和地方委员对话,但他们并不代表当地社区的最佳利益。

在政府关系与社区关系之间如何保持平衡,对我国企业而言,是一个巨大挑战。南苏丹政府官员表示社区诉求应在"石油专责小组"(Oil Task Force)或"社区发展基金"(Constituency Development Fund)机制内进行处理。然而,目前为止,这两项官方倡议未能全面满足民众的期望。在石油收入的分配方面,有提议说,2%的石油收入应划归产油省,3%的收入划归当地社区。联合州石油专责小组的成员认为,如何管理拟定拨给社区的3%的石油收入,未来势必将面临官民冲突。比如收入用途是否由县级地方议会或地方长官任命的社区发展基金委员会来管理?在对政府不信任的情况下,当地民间社会组织正在倡导并推动让独立的非利益相关人士获得任命,但政府也许不会同意。[①]

面对当地泛滥的官员腐败问题及官民矛盾,中资企业首先要从自身开始,遵纪守法,让腐败官员无茬可找,包括开车出门按照当地法律规定系好安全带等细节,包括对泄漏的石油不能仅用红土壤或泥土进行掩埋。其次,应该更多依靠和团结社区群众,使自己面对腐败时不至孤立无援。第三,多个企业负责人提议,中资企业着眼长远,团结一致抵制索贿行为,抵制部分精英阶层对企业的操纵。企业也希望大使馆能通过组成商会或俱乐部的形式,对中资企业和个人如何预防和处理此类问题作出有效指导。把一些经常碰到的事件讲

---

① Leben Nelson Moro:《南苏丹联合州的中国石油公司和当地社区》,Saferworld Report:《石油、安全与社区互动中国在南苏丹日益增长的作用》,2013年8月,第18页。

透,让企业做好充分准备应对,如碰到拦车检查,事先应确保携带哪些证件,交警基本会问哪些问题,该如何回答,碰到紧急情况该联系谁,等等。

自然资源业总计占了中国海外投资存量的四分之三左右,这些投资大多落地在高冲突国家,使企业一开始就面临许多额外的非商业风险。随着金融危机之后全球政治动荡加剧,目前这类风险已进入爆发期。对南苏丹冲突格局进行剖析和破解,对于我国资源类海外投资而言都有借鉴意义。

第十章　中国境外水电工程的环境与社会影响风险
——不同融资模式下的案例分析

李福胜

一、导　言

时至今日,中国已经成为世界上主要的水电站建设和投资者。中国境外水电工程项目是从设备供货(equipments supplier)、建设分包(subcontracting)到交钥匙工程总承包(EPC)开始的,后来随着建设能力的提高和市场竞争加剧,又发展到今天的 BOT(含 BOOT)等投资方式在境外开发建设、投资水电资源。

和商务模式匹配的是相应的融资模式。境外水电站工程项目融资也从一般性的官方支持的出口信贷(卖方信贷、买方信贷),到现在较为普遍的无追索权或有限追索权的项目融资。在融资的资金来源上,中国对外官方发展援助贷款往往起着重要的项目促进催化作用。在不少时候,官方发展援助也起着风险缓释作用,这一点和大型国际项目融资中国际金融机构如世界银行、亚洲开发银行等起的作用相似。

从融资的角度看,全球水电站建设的风险管理,特别是比较敏感的环境与社会影响,是具有重要参考意义的。本文拟通过官方出口信贷和官方发展援助等融资工具,结合有关案例项目参与各方的决策机制,来分析全球水电站建设的国别风险、法律风险、环境和社会影响风险等。通过若干项目案例风险框架的展示和分析对比研究,特别是项目的合规性、环境和社会影响风险评估在风险控制分析中的位置,说明境外水电站项目建设涉及的风险维度以及风险规避和控制的基本做法。

二、水电仍然是人类重要的电力来源

人类学会使用能源是一个巨大的进步。发现并使用了火提高了人类的智力,使用水利和水能也是人类智慧的重要体现,从而创造了人类的文明。古代埃及人利用尼罗河的水运建造了金字塔,古代中国人也利用水运运输巨大的木材和石材建造大型防御工程、皇家宫殿和陵园。水利工程如中国的都江堰,成就了古代农耕文明。到了近代,人类开始使用水电,并创造性地用水储能。今天,尽管石化类电力是人类主要的能源,但水电和水力蓄能仍然是重要的电力来源组成部分。最近五年的统计数字表明,原煤、原油和天然气等石化类能源在一次性能源消费结构中占85%以上,核能从2005年的6%下降到2012年4.5%的水平,而水电则从6.3%稳步上升到6.7%。[①]根据国际水电协会估计,2011年全球新增水电装机容量25—30GW。[②] 该机构认为,可持续和可靠的能源是人类发展的保障。目前,全球约有1.4亿人仍处于缺电状态,这一事实说明能源市场还有巨大的空间,特别是在那些发展中国家和落后偏远的地区。而能源消费,无论是石化类能源,还是核能、水电类消费,又往往是和环境污

[①] 英国石油公司:《2013年BP世界能源统计年鉴》,英国石油公司官方网站,2013年6月,http://www.bp.com/content/dam/bp/pdf/Statistical-Review-2012/statistical%20review%20of%20world%20energy%202013-Chinese.pdf.

[②] The International Hydropower Association (IHA), "*2012 IHA Hydropower Report*", 2012, https://iha.box.com/shared/static/ytlvjgeahkl4j3e5kpun.pdf.

染问题分不开的。随着越来越多的国家采取可再生能源政策,以及全球协调政策和清洁发展机制(CDM)的建立,水电开发可能会进一步发展,至少是人类清洁能源的一个重要选择。

三、中国已经成为全球水电站建设的主力军

迄今为止,中国还不是世界上利用水力发电最大的国家,但通过在本土各个重要河流如黄河、长江、澜沧江上建设无数个大大小小的水利枢纽和水电站,已经形成了巨大的水利水电工程建设能力。并且随着中国的富裕和"走出去"战略的推进,在强大的资金来源支持下,已经成为全球水电站建设的主力军。中国在参与建设或发起建设全球巨型水坝(mega dam)的同时,也把自己推入国际环保主义者诘难的漩涡。直面质疑、积极参与研究并解决问题,也是撰写本文的重要原因。

实际上,中国企业走出去开展水电工程建设,一个原因是几十年以来国内水电工程建设积累了大量的建设能力,而这些能力需要发挥、需要寻求市场,走出去到境外开展水电工程建设与投资就成为一种本能。多年以来,中国形成了中国水利水电建设集团公司、中国葛洲坝集团、东方电气集团、上海电气集团、哈尔滨电气公司、中国国机集团等中央国有企业和地方国有企业,以及众多的地方外经外贸、城市建设集团公司等。

以中国水利水电建设集团(Sinohydro Group Ltd.)为例,该公司是一家跨国经营的综合性大型企业,也是中国规模最大、科技水平领先、最具实力、行业品牌影响力最强的水利水电建设企业。具有国家施工总承包特级企业资质、对外工程承包经营权、进出口贸易权。公司自20世纪50年代以来,承担了中国国内65%以上的大中型水利水电工程的建设任务,参建了长江三峡等上百座世界瞩目的巨型水电站,总装机容量突破1.45亿千瓦,为中国常规水电装机容量、水电在建规模跃居世界第一做出了突出贡献。公司积极推进国际化战

略,先后在亚、非、欧、美的60多个国家和地区进行了工程承包建设和经济技术合作,拥有全球50%的水利水电建设市场份额。2011年,在中国对外承包工程企业中以营业额位列第3位,海外营业收入在全球最大225家承包商中排名第24位。

中国中央直属的哈尔滨电气集团公司(简称"哈电集团")是由国家"一五"期间前苏联援建的156项重点建设项目的6项沿革发展而来,是中国最大的发电设备、舰船动力装置、电力驱动设备研究制造基地和成套设备出口基地。哈电集团形成了以大型煤电、水电、核电、气电、风电、电站总承包工程和舰船动力装置等主导产品。水电年生产能力6000MW,产品占国内市场份额的50%。

中国东方电气集团有限公司(东方电气集团)是中央确定的涉及国家安全和国民经济命脉的53户国有重要骨干企业之一。东方电气集团是中国最大的发电设备制造基地。2011年,东方电气集团完成发电设备产量42655MW,连续八年保持发电设备产量世界第一的记录。该集团可批量生产单机最大到1000MW等级的火电机组、单机最大800MW等级的水轮发电机组、1000MW—1700MW等级核电机组主设备、重型燃气轮机设备、风电设备、太阳能电站设备及大型电站锅炉烟气脱硫脱硝,大型化工容器等产品,约占中国国内火电市场份额的三分之一和水电市场份额的一半左右。

中国不但拥有世界上主要的水电设备供应商和工程承包商,也建设了世界上最大的水电站和水利枢纽工程——三峡工程。1992年4月,全国人大七届五次会议以1767票赞同、171票反对、664票弃权、25人未按表决器,近三分之一的人反对或者弃权的结果,通过了《长江三峡工程决议案》,1994年正式动工兴建,2003年开始蓄水发电,2009年全部完工。三峡水电站大坝高185米,蓄水高175米,水库长600余公里,安装32台单机容量为70万千瓦的水电机组,是全世界最大的(装机容量)水力发电站。总装机容量达到了2250万千瓦。2012年,三峡水电站发电量约981亿度,约占全国年发电总量的3%，占全国水力发电的14%。

当今世界超过一半的大坝和水电站由中国人带资承包建设或投资建设。这些项目包括，缅甸邦朗水电站、柬埔寨马德望省多功能大坝项目、马里、塞内加尔、毛里塔尼亚古伊那水电站项目、巴基斯坦尼勒姆-杰勒姆（Neelum-Jhelum）972MW 水电站项目、厄瓜多尔科卡科多辛克雷（Coca Codo Sinclair，以下简称"CCS"）水电站、刚果（金）宗果水电站、埃塞俄比亚 GIBEIII 水电站、老挝会兰庞雅水电站项目、几内亚卡雷塔水电站、加纳布维水电站、柬埔寨达岱水电站、喀麦隆曼维莱水电站、老挝南坎 3 水电站、南苏丹肯耶提水电站、尼泊尔上崔树理3A水电站、苏丹麦洛维水电站、尼日利亚宗格鲁水电站，以及备受争议且被无限期搁置的缅甸密松电站，等等。

四、水电水利工程是环境与社会影响高度敏感的行业

从能源结构的比例来看，水电并不是人类的主要能源。但因为地球上有三分之二的水，以及遍布各国的和跨国的河流，使得水电成为一些地方不可或缺的电力来源。水利灌溉和水道运输，又促进了水利和水电的开发。尽管一种观点认为水电是目前唯一一种技术上比较成熟的、可以进行大规模开发的可再生资源，大型水电站的正面生态环境效益远远超过负面影响，但是和能源结构中占绝大多数的石化能源一样，水电也会对环境和社会产生负面影响。

水电站对环境和社会的不利影响，主要表现在水坝形成的库区以及河道改变破坏了原生态和相应的动植物生物多样性，为了建设大坝而必需的原住民的移民搬迁，原住民文化与文明的毁坏或改变，大坝在地质上可能产生的滑坡、泥石流、地震，等等。随着人们对大坝产生的环境社会负面影响的认识加深，可以说环境与社会影响是一个水电项目建设的决定性因素之一。

五、建设资金来源成为因水电环境与社会影响而反对大坝建设的靶标

水电项目常常因为投资巨大，效益一般，回收期漫长，难以吸引建设资金。因此，建设资金来源对于水电站项目是很重要的。结构上看，一部分资金来源于项目发起人的自有资金（构成股本资金），一般占项目总投资的 30% 左右，有时会低达 10% 左右，也就是说项目总投资的大部分还是要由外部融资获得。① 资金工具和渠道是非常多样的，比如商业票据、售后回租、公司债券，国际资本市场银团贷款，开发性金融机构贷款，政府官方出口信贷和官方发展援助，等等。② 如前所述，一个投资巨大的水电项目，在遇到争议甚至强烈反对的时候，其主要资金来源方就会成为当然的靶向。"射击"者可能是项目所在国家的政府反对党派、环保主义者、大坝选址的原住民、民主和人权人士、国际政府间组织、国际环保人权组织、境内外媒体，以及其他利益攸关方。遭遇阻力的不仅是项目发起人（投资人）、批准项目的政府，也包括任何资金提供方，如世界银行、亚洲开发银行等国际开发性金融机构和其他商业银行，提供融资的有关国家官方或官方性质的出口信用机构和发展援助机构，如德国的 KFW、法国的 COFACE、美国进出口银行。由于中国积累了世界第一的水电站建设能力和世界第一的外汇储备，已经成为世界上最主要的大坝建设者和水电开发投资者，为此提供融资的中国政府和中国国家开发银行、中国进出口银行、中国出口信用保险公司及中国工商银行等金

---

① 有报道巴西伊泰普水电站债务融资的比例达到 90% 以上，债务每年增加 11 亿美元，即每天增加 300 万美元，这导致这个巨型水电项目投产后在经营上曾出现很大的财务困难。而中国的三峡水电站三峡建设基金的设立，保证了三峡工程整体资产负债率控制在 50% 以内的水平，再加上国家开发银行的政策性贷款 300 亿，达到了总投资的 70%，成为三峡工程建设初期稳定的资金来源。

② A. D. F. 普莱斯：《国际工程融资》（赵体清、王受文译），水利电力出版社 1995 年版，第 55 页。

融机构常常招致国际组织、国际舆论的批评指责。①

例如,世界银行招致最多批评的项目融资之一是老挝南屯 2 水电站项目,该项目的决策过程长达十年之久。国际环保人士说,水坝将威胁野生动植物的安全,水坝计划将对老挝社会和环境造成风险,世界银行低估了项目给社会和经济带来的负面影响。世界银行在该大坝建设中扮演了关键的角色,2004 年 3 月底,世界银行决定向南屯 2 提供 2.7 亿美元的信贷和风险担保,推动了整个工程在全球完成融资 14.5 亿美元。

关于地区性开发银行的一个例子是 2010 年伊斯兰开发银行(Islamic Development Bank)宣布将提供贷款支持尼日利亚蒙贝拉水电站项目的建设。蒙贝拉水电站位于尼日利亚与喀麦隆交界地带的东戈河上,为跨流域调水和发电工程,装机 8 台,总容量达 260 万千瓦,总投资约 34.6 亿美元。尼前总统奥巴桑乔政府早在 2007 年将总额 14.6 亿美元的土建和金属结构合同授标给一个中国企业联合体,后因融资问题搁浅。

作为中国企业"走出去"融资主渠道的中国进出口银行也积极参与世界各地的水电站和水坝建设并提供融资支持。在 2011 年被突然叫停的缅甸伊洛瓦底江密松电站就是得到中国进出口银行支持的。缅甸总统吴登盛称,该电站可能会"破坏密松的自然景观,破坏当地人民的生计,破坏民间资本栽培的橡胶种植园和庄稼,气候变化造成的大坝坍塌也会损害电站附近和下游的居民的生计"。因此,中方投资人中国电力投资集团公司预计损失达 10 亿美元之巨。据环保 NGO 国际河流组织的统计,截至 2011 年 3 月,大陆企业和金融机构在全球 68 个国家参与了至少 251 个大型水坝项目,包括全球 24 座最大水电站中的 19 座。密松大坝仅是这些巨无霸中的一个,其搁

---

① 一份由银行监察组织、国际河流组织和图尔卡纳湖(Lake Turkana)之友等三个机构共同写给中国工商银行董事长姜建清的反对信函上称:"据埃塞俄比亚电力公司的一份通告,中国工商银行已经同意为埃塞俄比亚境内奥莫河吉贝三级(Gibe Ⅲ)水电站项目提供约 4 亿美元的贷款。"

置并不会影响中国在海外筑坝的扩张步伐。

2002年,中国进出口银行同意向苏丹麦洛维大坝提供资金,最终凭借5.2亿美元的贷款成为该项目的主要外国投资商。中国水利电力对外公司和中国水利水电工程总公司负责建造麦洛维大坝。为修建麦洛维大坝,20世纪90年代,苏丹政府的代表先后走访了加拿大、马来西亚、欧洲和阿拉伯国家,期望获得资金和技术援助,均无功而返。中国进出口银行最近两年融资支持的项目还包括曾经引起外交歧义的厄瓜多尔水电站。2009年,中国水利水电建设集团与厄瓜多尔政府在基多正式签署合同,承建该国最大规模的科卡科多—辛克莱水电站项目(CCS项目)。在厄瓜多尔总统府举行的签字仪式上,厄总统科雷亚对水电站项目正式签署表示祝贺。他表示,CCS项目的签署是一个值得铭记的"历史时刻",意味着厄瓜多尔将告别在电力需求方面依赖外国的现状。该项目总投资达20亿美元,是厄瓜多尔历史上最大的一笔利用外资项目,也是厄瓜多尔目前最大的水电站项目。CCS项目位于亚马逊河流域,建成后总装机将达到1500兆瓦,年发电量达88亿千瓦时,能满足该国75%的用电需求,成为该国规模最大的水力发电基地。中国驻厄瓜多尔大使蔡润国对新华社记者说,在当前国际金融危机的背景下,拉美国家吸引外资的难度加大①,这为中国有实力的公司参与拉美国家基础设施建设提供了良机和广阔市场,CCS水电站建设将极大地促进中国和厄瓜多尔展开实质性的经济合作。中国进出口银行将向该项目提供项目总投资85%的买方信贷,达17亿美元②,厄瓜多尔政府则出资3亿美元作为启动资金。

当然,中国进出口银行的融资支持并不仅仅包括各种具有竞争

---

① 此前有报道,该项目由巴西意向融资支持,但多年未得到落实。中国加大对拉美的经贸关系政策和该项目的一些舆论,推进了该项目获得中方的资金,而融资是该水电项目的关键。

② 因为合同调整和融资方案的改变,实际融资金额更高。

力的贷款,也包括为了在竞争的市场上获得项目提供投标保函、履约保函、预付款保函。比如,2002 年中国水利水电工程总公司与中国水利电力对外公司组成的投标联营体向中国进出口银行申请开立投标保函,远赴苏丹与意大利、法国和奥地利等国公司共同角逐麦洛维项目土建工程的国际招标,并一举获胜,成为该项目土建工程唯一的中标实体。中国进出口银行接到该联营体要求开立履约保函申请后,用最短的时间开出了高达 1.1 亿欧元的保函,为企业赢得项目顺利签约提供了重要保证。

六、中国通过提供极具竞争力的融资支持在境外全方位参与建设水电站

时至今日,中国公司已经从早期单纯的 EPC(设计—采购—施工)工程承包建设水电站和大坝,到现在的合资投资及 BOT(建设—运营—转让移交)、PPP(公共私人伙伴关系)等投资方式全方位参与建设境外的水电项目。融资模式和渠道也十分多元化,从官方出口信贷到官方发展援助,一般性商业银行贷款和开发性商业贷款(包括所谓的软贷款)为获得境外水电项目提供全方位的融资支持。融资服务工具和贷款品种有支持设备和服务出口的出口信贷(卖方信贷、买方信贷),中国政府官方发展援助(对外优惠贷款和优惠出口买方信贷),混合贷款,银团贷款,国际联合融资,各类保函、结算。

2000 年,中国进出口银行向云南省机械设备进出口公司提供 10 亿元人民币出口卖方信贷,用于支持其在缅甸以 EPC 交钥匙工程方式承包建设邦朗水电站。该项目业主是缅甸政府,电站装机容量 28 万千瓦,建成后将占缅甸电力总装机容量的三分之一。邦朗电站在当时是云南省对外经贸合作最大的项目,也是中国对东南亚出口水电成套设备和技术的最大项目。

进出口银行还在 2004 年的时候为中国水利水电建设集团公司老挝南俄 5(Nam Ngum 5)水电站项目提供出口信贷,项目以 BOOT(建设—拥有—运营—转让)的方式进行项目开发,特许经营期为 25

年(不包括施工工期),施工期4年。项目是中国水利水电建设集团公司第一个以BOT方式在境外承建并开发的水电站项目,也是中国公司在境外的第一个真正意义上的以BOT方式开发的水电站项目。南俄5水电站位于老挝南俄河上游右岸支流南汀(Nam Ting)河上,装机容量2×60MW,年发电量5.07亿KWh。据称,发电除满足当地工农业生产用电的需要外,大部分将出口到泰国和越南,会产生可观的经济效益和投资价值。项目兼有减轻下游洪水灾害,以及发展旅游、水产养殖等综合社会效益。

七、以出口信贷方式融资支持境外水电EPC工程承包案例——巴基斯坦尼勒姆-杰勒姆972MW水电站项目[①]

(一)项目概况与背景

巴基斯坦基础设施薄弱。随着经济增长,居民用电和工业用电不断增加,电力供应不足问题日渐突出,拉闸限电经常发生,企业正常生产和居民日常用电承受很大压力。为此,巴政府采取一系列措施加大电力工程建设投入,并自20世纪80年开始筹划在巴控克什米尔地区建设总装机容量为972MW的尼勒姆-杰勒姆水电站。

该项目地处巴控克什米尔地区。[②] 大坝和发电厂房分别建在印度河的两条支流,即尼勒姆河和杰勒姆河流域。[③] 两条河均发源于印度控制的克什米尔地区,下游流经巴控克什米尔地区。本项目拟

---

① 本章所有案例及分析仅起示例参考与方法论作用,项目信息及其融资信息与实际情况会有所不同。本分析报告用于教学研究和公益作用,对资料来源在此鸣谢。

② 1947—2004年期间,印巴围绕克什米尔问题多次爆发战争冲突,两国均蒙受巨大损失。2004年至2008年,印巴和平对话进程取得较大进展,2008年10月两国开通克什米尔地区的贸易通道。但2008年11月印度孟买发生的连环恐怖袭击事件严重破坏了和平对话成果(印方认为恐怖分子与巴方有关联)。此后,在国际社会斡旋下,印巴关系逐渐缓和。2011年7月,印巴两国外长举行会晤,同意两国旅游者和宗教朝拜者均可通过两国在克什米尔地区的实际控制线进入对方国家。近年来,印巴克什米尔矛盾有较大程度缓解,该地区安全形势也有较大改善。

③ 印巴两国于1960年签署《印度河用水协议》,规定杰勒姆河河水归巴基斯坦使用,尼勒姆河是杰勒姆河的一条支流。

建4台总装机容量为972MW的混流式水轮发电机组,承包合同内容为所有水工建筑、土建施工以及建设所需设备项下的设计、供货、安装、运行及培训等。

2007年12月,中国葛洲坝集团股份有限公司和中国机械设备工程股份有限公司组成的联合体(以下简称"CGGC-CMEC联合体")与业主签署了商务合同,合同金额约15.06亿美元,中国成分68%[①]。

项目于2002年2月获得巴基斯坦国民经济议会执行委员会批准,2006年2月,项目融资获得巴基斯坦经济协调委员会批准。2010年,中国驻巴使馆经商处出具了中方公司参与项目投标的支持函,中国机电商会和中国对外承包工程商会出具了中方各个投标公司的协调意见函。2011年1月,项目环评报告获得巴控克什米尔地区环境保护局批准。贷款协议中,巴方审批部门对该项目的审批是项目放款的前提条件,同时,巴基斯坦司法部对该项目获得的相关审批是否充足也须出具正式法律意见。

(二)融资安排

项目借款人为主权级借款人巴基斯坦经济事务部,是专门负责为巴政府实施基础设施、设备进口等项目对外借款的部门。项目业主为巴基斯坦水电开发署,成立于1958年,该署现负责水电项目开发、水利灌溉、供水及洪水治理等工作。目前该署运营13个水电站项目,装机容量6400MW(排名前五大的水电站均由其运营管理)。

项目总投资17.6亿美元,其中商务合同金额15.06亿美元,巴基斯坦经济事务部就商务合同金额的30%部分向中国进出口银行申请出口买方信贷,贷款期限不超过15年(其中宽限期不超过5年),投保出口买方信用保险。伊斯兰发展银行、沙特发展基金及阿布扎比发展基金等中东地区金融机构向项目提供共计6.11亿美元的融

---

① 在国际工程承包中,中方提供的机械设备、技术和劳力服务,叫"中国成分"。

资,剩余7亿美元(占总投资40%)建设资金拟由巴方自行解决。

(三) 环境和社会影响风险简析

1. 国别风险

分析认为,巴政治局势复杂,国别风险高。具体表现在:第一,政党矛盾加剧,纷争不断。执政党联盟内部利益难以协调,反对党分庭抗礼,财政状况恶化;第二,政府威信受到影响,美巴关系面临挑战;第三,种族冲突严重,恐怖活动猖獗。由于巴基斯坦与美国在"反恐"活动中的密切关系,巴基斯坦始终处于恐怖袭击阴影之下,并在本·拉登死后愈演愈烈,自杀式爆炸事件及其他恐怖活动频发,巴基斯坦安全形势更加严峻。

总之,巴目前执政党政绩不佳,国内安全问题突出,经济运行情况较差,对外负债逐年增加,未来偿债压力巨大,存在国别风险和还款风险。

2. 政治风险

本项目政治风险较高。项目整个施工区域位于巴国界与印巴停火线之间,处于巴控克什米尔地区。围绕着克什米尔问题,印巴曾多次爆发战争冲突,现两国虽表面关系缓和,但仍面临较大的安全隐患,存在就上述问题重新发动战争的可能性。

对水资源的争夺一直以来都是印巴之间冲突的导火索,由于印度河对两国工农业生产有着极为重要的影响,印巴两国于1960年签署了《印度河用水协议》(以下简称"用水协议")。本项目所在的杰勒姆河划归巴方使用,尼勒姆河是杰勒姆河的一条支流,但并未明确其归属地,两条河流均发源于印控克什米尔地区,下游流经巴控克什米尔地区。印方目前在尼勒姆河上游的印控克什米尔地区修建KIS-HANGANGA水电站,我驻巴使馆经参处网站2007年8月关于《巴基斯坦恐失尼勒姆河用水主导权》的文章提及《用水协议》中明确,最先在尼勒姆河建成水电站的一方将获得该河用水主导权。因此,双方为争夺该河流的用水主导权,均加紧进行建设。截至2008年4月,印方已完成60%—65%的工程量,预计将于2014年完工。因此,印巴两国对尼勒姆河用水权的争夺存在引起新的印巴冲突的可能性。

3. 环保风险

尼勒姆和杰勒姆河均流经印、巴两国,尼勒姆河在流入杰勒姆河后,最终流入阿拉伯海。本项目建设区域约1.3万平方公里,人口总数约50万人,人口密度低于35人/平方公里,该地区经济发展较落后,森林覆盖率较高,本项目建设需砍伐30公顷森林,会对区内的动植物造成一定影响。

业主为了有效规避破坏环境产生的各种问题,聘用咨询公司专门设计了解决方案,包括建立自然保护区。克什米尔地区政府、业主和承包商制定了相应的环境控制计划,有计划地安排实施移民,项目建设期成立环保监督机构严格保证环境影响可控。项目环评报告于1997年由挪威Norconsult公司完成,2011年1月通过巴控克什米尔地区环保局批复,批复中要求巴方业主和承包商在项目建设过程中务必执行环境保护的有关规定,履行环保义务,减少环境破坏。

4. 施工安全

建设地的安全问题将对项目实施产生一定影响。为确保项目施工人员安全,严格控制安全问题,承包商联合体与业主设计了较为全面的安全保护措施,包括业主为施工人员提供全过程武装护卫、设立安全防范委员会、建立安全管理联动机制、制定突发事件应急处置共同实施方案,并且为中方在巴施工人员投保了人身险。

八、以境外投资贷款(出口信贷或有限追索权项目融资)支持境外水电BOT(含BOOT)项目案例——中国华电柬埔寨额勒赛下游水电站项目

(一) 项目概况与背景

柬埔寨全国只有13%的家庭能够用电,人均电消费量为35度/

年,用电需求主要由柴油发电的方式满足。① 由于该国能源主要依靠进口,因此电价较高。② 柬埔寨政府制定了2008—2021年电力发展规划,计划建设多个水电站、燃煤电站,并升级和建设输变电设施。本项目是规划中的重点实施项目,也是该国至今为止规模最大的水电项目。

额勒赛下游水电站位于柬埔寨首都金边以西180公里,戈公省会戈公市以北20公里的额勒赛河下游,分上下两级开发。上级电站正常蓄水位260米,最大坝高89米,电站装机容量2×87MW;下级电站正常蓄水位129米,最大坝高56米,电站装机容量2×82MW;电站总装机容量338MW,年均供电量10.05亿度。本项目由中国华电香港公司在柬埔寨成立的项目公司以BOT方式开发,特许经营期35年(其中建设期5年,商业运行期30年)。项目总投资5.81亿美元,由借款人自筹和银行贷款解决③。

(二) 融资安排

借款人为中国华电额勒赛下游水电站项目(柬埔寨)公司,担保和保障措施包括:由项目发起人母公司中国华电集团公司提供完工担保、项目资产抵押、项目公司股权和账户质押、购电协议(PPA)等项目相关协议项下权益和保险权益转让、柬埔寨财政部为本项目出具的政府支付保函项下权益转让、投保中国出口信用保险公司的海外投资保险。

(三) 环境和社会影响风险简析

本项目位于柬埔寨半热带和热带雨林地区,工程及周边区域林

---

① 2007年,柬埔寨全国柴油/重质燃料油发电占当年全部发电量的85%,水力发电只占3%。

② 金边及其附近地区,由柬埔寨国家电力公司(EDC)供电的价格为8.75—22.5美分/度,私人电力企业供电的价格为15—70美分/度。

③ 金融机构一般的做法是,在投资类项目中业主或投资人出资占总投资比例至少30%,银行贷款一般不超过70%。

木生长茂盛,未见村庄,未涉及自然保护区和国家公园等环境敏感区域。但是,该项目的贷款银行认为,水电类项目对生态环境的影响较大,批贷后放款的前提是项目获得柬方环保部批准。①

九、中国政府优惠出口买方信贷支持境外水电项目案例——毛里塔尼亚、马里、塞内加尔古伊那水电站项目

(一) 项目概况与背景

马里和毛里塔尼亚电力发展水平较低。2008年马里人均用电量仅为78.9千瓦时,2010年城市电力普及率为55.3%,全国电力普及率仅为27.1%,②电力供不应求。毛主要城市电力覆盖率较低,在首都努瓦克肖特和第二大城市努瓦迪布约为36%,对电力的潜在需求较大。塞内加尔经济发展水平相对于马里和毛里塔尼亚较高,但电力需求也较大,存在电力缺口和限电现象。此外,马、塞两国为非产油国,石油严重依赖进口。毛、塞两国主要依靠火力发电,发电成本较高,相对较高的电价限制了当地电力需求和经济的发展,进口石油付汇也加剧了经常项目赤字和债务负担。综合看来,本项目对改善三国的供电状况,提高电力覆盖率,降低用电成本和节省进口燃油开支,促进区域经济社会发展有重要意义。

塞内加尔河流经西非地区几内亚、马里、塞内加尔、毛里塔尼亚等四个国家,水利水电资源丰富。20世纪70年代起,塞内加尔河流域国家就开始规划在该河上建设梯级电站,开发水利水电资源。1972年,塞内加尔、马里、毛里塔尼亚三国创立政府间组织"塞内加尔河流域开发组织"(Organisation pour la Mise en Valeur du Fleuve

---

① 这是一种用于某种要求没有达到的有条件批贷,是金融机构经常使用的一种业务操作方法。

② 马里国家统计局、国家计划局:《2010年马里经济和社会发展报告》(中国驻马里使馆经商处译),中国驻马里使馆经商处网站,2012年2月6日,http://ml.mofcom.gov.cn/article/ztdy/201202/20120207954184.shtml。

Sénégal，以下简称 OMVS）①，负责统一实施有关塞内加尔河流域的开发规划。二十世纪八、九十年代，OMVS 相继建成了迪阿玛大坝和马南塔利水利枢纽。1997 年，塞、马、毛三国创建了马南塔利能源公司（以下简称 SOGEM），负责开发和管理塞内加尔河上的水电设施和相关电网。2003 年，OMVS 成员国元首会议批准实施费鲁水电站和古伊那水电站项目。

2009 年 11 月，中国水电建设集团国际工程有限公司（以下简称中水国际）与 OMVS 签署了本项目商务合同，合同金额 3.23 亿欧元。2011 年 12 月，双方签署补充协议，确定商务合同金额为 4.37 亿美元。本项目主要内容包括两部分：①发电部分，包括大坝、取水口、引水渠、水电厂房、尾水渠等；②输电部分，包括一座升压站和接入 SOGEM 现有电网的 58 公里输电线路。该电站设计为径流式水电站，拦河坝（向下游）距古伊那瀑布 350 米、长 1230 米、最大高度 19 米，坝顶高 75 米，水库正常库容 9000 万立方米，水电站发电引水流量 700 立方米/秒，设计水头 23.5 米，过机流量 320—350 立方米/秒。该电站计划装机 3 台，单机最大功率 49MW，额定装机容量 140MW。在塞内加尔河流域综合开发和梯级电站建设规划中，OMVS 已相继建成了迪阿玛大坝、马南塔利水利枢纽，并正在建设费鲁水电站。本项目将是塞内加尔河上建设的第三座水电站项目。

2011 年，OMVS 向中方贷款银行提交了本项目可研报告、商务合同、环评报告。中国驻马、塞、毛三国使馆经商处分别出具了对该项目的支持意见函。2012 年 2 月，三国政府正式向中方提交申贷函。

根据商务部、外交部联合印发的《对外承包工程特定项目管理规定》，跨境水利等涉及多国的项目须报商务部立项审批。本项目已获得商务部立项审批。

---

① 2006 年，几内亚加入塞内加尔河流域开发组织。

（二）融资安排

该项目的借款人为毛里塔尼亚经济事务与发展部，塞内加尔交通、基础设施及能源部，马里经济与财政部。本项目总投资4.84亿美元，合同金额4.37亿美元的95%使用中方优惠出口买方信贷，其余由OMVS和SOGEM自筹。三国借款人拟将本项目贷款共同转贷给SOGEM使用，项目还款来源包括三国政府财政收入和SOGEM电费收入。

（三）环境和社会影响风险简析

受项目影响需迁移1135人，淹没面积8.5平方公里。项目建成后将形成39公里的河道型水库，可能造成河岸的侵蚀，将通过补种植被对河岸进行保护。

项目环评报告分析了项目产生的环境影响并提出了相应的管理计划。2012年5月，马里能源、水和环境部签署了项目环境许可证，[①]同时要求SOGEM必须遵守并执行环境影响报告中的减缓或补偿措施。

此外，本项目拦河坝距古伊那瀑布仅350米，本项目建成可能对瀑布景观等自然资源产生不利影响。

本项目对生态环境有一定的负面影响，并涉及一定的征地移民工作，项目各方应按照当地政府部门的要求实施项目，落实相应的环境影响控制措施，确保符合当地环保政策要求。

十、小　结

水电是人类能源的重要组成部分，特别是在那些缺少煤炭资源而有较好水动力的河流流域。水坝和水电也是人类赖以生存和发展

---

① 该项目建设内容全部位于马里境内，仅需获得马环境主管部门批准。

的重要水利工程。迄今为止,中国已经形成了巨大的水利水电工程建设能力,并且随着财富的增加和"走出去"国家战略的推进,在强大的资金来源支持下,已经成为全球水电站工程承包建设和投资建设的主力军。但是,由于水电站和水坝对环境和社会的负面影响,中国在承包建设或投资建设全球巨型水坝的同时,也把自己推入国际环保主义者和全球媒体等利益攸关方诘难的漩涡。处理好发展与环境社会可持续性,履行全球责任,是中国水利水电建设企业境外承包工程和投资建设水电项目的一大挑战。

在某种程度上说,由于中国企业"走出去"引起的环境社会负面影响的全球性关注与争议,甚至个别项目遭遇的强烈抵制,在境外建设大型水电工程也关乎中国"走出去"战略的可持续性和中国国家的整体形象。

第十一章　境外投资合作中的
社区问题风险
——以秘鲁为例

吴　婧

在很多国家,项目的顺利开展需要得到周围居民及社区的支持,被称为"社会执照"。在我国企业"走出去"规模不断扩大的过程中,社区问题逐渐突显,成为困扰着诸多项目的核心问题,由于这个因素,一些项目成本大幅提高,一些项目甚至停滞,陷入进退两难的境地。所以,社区问题可以说是海外投资合作中的重要风险因素之一。

一、相关理论

涉及到社区问题的管理理论主要是利益相关者理论和企业社会责任问题。利益相关者理论的发展最早可追溯到 20 世纪 60 年代。1963 年,斯坦福大学一个研究小组明确提出了"利益相关者"(Stakeholders)的定义,指那些没有其支持,组织就无法生存的群体。[①] 这一

[①] R. Edward Freeman and David L. Reed, "Stockholders and Stakeholders: A New Perspective on Corporate Governance", *California Management Review*, Vol. 25, No. 3, 1983, pp. 93-94.

定义在当时并没有引起足够重视,但近十年之后,利益相关者理论开始逐步被西方企业所接受,但认识局限在那些影响企业生存的个人和群体的范围之内。1984 年,美国经济学家弗里曼(Freeman)出版了《战略管理:一种利益相关者的方法》一书,提出了一个较为广义的定义:"利益相关者是能够影响一个组织目标的实现,或者受到一个组织实现其目标过程影响的所有个体和群体。"[1]这一定义补充将受企业目标实现过程中所采取的行动影响的个人和群体看作利益相关者,也就将当地社区、政府部门、环境保护主义者等实体都纳入利益相关者管理的研究范畴,大大扩展了利益相关者的内涵,在管理学术界和实务界中引起广泛的思考。学者们从不同的角度对利益相关者进行定义,多达三十余种,但还是以弗里曼的定义最具代表性和影响力。国内学者综合上述观点指出,公司治理的主体不仅局限于股东,而是包括股东、债权人、雇员、顾客、供应商、政府、社区等在内的广大公司利益相关者。[2] 在实证研究中,从对企业影响的方式、与企业的关系是否直接、是否具备社会性等多个角度将这些利益相关者进行分类。在实践中,随着经济全球化发展和企业经营环境的变化以及企业间竞争的日趋激烈和人们意识的觉醒,消费者维权运动、环境保护主义及其他社会活动影响日趋增大,企业经营者不得不关注股东以外包括债权人、员工、消费者、供应商、政府、社区居民等更多利益相关方的权益,公司在经营管理中对员工、社区及公共事业关注力度日益提高,公司治理也由传统的股东至上的"单边治理"模式演化为利益相关者"共同治理"模式。[3]

利益相关者治理可以说是企业主动保护弱势群体的一种方式,对于维护市场秩序,促进市场和社会发展具有重要意义。但是利益

---

[1] R. Edward Freeman, *Strategic Management: A Stakeholder Approach*, Boston: Pitman Press, 1984, p.46.

[2] 李维安:《公司治理学》,高等教育出版社 2005 年版,第 11 页。

[3] Margaret M. Blair and Douglas L. Kruse, "Worker Capitalists? Giving Employees an Ownership Stake", *Brookings Review*, Vol.17, 1999, pp.23-26.

相关者治理必然需要一定成本。从长期来看,良好的治理会给企业带来潜在收益,甚至远远超过成本,但投入的成本数量、节奏、方式等都影响着收益,也取决于企业的承受能力,从短期来看可能成为巨大的负担。这也可能会导致企业被赋予过多社会责任,无形中被套上公益色彩,企业行为也势必受到更多限制,有可能让企业陷入一种顾此失彼的境地,甚至在竞争中丧失了经济上的优势。所以这又涉及企业社会责任问题。

对企业社会责任的认识和研究具有更长的历史,最早出现于10世纪初,同样在20世纪70年代后得到了丰富和发展,成为诸多学科领域中的一个重要概念,也存在诸多争论。一些学者如米尔顿·弗里德曼(Milton Friedman)认为,企业仅有的社会责任就是通过合法途径去增加利润。因此,像捐助慈善事业这样用企业的资源投资于大众福利事业的行为,因减少利润或增加产品价格对企业发展不利而不被认可。① 另一些学者则认为,企业不仅要服务于作为其直接受益人的股东,还应该在更大范围内做有利于社会的事。如卡罗尔(Carroll)根据这个思路,明确了企业社会责任的四个层次:经济的、法律的、道德的、慈善的社会责任。② 虽然对于企业社会责任仍然没有统一定义,甚至是一个较模糊的观念,但企业应该承担一定的社会责任则已经成为大家的共识,可以说这是市场经济发展到一定阶段的客观要求,许多政府也对企业的社会责任问题作出了相关规定或制定了标准。③

不过对企业到底要对哪些社会群体和个人承担责任,以及承担

---

① Sean Mcaleer, "Friedman's Stockholder Theory of Corporate Moral Responsibility", *Teaching Business Ethics*, Vol.17, 2003, pp.437-451.

② Isabelle Maignan and O. C. Ferrell, "Nature of Corporate Responsibilities Perspectives from American, French, and German Consumers", *Journal of Business Research*, Vol.56, 2003, pp.55-67.

③ 最具代表性的可以说是 SA8000(Social Accountability 8000),由原美国经济优先权认可机构委员会于1997年8月制定的国际标准。宗旨是确保供应商所提供的产品符合社会责任的标准,保护人类基本权益。曾在国内引起较大关注。

什么样的责任还是个很模糊的问题,相关政府规定也并不完全,或者并不具有强制性,所以企业在执行中也有了相当大的灵活空间。不过在本文将要具体论述的项目投资开发过程中,企业对社区的责任,或者说由此而引发的争端却是企业无法逃避的,对项目成败,特别是项目落地初期甚至具有"一票否决"的影响。所以对企业来说,对社区的责任不仅是道德或者慈善层面的问题,很大程度上是实实在在的经济问题,在项目评估、决策以及此后的开发运营中都应该考虑到。

二、社区问题风险的主要方面

在项目风险评估中应充分重视社区问题带来的风险,应重点关注土地权利、矿产保护、环境保护、文化保护、族群政策等方面问题。在社区问题中,土著居民问题十分具有代表性,也更为复杂和敏感,需要特别注意。与其他社会团体相比,土著居民的民族精神和排外意识更为强烈。按地域分布,土著居民大致可分为澳洲土著、美洲土著和非洲土著,在我国对外投资合作的主要目标区域中都有分布。

(一) 土地权利

在很多国家实行的是土地私有制,投资项目涉及的土地可能为社区居民私有。不论是基础设施建设还是资源开发,甚至是施工过程或产品运输中借道通过,都需要从当地居民手中购买或租赁土地的所有权或使用权。在有些国家,即使是无主或国家所有土地,周边的社区居民也可能集体将其占据,从而要求权益。如果所在区域为土著人聚居区,往往更为敏感。土著人的生活环境相对封闭,沿袭多年的生活方式较难改变,人地相依、守土有责的思想观念更加根深蒂固、深入人心。而且越来越多的政府开始以法律的形式保护土著人权益。比如,在加拿大,法院以判例的形式确立了政府的咨询责任,如果想进行任何可能影响原住民土地和权利的活动,政府都要提前向原住民进行咨询,其范围和内容与可能造成影响的程度相对应。澳大利亚《原住民土地权利法案》承认澳洲大陆上的土著居民对其居住的土地拥有所有权,该法案对可能影响土著人土地权益的交易设定了索赔途径、程序和标准,建立了土著人土地权益索赔机制;澳大利亚法院还曾经作出裁决,将大片土地所有权归还给当地土著人;近年来通过对原住民土地问题的联合管理,联邦政府承认约16%的国土归原住民所有。赞比亚《发展署法》规定,外国投资企业要在赞比亚投资取得土地使用权,除需获投资发展署的审批同意外,还需取得当地酋长签发的同意书。在刚果(金)也一样,购买土地不仅要通过政府审核,还需得到当地土著首领批准。所以为获得项目所需土地所有权或使用权不但可能需要付出高于一般土地价格的补偿金,还需要获得社区的同意。

(二) 矿产保护

近年来,从国家到社区居民,对本国资源保护意识逐渐增强,提高了对资源枯竭、环境恶化等问题的重视程度。此外,由于资源类产品价格曾一度高涨,并造成了未来大幅升值的预期,也提高了社区居民对资源的重视程度。

很多国家的相关法律都规定,土著居民领地内的地下矿产属国家所有,但地表使用权归土著居民,而一般居民居住区地表所有权也可能为私有或被社区居民占有。比如澳大利亚《原住民土地权利法案》规定,在不违反国家利益的前提下,原住民拥有对矿产开发的否决权。公民的土地私有权更是受到法律保护。即使没有法律明文规定,甚至法律中给出了矿藏地表土地使用权争议的处理机制,但实际中,很多国家政府考虑到社会民意影响,难以强制执行,社区居民还是有多种方式阻止项目实施,甚至不排除暴力袭击。因此在矿产开采项目中,理顺权属关系,处理好与社区居民的关系,获得社区许可,是成功的关键。如果所在区域还有动植物保护区、国家公园、具有考古或文化遗产意义的区域等,以矿产项目为代表的大型项目需获得国家或当地相关管理部门、社区组织、土著居民土地权益和文化遗产保护等方面的审批后方能开展。

(三) 环境保护

当地居民和社区对相关项目可能带来的环境问题敏感度越来越高。对一些污染较严重的项目,社区居民会彻底拒绝。项目即使得到政府批准,也往往会受到游行示威和各种舆论的压力,相关政府机构也会退缩。在有些国家,当地居民还可以上诉至法院,法院可能判决政府许可无效。对另一些项目,社区居民则要求高水准的污染处理措施,之外可能要求较高补偿;或者要求长期从项目利润中受益,尤其是资源开发类项目,认为不可再生的资源是当地人的财富,他们应该享受足够的收益,所以要求投资者承担诸多社区基础设施建设等相关义务。这些要求往往超过投资者的预期,尤其是对中国投资者来说,在国内投资运营环境中需要面对的要求较低,所以经常认为外国当地居民类似于"敲诈勒索",蛮不讲理,容易发生冲突,另一方面在项目的评估中也容易低估环境成本。

(四) 文化遗产保护

在涉及土著居民文化遗产问题的项目中,企业应尽早对土著居民文化遗产风险进行评估,否则可能面临罚款或停工的风险。比如,澳大利亚法律规定,对土著居民具有考古或文化遗产意义的区域或物体同时受联邦、州和领地法律的保护。无论是否登记在案或以其他形式为人所知、无论在何地发现、无论土地所有权属性,该类遗产均受保护。此外,各州及领地均有自己的土著居民文化遗产保护法,但具体内容有差异。如果受保护的文化遗产存在被侵害的风险,还可通过责令停止施工的方式叫停项目,这在一些国家的法律中有明确规定。

（五）族群政策

随着种族斗争的胜利和民族意识的崛起,除各国政府逐步提高对少数族群和弱势群体的关注度,认可并保护其权益,并以法制化的方式加以保障以外,在一些国家还出台创新式的系统化政策进行权利保护。特别是在非洲,族群冲突历来多发,甚至引发内战,所以族群政策也十分突出。比如,南非经过十多年的努力出台并逐步完善了黑人经济振兴有关政策（Black Economic Empowerment,BEE）,致力于在南非经济各领域去种族化,同时将边缘化的社区纳入主流社会,确保南非整体发展与提高黑人经济地位相结合,从而解决因南非社会贫富差距扩大以及失业人口持续增加,造成社会治安恶化等问题。南非政府成立了BEE指导委员会,提出了BEE国家发展战略和目标规划,即在上市公司、生产性土地、融资、项目合作中黑人或黑人企业占有比例的量化标准,此后还通过了相关法案,设立了BEE准入框架机制,制定了评分系统。尽管南非法律不要求企业必须达到BEE的特定要求,但BEE测评不良的企业将在和政府部门、私营行业消费者打交道时受阻,甚至只有取得相关认证部门提供的有效评估证书才能参与行业发展建设。目前,南非政府非常重视BEE问题,不允许企业进行任何没有BEE因素的交易。所以,想进入南非市场的企业不得不重视BEE因素。

投资项目事先征询社区居民意见并须取得同意已经逐渐成为一种国际惯例。虽然咨询调解的义务人应当是政府,但在很多国家,政府通常将拟进行项目的咨询事项委托给项目发起人,并对其行为与咨询结果进行监督。在与社区居民协商或谈判的过程中,即使是政府也没有特别的优势,更没有强制的权力,企业往往需发挥积极作用。在协商谈判的过程中,核心问题还是利益的分配。社区居民看重的是个人和社区能从项目中分取的利益和社区的可持续发展,而这些对企业来说都意味着成本的增加。企业了解社区问题这一块的风险和成本非常重要,在项目评估和投资项目比较中切记不可忽略这一因素,以免导致决策的失误。一旦做出决策,就要有充分的心理准备,投入足够的人力物力、法律资源,包括时间成本,与社区居民或土著部落进行协商谈判,签署利害分担协议,为社区居民提供就业、培训、企业合作等各种机会或提供补偿,进而促进与社区居民和解,取得项目的开发许可。

三、具体国别社区问题举例分析

下面以在秘鲁投资项目所遇到的社区问题风险及其处理情况为例进行分析。

（一）秘鲁相关国情和宏观经济情况

秘鲁位于拉丁美洲,是一个自然资源较为丰富的发展中国家,是世界12大矿产国之一。铋、矾的蕴藏量居世界首位,铜的蕴藏量列世界第三位,铅、锌的蕴藏量分别居拉美第一位和第二位。此外,秘鲁还有大量的铁、金、银、水银、钨、煤、石油、天然气等矿产资源。秘鲁是南美洲重要的天然气生产大国,已探明天然气储量约15万亿立方英尺,已探明石油储量6.3亿桶,潜在储量为39.8亿桶。[①]

秘鲁国民中土著居民占30%,印欧混血种人占50%,主要居住在中部的安第斯山区和东部的亚马逊雨林地区,这两个地区占国土面积的89%。[②] 而秘鲁的油气资源和矿产资源也多分布在这些地区。

近年来,秘鲁经济平稳较快增长,十年来平均经济增长率达到6%以上,是拉美地区增长较快的国家之一。丰富的资源和平稳的宏

[①] Ministerio de Energía y Minas, *Libro Anual de Reservas de Hidrocarburos*, diciembre de 2012, http://www.minem.gob.pe/minem/archivos/file/Hidrocarburos/publicaciones/R_E_%20Libro%20de%20Reservas%2031_12_2012.pdf.

[②] PuriBallús(ed.), "Perú", *Enciclopedia estudiantil*, España: Lexus, 1998, pp.1095.

观经济环境,加上秘鲁政府采取了一系列吸引外资的措施,向外国资本开放各经济领域,吸引了众多外国投资者,使外国投资逐年增加。2012年吸收外国直接投资122亿美元,在拉美排名第五,是本地区增长最快的国家。① 世界银行《2013年营商环境报告》数据显示,秘鲁的营商环境便利程度在全球183个经济体中排名第42位,在拉美排名第2,仅次于智利(参见表11.1)。

表11.1 秘鲁主要经济指标统计

	2006	2007	2008	2009	2010	2011	2012
GDP(亿美元)	932.5	1040.1	1274	1303.6	1579.6	1688.9	1996.0
人均GDP(美元)	3277	3742	4398	4317	5362	5732	6625
实际GDP增长率(%)	7.7	8.9	9.8	1.0	8.9	6.9	6.3
通货膨胀率(%)	2.0	1.0	5.8	2.9	4.6	4.7	2.7
商品出口(FOB)(亿美元)	237.5	277.9	315.3	286.9	355.7	462.7	452.8
商品进口(FOB)(亿美元)	149.0	181.6	284.4	210.1	288.2	369.7	421.6
国际储备(亿美元)	174.4	218.1	312.8	331.4	448.5	491.9	639.9
外债总额(亿美元)	283	280	339	356	199	202	204
汇率(新索尔/美元)	3.27	3.19	3.14	2.88	3.01	2.83	2.75

此表数据来源于秘鲁国家统计信息局(INEI)。

(二)土著居民与投资者冲突事件举例

虽然秘鲁政府通过优惠政策鼓励外国投资者到秘鲁从事资源开采和加工,然而当地居民认为,政府纵容、鼓励外国企业"掠夺"宝贵自然资源,同时拒绝与社区分享收益。近年来,秘鲁多个矿业项目因为社区反对而搁置,还发生了多起土著人和外国投资者的冲突事件。

2005年,约100名手持弓箭的土著印第安人强占了秘鲁北部丛

---

① Alicia Bárcena, et al., *Balance Preliminar de las Economías de América Latina y el Caribe 2013*, Santiago de Chile: CEPAL, 2013, p.71.

林地区的 9 口油井以示抗议,致使油井停产多日,给投资者造成较大损失。

2009 年,秘鲁国会拟实施两份以鼓励投资并给予政府更多出售亚马逊丛林土地权力为主要内容的法令,引发土著人游行示威,要求将这些争议法令彻底废除,要求政府不再允许外国企业进入亚马逊丛林开采石油和天然气。约 2 万秘鲁民众在首都利马游行,声援土著居民,抗议政府扩大对亚马逊丛林资源的开发。印第安土著当天在示威游行时与警方发生激烈冲突,致使至少 11 名警察和 3 名示威者死亡,100 多人受伤。示威者将 38 名警察和 1 名秘鲁国家石油公司工程师扣为人质。最后政府不得不废止相关法令。

2010 年秘鲁能源协议中规划了位于安第斯山丛林中埃内河上 5 座水坝,总装机容量为 6500 兆瓦,产生的电力大部分将出口到邻国巴西,大坝将造成土著阿沙宁卡人的祖居土地被淹没,导致数千居民流离失所。2012 年,埃内河水电项目通过可行性研究,但没有征询当地居民的意见,甚至没有正式通知当地居民。作为回应,土著阿沙宁卡居民的组织提出上诉,准备迫使能源矿产部公开拟议大坝的所有可行性研究报告,并表示不会轻易地将土地拱手让给国家,阿沙宁卡人将采用法律手段保护自己的权益。该项目投资预计约 30 亿美元,某能源公司于 2008 年年底得到秘鲁能矿部授权进行可行性研究,至今仍未获得有效的许可权,对企业来说,这一过程是漫长的,可行性研究等前期投入也可能将成为沉没成本,可以推断企业在项目前期评估和可行性研究中都没有足够重视社区问题。

2013 年,位于秘鲁伊斯莱依—阿雷基帕省(Islay-Arequipa)的铜矿项目(Tia Maria)因为社区居民的反对而进入搁置的投资项目行列,该项目投资可达 10 亿美元,是保证地区经济增长的重要支撑。位于秘鲁卡哈马尔卡(Cajamarca)地区的铜矿项目(Conga)也正面临着复杂局面,虽然投资企业和政府都吸取了此前其他项目搁置的教训,在保护水源方面加强了措施,但仍然受到大规模反对。从 2012

年开始至今,当地环保主义者、反矿势力的抗议活动从未停止,从几百人的示威游行到召集罢工,从烧毁矿区设施到扣留矿区保安,愈演愈烈,其中还牵扯着外国势力、宗教界,虽然投资公司做了详尽的环保方案,为保持水源已经建成一个水库,并承诺再建一个水库,但仍然不被反对势力所接受。极端的反矿势力反对在区域内进行任何矿业活动,秘鲁政府出于经济发展的需要曾一度支持该矿业项目的开发,不但批准了环境评估报告,还多次发声支持,但面对反对势力声势的壮大,近期总统的发言中态度出现了反复,表示会支持该支持的人,也就是公众,而该项目只是一个私人公司发起的项目,项目前景更加难测。同样的情况不胜枚举,2013 年秘鲁政府原计划在矿业领域吸引投资百亿美元,但是有 13 个项目因为社会冲突或官僚障碍而推迟,年度计划未能实现,2014 年情况也不容乐观,取得"社会许可"成为矿业投资项目的重要问题。

(三)秘鲁相关法律规定

在秘鲁,社区居民和土著人的权益都受到法律保护。比如秘鲁的任何资源开发或建设项目都需要提交环境评估报告,并获得批准。秘鲁的环评一般要包括两个部分:一部分是对自然环境的影响,主要就是对土壤、水、大气的影响等等;一部分就是对社区环境或者是社会环境的影响,包括对当地居民生活条件、生活习惯、文化传统、项目区域内的文物古迹等等的影响,要求非常细致。秘鲁的《矿业法》规定,矿业项目征用土地,须与土地所有者就土地用途、补偿价格等达成一致协议后,共同到相关矿业管理部门登记,取得具有法律效力的公文证明。在达成一致之前,项目不得开工。该法还对矿业项目开发的相关环境问题作出了规定,除要求在提交相关材料申请项目许可时必须包括环境影响研究报告,还强调了矿区建设、炼厂建设和矿渣存放等需要遵循的环保要求,比如废弃物、废水等必须经过处理、尽量循环利用,排放要达到相关标准,对土地、水和空气质量进行监测等。2011年秘鲁通过了《事先征询法》，承认了土著人或原住民社区对在其土地上采掘性项目中的权益。

（四）我国企业在秘鲁投资项目遇到的社区问题及其解决

我国企业在秘鲁的投资主要集中在矿产和油气领域，其中一些项目也受到社区问题的困扰。

五矿江铜矿业投资有限公司收购了秘鲁格兰诺铜矿之后因地方激进势力强烈反对矿业投资项目，只能暂停项目推进，一直处于观望中。厦门紫金铜冠投资公司收购了秘鲁北部的白河铜钼矿项目后，由于当地社区和各种反矿势力的阻挠甚至武装侵袭，项目无法推进。

在秘鲁，由于较高比例的土著居民和社区居民是重要的政治力量，加上相关立法的保护，从中央到地方政府都不敢施压，在争取选票和发展经济之间态度也经常摇摆，所以想较快缓解社区问题，一般只能依靠企业积极协商和谈判来推动和解。中国企业在秘鲁有效解决社区问题得以启动或运营项目影响较大的例子是首钢的铁矿项目和中铝的铜矿项目。

首钢股份有限公司90年代收购秘鲁铁矿，成立了首钢秘铁股份有限公司，历经20多年风雨，将一个濒临破产的企业扭亏为盈，变成一个实力雄厚的企业，成为秘鲁国内第五大出口企业，第四大矿业出口企业，并成为中国在南美洲最大的实体企业之一。企业在发展过程中为所在地区的经济、社会、教育发展作出了贡献，这既是企业对其社会责任的履行，从另一个角度来看，也是在社区压力下的应对，目标都是和社区建立良好关系，保证企业的顺利运营。首钢秘铁对环保非常重视，投资500万美元建设的尾矿库于2001年投入使用；投资340万美元的污水处理厂在2006年投入使用，能对首钢秘铁生活区的污水进行100%处理，达到秘鲁国家标准合格后才可排入大海，结束了40多年来生产生活污水直排大海的局面。首钢秘铁还投资改善社区的基础设施，如出资修建了柏油马路，人行道和公共照明设施;铺设水管,从30公里以外的水源地引入淡水,不仅保证公司用水,还向当地居民区提供淡水;赞助社区的学校设立电脑室,定期帮助学校对相关设施进行维修等。首钢秘铁周边小城居民中有一半以上为公司员工,尽管首钢为社区投入不菲,也为员工提供了较好的薪资和福利,仍然经常遭遇罢工,也持续接到社区建设的新要求。社区关系维护是一项长期的投入和"斗争"。

中铝于2007年收购秘鲁特罗莫乔特大型铜矿,于2011年获得秘鲁政府开工许可,2013年底已经完成矿山建设投产。该项目属于特大型铜矿项目,具有很高的社会关注度,矿山的开采、矿石的加工对矿址周边环境、社区等可能产生的影响更加敏感。中铝公司借鉴了以往投资者的经验和教训,比较妥善地处理了与矿区周边社区的关系,为此也投入了相当大的资源。首先在人力资源方面进行配备,专门聘请了负责社区关系维护的团队,长期专职在社区工作。中铝公司为受项目影响需要搬迁的居民在当地新建了一座城镇,城中有笔直崭新的大道,有学校、教堂、诊所和运动场,每个房子都有自来水、淋浴和马桶。为了说服当地民众同意搬迁,还制作了影视材料,展示现代化新城镇将给居民生活带来美好变化。绝大多数居民都接受了搬迁,得到了妥善安置,虽然有少数居民仍不满意,要求更多补偿,甚至有个别激烈反对,举行游行示威,最后也得到了解决。这一规模浩大的移居安置工程受到秘鲁政府和社会舆论好评。在秘鲁政府的压力下,中铝不得不接受将建设一个污水处理厂作为矿区建设者的责任,投入大量资金实现了承诺,同时借此积极进行媒体和社区宣传,向当地社区居民展示中铝公司积极承担社会和环保责任的形象,介绍其出资建设的污水处理厂采用世界一流的成熟技术,长期、根本性地解决污染问题,造福于社区居民,获得了社区居民的支持。此外,中铝公司还广泛开展社会公益活动,比如赞助矿区小镇的焰火晚会,为社区儿童提供营养早餐,为社区妇女举办卫生与营养饮食讲座等,此类活动支出有限,但社会影响很好,拉近了企业和社区的关系。

同时中铝公司也十分重视项目开发过程中的环境问题，聘请当地经验丰富的公司为项目做了详尽的环评报告，不仅是为了通过审核获得开工许可，也为项目日后的开发过程中对环保问题的管理奠定了良好的基础。这也是在今后长期开发过程中与社区居民保持良好关系的重要基础之一。

从以上的理论和案例都可以看出，为保证海外投资顺利进行，社区问题已经成为一个不可忽略的因素，"走出去"企业如何处理好与投资目的国项目相关社区居民的关系也成为一个长期的课题，需要积极借鉴成功做法和失败教训，不断在实践中摸索和总结。初步来看，可以从以下几方面考虑：一是遵守投资目的国对当地居民，特别是土著居民权利保护的法律规定。对于居民所拥有的特定生活区域土地和自然资源的控制权，企业应通过合法合理的方式获取相应的开发开采权等。注意对考古和文化遗产、特殊动植物保护区的保护。二是充分了解投资目的国的宏观经济情况和行业情况，包括各地区的相关组织，了解有无相关国家发展战略和族群政策并做好应对。三是尊重和造福当地居民，融入社区发展。尊重当地居民的文化和价值观，积极为其提供就业、教育、培训的机会。真正融入社区，成为社区的一部分，着眼长远，积极履行企业的社会责任，结合自身实力和当地的实际需求，高效地帮助社区改善基础设施、赞助社区活动等。在土著居民方面，还可考虑通过与土著权益保护机构开展合作，获取更多的技术与资金支持，避免损害土著居民权益。四是重视环境保护，实现可持续发展。充分理解土地与自然资源对当地居民的意义，在项目开发过程中注意环境保护，尽可能实现人与自然的和谐发展。五是做好宣传和公关工作，充分发挥社区投入所取得的效果，得到社区居民的理解和认可，树立和维护企业负责任的形象。六是在投资决策中不可低估社区问题可能带来的风险和成本，在可能的情况下尽量避免直接处理征地等敏感问题，尽量由业主、当地合作伙伴甚至第三方公司来处理社区相关问题。

(五) 社区问题风险量化设想

理论上,我们可以建立评估社区问题风险的简单量化模型:

$$y = \sum a_i x_i$$

其中,y 为风险系数的评估值,x_i 是影响风险大小的相关因素,后者可能包括:该国(地区)当前项目个数、项目在解决社区问题中的投入资金额度、社区组织数量、土著居民人数比例、土著人生活区域土地面积、区域内资源储量、冲突事件发生次数和造成损失等。对于上述因素,设定打分系统,可以大体了解该国别社区问题的程度,综合考虑后加权可以获得定量的风险评估指标,最简单的情况是等权重加权,但是实际上如何权重是个难题。考虑到具体国情和问题的复杂性,更多情况下可先对具体项目评估以上各方面情况的风险影响,然后以列联表等方式来比较和权衡其中关键的影响因素。

第十二章 汽车跨国并购中的相关利益方与文化整合分析

胡江云

随着中国对外投资的步伐加快,越来越多的汽车企业进行了跨国并购。研究中国汽车并购案例,中国上汽集团并购韩国双龙汽车公司、中国吉利汽车并购瑞典沃尔沃轿车公司是不可回避的典型案例,一个是中国最主要的国有大型汽车企业集团,一个是中国最有代表型的民营汽车企业,前者主要研究跨国并购中的相关利益方,后者主要研究跨国并购中的文化整合。本篇报告根据这两个典型案例,运用 Baron 的 4Is 的分析方法,即事件(Issue)、信息(Information)、利益(Interests)、制度(Institution),对汽车并购中的非市场环境进行分析,总结中国汽车跨国并购中的经验教训,特别是相关利益方、文化整合等非经济因素。

一、中国上汽集团并购韩国双龙汽车案例

2003 年 10 月,以韩国朝兴银行、韩国发展银行为代表的双龙汽车公司(SsangYong Motor)债权团决定出售双龙股权。2004 年 7 月,以韩国朝兴银行为主的 30 家债权单位组成的双龙汽车公司债权团举行会议,以投票方式决定以约 5 亿美元的价格,将双龙汽车公司

48.92%的股权出让给上汽集团。10月28日,中国上汽集团与韩国双龙汽车公司债权团在首尔签署了双龙汽车公司部分股权买卖协议,以每股1万韩元购买双龙汽车公司股权,上汽集团股份董事蒋志伟作为第一大股东的代表进入双龙董事会,与双龙时任社长苏镇琯一起被任命为代表董事,即法人代表。2005年1月27日,上汽集团通过证券市场交易,获得双龙汽车51.33%的股份,成为韩国双龙汽车公司的绝对控股的大股东。

2005年11月,双龙汽车理事会决定免除过去6年来领导双龙的苏镇琯社长一职,并任命工程师出身的40多岁的崔馨铎(时任常务)为新的代理社长,并对副总经理级别的企划财务本部长、研究所所长和常务级别的采购、管理企划董事进行了人事调整。2006年7月—8月,双龙汽车工会组织了多次罢工,其中"玉碎罢工"持续时间长,影响最大。① 遭遇国际金融危机后,双龙汽车全面亏损,但又不能裁员,2009年双龙公司申请破产保护,②上汽集团持续减持双龙汽车的股份,直到2010年全面退出双龙的经营管理。

(一)中国上汽集团并购韩国双龙汽车的事件分析

1. 中国上汽集团并购韩国双龙汽车公司,合情合理

(1)中国上汽集团与韩国双龙汽车有合作的基础。早在2003年3月,中国上汽集团开始与双龙汽车公司讨论技术合作的可能,主要目的是"利用双龙的研发能力,帮助上汽开发产品"。根据不同的合作阶段与形式,上汽成立了三个谈判小组:一是KD小组,即进口双龙SUV部件,在中国组装、出售;二是R&D(研发)小组,探讨怎样

---

① 于跃:《上汽遭遇"双龙"劫》,《新经济》2009年第10期,第78—79页;小雨:《谁让双龙走向"共同墓地"》,《时代汽车》2009年第3期,第67—70页;边茂雄:《外资投资案例评价——京畿道平泽市双龙汽车个案》(全优译),《战略决策研究》2011年9月第2卷第5期,第30—40页。

② 上海汽车集团股份有限公司:《关于上海汽车控股子公司韩国双龙汽车株式会社申请进入企业回生程序的提示性公告》,2009年1月10日。

合作开发车型;第三个是 JV(Join Venture,合资)小组,从法律、财务等角度讨论在华成立合资企业的事宜。其中 R&D 小组研发的产品将会挂上上汽自主品牌的标识。进入 2003 年 7 月,谈判速度加快,双龙中国事业部的部长 GT.LEE 等二十几个双龙高管已在上海住了两个多月。各个谈判组都已进入细节问题的研究,包括如何联合开发、分工以及供应商的选择。

与此同时,中国上汽集团收到其下属企业上海汇众汽车制造有限公司提交的一份报告,主要内容是汇众将以 3000 亿至 5000 亿韩元从双龙的债权团手中购得双龙 50% 左右的股权。汇众与双龙很有渊源,成立于 1992 年的汇众以生产轿车零部件为主,并一直渴望进入整车制造领域。2001 年双龙将重卡、大客车的生产设备和模具出售给汇众,2003 年双龙再次将其一款商务车伊思坦纳(Istana)的技术和生产设备出售给了汇众。但是,汇众缺乏制造整车的经验、技术和品牌,没有自己的核心优势和底蕴,难以收购和整合双龙,这个设想为上汽收购双龙提供了新思路。

(2)中国上汽集团并购韩国双龙汽车公司,得到中国国家发改委的许可。到 2004 年 10 月止,美国通用、法国雷诺、雪铁龙、中国上汽集团、中国蓝星集团以及印度的塔塔集团等均表达了参加双龙竞标的意向。主营石油化学产品的中国蓝星集团提出,将保持双龙原经营团队,雇佣所有职员,并以每股 1.1 万韩元进行报价,明显高于中国上汽集团、美国通用、法国雷诺等企业,并承诺到 2010 年完成对双龙 7 亿美元的投资,同时投资 3 亿美元,在中国建立一万多个销售及售后服务网点。但是,国家发改委否决了中国蓝星集团收购双龙汽车公司的报告,许可中国上汽集团参与双龙汽车的并购。

2. 中国上汽集团并购双龙汽车后,双方合作、交流存在诸多问题

中国上汽集团并购韩国双龙汽车后,以苏镇琯为首的原管理层继续留任稳定了双龙的局势,使双龙员工的心情得到安抚,因此在

100天的整合计划期间,双方沟通相当顺畅。但是中国上汽集团与韩国双龙汽车合作最终破裂,双方都负有不可推卸的责任。

（1）韩国双龙汽车管理层、工会与中国上汽集团高管之间互不信任。韩国双龙汽车管理层与工会密切联系,没有消除上汽集团有"转移汽车技术"的嫌疑,①多次策划工人罢工活动。2005年11月9日,双龙汽车工会以上汽集团"转移汽车技术"为由举行了记者招待会,主题为"阻止双龙汽车作用降低及汽车产业技术流出的总罢工",并要求蒋志伟自动辞职。

（2）中国上汽集团并购韩国上汽集团方案留有韩国双龙汽车工会等隐患。2003年10月—2004年10月期间,作为并购方的中国上汽集团做了尽职调查,明确知道韩国双龙汽车工会的种种弊端。但是,并购方案中对这些问题没有引起足够的重视,甚至回避了核心问题,短期内可以安抚双龙汽车员工,却为以后的冲突和工人罢工埋下了隐患。为了阻止中国蓝星集团的收购,双龙汽车工会于2003年12月开始组织罢工,并由70名工会会员组成现场敢死队,三次阻挠蓝星集团对平泽工厂的调查,理由是反对债权团向没有汽车技术的中国企业出售双龙。2004年7月22日,双龙汽车工会举行了总罢工,要求与上汽集团签署一份特别协议方案,内容包括建立劳资海外经营战略委员会,允许工会参与董事会决策过程,保障雇佣和设备不被转移等。在此情况下,中国上汽集团没有直接去面对面正视问题,反而委托时任双龙汽车株式会社社长的苏镇琯作为上汽集团的代表与双龙汽车工会进行谈判。最终,在双龙汽车工会的坚持下,2004年10月28日,中国上汽集团将特别协议的部分内容写入并购合同协议中。②

---

① 于跃:《上汽遭遇"双龙"劫》,《新经济》2009年第10期,第79页;小雨:《谁让双龙走向"共同墓地"》,《时代汽车》2009年第3期,第70页。

② 袁庆宏:《中国企业跨国并购中的劳资关系问题——上汽双龙公司在韩工厂罢工风波引发的思考》,《中国人力资源开发》2007年第3期,第38—41页。

（3）韩国政府政策、韩国内外经济形势加剧这一破裂进程。2006年，国际市场能源价格猛涨，几乎全依赖进口的韩国燃油、柴油价格也节节攀升，韩国汽车内需市场不断萎缩，韩国增加了汽车大排量车型的消费税，这使得双龙汽车公司亏损额不断增加，面临经营危机。此时，上汽集团提出了双龙辞退部分员工、中断福利来摆脱困境的计划。双龙工会不认为裁员是解决危机的办法，并以在双龙总部前抗议集会的形式表示愤怒。此后，双龙工会以"技术转移"、违反并购谈判中签订的《特别协定》为由，进行了大罢工。① 在工会和投资问题都得到改善后，双龙的情况开始好转，2007年实现了盈利。2008年国际金融危机爆发，双龙汽车公司的困境进一步加剧。强势的双龙工会抵制上汽对双龙进行裁员，导致双方的合作无法继续。

（二）中国上汽集团并购韩国双龙汽车的信息分析

1. 中国上汽集团与韩国双龙汽车，各具有自己的优势

上汽集团是中国三大汽车集团之一，主要从事整车（包括乘用车、商用车）、零部件（包括发动机、变速箱、动力传动、底盘、内外饰、电子电器等）的研发、生产、销售、物流、车载信息、二手车等汽车服务贸易业务，以及汽车金融业务。2012年，上汽集团整车销量达到449万辆，同比增长12%②，继续保持国内汽车市场领先优势，并以当年度762.3亿美元（4809.8亿元人民币）的合并销售收入③，第九次入选《财富》杂志世界500强，排名第103位，比上一年上升了27位。上汽集团所属主要整车企业包括乘用车公司、商用车公司、上海大众、上海通用、上汽通用五菱、南京依维柯、上汽依维柯红岩、上海申

---

① 石云鸣：《中国汽车企业对外直接投资中的技术活去路径——上汽集团并购韩国双龙的案例研究》，《技术经济》2013年3月第32卷第3期，第7—12页，第63页。
② 上海汽车集团股份有限公司：《2012年年度报告》，2013年3月29日，第6—7页。
③ 上海汽车集团股份有限公司：《2012年年度报告》，2013年3月29日，第6页、第36页。

沃等。

　　双龙汽车前身为创立于1954年的东亚汽车公司,不仅是韩国最早的汽车制造商之一,而且是韩国第四大汽车生产商。双龙汽车最初主要生产重型商务车和特殊用途车辆,1986年10月并入双龙集团,1988年3月更名为双龙汽车公司。1991年,双龙汽车开始与戴姆勒-奔驰结成技术伙伴。1997年,亚洲金融危机爆发,由于资金链出现问题,双龙汽车公司资不抵债,被韩国债权银行团控制,大宇集团收购双龙汽车。1999年,大宇集团解散时,双龙汽车公司分离出来,成为独立的上市公司。由于经营不善,双龙汽车公司濒于破产。1999年12月,双龙汽车公司负债达3.44万亿韩元(约合30亿美元),自有资本为-613亿韩元(约合5330万美元)。韩国双龙汽车是韩国休闲车(RV)领域的领先汽车制造企业,2003年虽然经营困难,但是产品开发等方面具有一定的优势。其主要产品包括:RV的代表作双龙享御(Kyron)、超级雷斯特(Super Rexton)、爱腾(Actyon)和爱腾皮卡版(Actyon Sports)、新路帝(New Rodius),以及高级轿车主席H(Chairman H)和主席W(Chairman W)等。双龙汽车历经数次收购和合并,在韩国有着深厚的历史根基,可谓是名副其实的韩国本土企业。

　　中国上汽集团与韩国双龙汽车两个公司加强合作,可以发挥各自的优势,实现互利共赢。

　　2. 与韩国双龙汽车公司相比,中国上汽集团销售规模等优势明显

　　无论是上汽集团并购韩国双龙汽车公司之前还是合作破裂之后,中国上汽集团汽车销售规模具有明显的优势。2003—2008年期间,中国上汽集团整车销量从78.2万辆增加到182.6万辆[①],金融危机爆发后的2009年、2010年、2011年、2012年的销量不仅没有减少,

---

① 上海汽车集团股份有限公司:《2008年年度报告》,2009年4月28日,第16页。

反而进一步增加,分别达到 272.5 万辆①、358.3 万辆②、401.2 万辆③、449 万辆④(见图 1)同样 2003—2008 年期间,韩国双龙汽车公司汽车销量始终没有超过 15 万辆,反而从 2003 年的 14.67 万辆下降到 2008 年的 9.22 万辆,即使后来 2011 年、2012 年,汽车销量仅为 11.3 万辆、12.07 万辆(见图 12.1)。

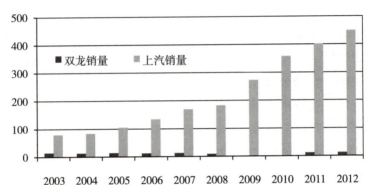

图 12.1 上汽集团与双龙汽车合作结束前后的整车销售情况(万辆)
资料来源:http://www.saicgroup.com/,http://www.smotor.com/.

另一方面,中国上汽集团销售额和净利润也是非常可观的。图 12.2 显示,2003—2012 年期间,上汽集团的销售额基本呈现持续增长态势,从 68.92 亿元⑤增加到 4809.8 亿元⑥;净利润从 15.17 亿元⑦增加到 207.52 亿元⑧,尽管遭受国际金融危机的影响,上汽集团的净利润依然为正值,2008 年是最低点,此后持续增加。相反,韩国双龙汽车的销售额基本没有明显的增加,企业经营长期处于亏损状

---

① 上海汽车集团股份有限公司:《2009 年年度报告》,2010 年 4 月 2 日,第 18 页。
② 上海汽车集团股份有限公司:《2010 年年度报告》,2011 年 3 月 31 日,第 19 页。
③ 上海汽车集团股份有限公司:《2011 年年度报告》,2012 年 3 月 30 日,第 16 页。
④ 上海汽车集团股份有限公司:《2012 年年度报告》,2013 年 3 月 29 日,第 6 页。
⑤ 上海汽车股份有限公司:《2003 年年度报告》,2004 年 3 月 3 日,第 5 页。
⑥ 上海汽车集团股份有限公司:《2012 年年度报告》,2013 年 3 月 29 日,第 6 页、第 36 页。
⑦ 上海汽车股份有限公司:《2003 年年度报告》,2004 年 3 月 3 日,第 5 页、第 17 页。
⑧ 上海汽车集团股份有限公司:《2012 年年度报告》,2013 年 3 月 29 日,第 6 页、第 36 页。

态。2003—2008 年期间,韩国双龙汽车的销售额从 31.44 亿美元逐步下降到 16.26 亿美元,净利润从 5.65 亿美元变化到 -0.79 亿元,只有 2004 年和 2007 年出现小规模的盈利(见图 12.3)。金融危机爆发后,双龙汽车的销售额明显下降,2009 年销售额仅为 1.07 万亿韩元(约合 9.14 亿美元),比上年减少 1.43 万亿韩元(约合 12.2 亿美元),下降 57.2%,净亏损达到 3462.7 亿韩元(约合 2.97 亿美元)①;2010 年,双龙汽车销售为 2.1 万亿韩元,净亏损为 262.28 亿韩元②;2011 年,双龙汽车销售为 2.77 万亿韩元,净亏损为 1124.38 亿韩元③;2012 年,双龙汽车销售为 2.86 万亿韩元,净亏损为 1060.69 亿韩元④。

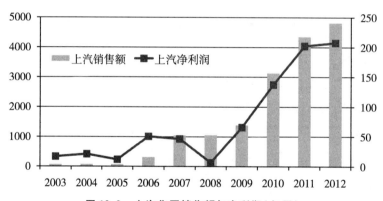

图 12.2　上汽集团销售额与净利润(亿元)

说明:左纵坐标轴表示汽车销售额,右纵坐标轴表示净利润。

资料来源:http://www.saicgroup.com/。

---

① Ssangyong Motor Company, "Financial Statements for the Years Ended December 31, 2009 and 2008", *Independent Auditor's Report*, February 19, 2010, p.7.

② Ssangyong Motor Company, "Financial Statements for the Years Ended December 31, 2010 and 2009", *Independent Auditor's Report*, February 18, 2011, p.5.

③ Ssangyong Motor Company, "Separate Financial Statements as of December 31, 2011, December 31, 2010 and January 1, 2010, and for the Years Ended December 31, 2011 and 2010", *Independent Auditor's Report*, March 14, 2012, p.5.

④ Ssangyong Motor Company, "Separate Financial Statements for the Years Ended December 31, 2012 and 2011", *Independent Auditor's Report*, March 11, 2013, p.5.

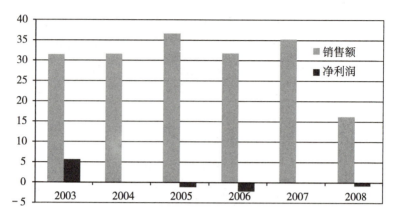

图 12.3　韩国双龙汽车的销售额与净利润（亿美元）

资料来源：http://www.smotor.com/.

（三）中国上汽集团并购韩国双龙汽车的利益分析

中国上汽集团并购双龙，形成了有关利益方，包括上汽集团自身利益诉求，双龙汽车公司管理层的利益诉求，双龙汽车工会和雇员的利益诉求，以及韩国政府的期望。但是，没有形成协同效应，最终走向破裂。

1. 上汽集团迫切希望并购，进入国际市场和提升自己相关利益

（1）上汽集团获得核心技术，增加自主研发能力。上汽集团与双龙汽车合并，不仅可以充分发挥双龙汽车 700 多名研发人员的智慧，而且可以获得双龙汽车制造的核心技术，即发动机和变速器的研发能力，进一步提升上汽集团的自主开发能力。

（2）重组双方产品类型，进行产品结构调整。上汽集团并购双龙，致力于打造从中高级、中级、中低级到紧凑型的宽系列产品。双龙汽车以生产销售越野车与高档房车为主，并且通过引进德国奔驰轿车制造技术，开发出双龙豪华运动轿车、轻型商务车"ISTANA"、顶级轿车主席（CHAIRMAN）等高端产品系列，在韩国高档车市场占据一席之地。可以说，二者通过取长补短，合作开发新产品。

（3）上汽集团借助"双龙"，走向国际化、规模化。通过并购双龙汽车，上汽集团提升了自己在国际市场的知名度，有利于今后自有品牌的推广；可以整合利用双龙分布在全球的经销网络，特别是其在欧洲市场的渠道资源，增加上汽在国外市场上的销量。

2. 双龙汽车公司希望借助上汽集团，摆脱经营困难并进入中国等新兴市场

双龙汽车得到上汽集团在运营资本、研发投资等各方面的支持，大大缓解双龙汽车的债务压力，提高双龙的债务评级，增加其商业信贷和银行信贷的额度，降低其筹资成本，通过母子公司之间税收规划，降低实际税负水平。表12.1显示，2005—2014年期间，预计双龙汽车的销售额从3.43万亿韩元增加到4.88万亿韩元，每年自由现金流现值都在1100亿韩元以上。

根据上汽集团与双龙汽车并购方案，双龙汽车现有的管理层和员工都全部保留，不能以任何理由降低劳动条件。

上汽集团占有双龙汽车51%股份，因而是采取控股方式，全面接手双龙的经营权，并允诺接收双龙的经营班子和全体员工，允诺保障双龙汽车公司的独立经营权，继续使用双龙汽车的商标；上汽帮助双龙汽车继续拓展在韩国的业务，保留和改善公司现有的设备，并在未来进行必要的投资；上汽集团还将帮助双龙汽车拓展中国和其他国际市场，将双龙车在中国年销售量只有500辆至少扩大到2000辆，并禁止逆向进口中国产车辆。

3. 双龙汽车工会的特别诉求，保护工人就业等权益

2004年10月，中国上汽集团与韩国双龙汽车工会达成了特别协议，部分内容如下：

（1）雇佣和工会相关事项：

公司继续保障现阶段所有工人的雇佣；

公司保障正常的工会活动，对于不合理的工会纷争与工会共同解决；

表 12.1　韩国双龙汽车并购后的营运现金流估算

(单位:亿韩元)

	2005	2006	2007	2008	2009	2010	2011	2012	2013	2014
销售额	34 297.7	35 669.6	37 096.4	38 580.2	40 123.5	41 728.4	43 397.5	45 133.4	46 938.8	48 816.3
主营业务成本	-26 732.7	-27 802.0	-28 914.1	-30 070.6	-31 273.5	-32 524.4	-33 825.4	-35 178.4	-36 585.5	-38 048.9
销售及行政开支	-5367.0	-5581.6	-5804.9	-6037.1	-6278.6	-6529.7	-6790.9	-7062.6	-7345.1	-7638.9
EBIT	2198.0	2286.0	2377.4	2472.5	2571.4	2674.3	2781.2	2892.5	3008.2	3128.5
税收	-593.5	-617.2	-641.9	-667.6	-694.3	-722.1	-750.9	-781.0	-812.2	-844.7
NOPLAT	1604.6	1668.8	1735.5	1804.9	1877.1	1952.2	2030.3	2111.5	2196.0	2283.8
营运流动资产	7237.6	7527.1	7828.2	8141.3	8467.0	8805.7	9157.9	9524.2	9905.2	10 301.4
营运流动负债	12 222.3	12 711.2	13 219.6	13 748.4	14 298.3	14 870.3	15 465.1	16 083.7	16 727.0	17 396.1
净营运资产	-4984.6	-5184.0	-5391.4	-5607.0	-5831.3	-6064.6	-6307.2	-6559.5	-6821.8	-7094.7
营运资金	336.1	199.4	207.4	215.7	224.3	233.3	242.6	252.3	262.4	272.9
净建筑,物业、厂房及设备变动	18 349.0	19 083.0	19 846.3	20 640.1	21 465.7	22 324.4	23 217.3	24 146.0	25 111.9	26 116.3
自由现金流	-3213.7	-734.0	-763.3	-793.9	-825.6	-858.6	-893.0	-928.7	-965.8	-1004.5
每年自由现金流现值	1627.0	1134.2	1179.6	1226.7	1275.8	1326.8	1379.9	1435.1	1492.5	1552.2

公司遵守与工会的团体协定,不能以任何理由降低劳动条件,工会为公司的长期发展提供安定环境,与公司和平共处,保障雇佣安全。

（2）公司长期发展与投资相关事项:

公司在保证现存生产能力的前提下,需要发展中长期计划,其基本原则为扩大国内生产设备、销售网、工会的发展,确保国内竞争力,构筑更高效率的生产体系;

公司为新项目的开展,研发的投入,品牌的提高必须建立中长期计划,保证每年有一定规模的投入;

公司的研发机构保留在国内;

公司为开拓中国市场,尽可能地利用 SAIC 在中国国内的销售网;

正在国内生产和销售的车辆禁止进口,即保持现有国内生产和销售的稳定性。

（3）经营的自律性和保留品牌的相关事项:

公司作为独立的法人,确保自律性,透明经营;

保持双龙汽车的品牌和经营的独立性;

工会有义务提高产品品质和维持双龙汽车的高端品牌形象。

这些条款给予了工人拥有更多的自主权,工会更多的自由,可以干预双龙汽车公司的经营管理,无疑给上汽集团经营双龙汽车带来更多的隐患和约束,某种程度上减缓双龙汽车的国际化步伐。

（四）中国上汽集团并购韩国双龙汽车的制度分析

中国上汽集团并购双龙汽车方案,形成了这样的一个制度安排,上汽集团—双龙汽车—双龙工会,三方进行博弈。

1. 正确认识韩国工会

不同于中国企业工会,韩国工会不属于行政类部门,它属于社会组织。其主要职责是:

协调工人劳动关系的问题；

与政府或企业对工人不平等待遇的谈判工作；

组织工人游行等活动；

与政府或企业开展经常性的"谈判"为工人争取更多利益；

收集工人建议与意见与政府与企业沟通协商解决办法；

韩国工会的至高权益也是被写进韩国法律的；

韩国工会的强权政策在世界上也是有名的；

韩国工会逐步把对工人利益诉求的职能转变成为体现强权的工具；

因此，韩国工会代表雇员的利益，这成为重要的利益方。作为中国企业并购方，既要了解韩国工会的性质，也要合理利用韩国工会的作用，尽可能维护企业的正常经营和运转，提升企业产品的国际竞争力。

2. 上汽集团没有及时与韩方交流与沟通

上汽集团并购双龙汽车过程中，双龙汽车员工和工会始终充满一种矛盾的心情。他们希望上汽的投资能挽救双龙，帮助双龙汽车拓展中国和其他国际市场，同时担心上汽收购双龙后，将核心技术和生产设备转移到中国，导致双龙在韩国的工厂收缩甚至关闭，最终影响到员工的雇佣问题。可以说，双龙汽车和上汽集团的战略目标从一开始就不一致。

上汽集团没有主动地、不断地、积极地与双龙汽车的各方利益相关者进行广泛且持续的沟通交流，及时、清晰地向他们传达上汽对双龙的战略定位及新双龙对他们的意义和好处，并通过行动让双龙认同这一战略定位。

中国上汽集团高管人员与双龙汽车原有的高管人员交流不够充分，甚至没有实际解决相互之间的分歧。例如，关于合资办厂来推进 S-100 项目，韩方高管人员和工会成员都不能理解中方行为。更为致命的是，韩方始终猜疑中方转移技术，打击韩国的汽车产业，而韩国国内媒体高调的宣传更是火上浇油。中方解决这一问题的主要措施就是更换高管人员,因而2006年11月,中方撤换了包括时任社长苏镇琯等一批韩方高管人员,引发了更大的矛盾。如果合作从一开始,中方与韩方进行充分交流,打消这一重要的猜忌,采取实际的行动来安抚双龙汽车员工。那么,结果至少比现在要好得多。

3. 韩国社会对工会具有包容性

一方面,韩国双龙汽车工会成员具有强烈的民族情绪,韩国民众对国产货青睐有加,对外国货却天生抵触。另一方面,韩国社会对工会是较为包容的。不管是韩国企业还是外国企业,只要工会认为该加工资了,就会举行罢工。面对如此强势的工会,韩国社会并不排斥,进行大力批评,而是包容工会的行为。上汽集团也就只能适应这种文化背景下的制度安排,而不能简单通过撤换高管人员、裁减员工解决问题。

2006年7月13日,双龙工人开始了第一轮罢工,工会成立了"爱国斗争实践团",开始在全韩国范围宣传"技术流出"的严重性。7月21日,150名双龙工人在首尔和平泽的大街上以三步一拜的形式发起抗议,并向平泽市民宣布长期斗争的计划。2006年8月11日,上汽集团宣布聘用通用(中国)前董事长兼首席执行官菲利普·墨斐,并取代蒋志伟成为上汽双龙新任代理董事。墨斐上任提出的解聘550名工人的"结构调整方案"直接引起双龙工会与上汽之间的矛盾,8月16日,双龙工会开始实行所谓的"玉碎罢工"。长期罢工的疲劳和中方的思想政治工作,使双龙部分员工开始有了松动。8月30日,双龙工会终于在当天下午与上汽签订了协议,在上汽承诺撤回解雇计划,保障雇用,到2009年为止每年投资约3000亿韩元开发新车等条件后,双龙"玉碎罢工"结束,总罢工让双龙汽车已减产1.6万辆左右,让双龙损失了3亿美元,双龙1750多家相关合作企业开始陷入现金流枯竭的境地。

4. 中韩文化上进行相互整合

上汽集团并购双龙汽车过程,实质上是中韩文化的长期整合过程。中韩文化同属于东亚文化,但是还有许多区别。中国更看重长期承诺,愿意为长期的收获放弃短期的利益,相比之下韩国人对短期利益更为看重,长期收益对于他们来说充满风险,远不如短期可以到手的利益可靠,所以他们不相信长期承诺。因此,没有看到短期成效的情况下,中方没有及时交流沟通,韩国双龙员工罢工现象一浪高过一浪。2009年4月,双龙汽车由于工会与韩国警方发生暴力冲突,进入回生(破产)程序。2009年,双龙在其提出的减资方案中,上汽集团持有股份被按照5比1的比例减持,其他股东股份被按照3比1比例减持,减持后上汽集团将从控股股东变为小股东。自2009年双龙汽车破产重组方案获批以来,上汽集团持有的股份从51.33%减持到11%再减持到3.79%,并在一个月的时间内,上汽集团继续将剩余的股份全部出售,直到全部清空,与韩国双龙汽车公司彻底结束合作。

二、中国吉利汽车并购瑞典沃尔沃轿车公司案例

2010年7月6日,欧盟委员会批准了中国浙江吉利控股集团有限公司对瑞典沃尔沃(VOLVO)轿车公司100%股权的收购,不仅包括现有安全、环保等技术的所有权,还包括未来衍生车型的相关技术。这是迄今为止中国企业对外国汽车企业最大规模的收购项目,收购总资金约18亿美元。

(一) 中国吉利汽车并购瑞典沃尔沃公司的事件分析

1. 浙江吉利控股集团与沃尔沃轿车公司的情况

浙江吉利控股集团是中国汽车行业十强企业。1986年在台州成立,1997年进入轿车领域以来,2003年集团管理总部迁入杭州。截止到2012年,吉利控股集团连续十年进入中国企业500强,连续

八年进入中国汽车行业十强,是国家"创新型企业"和"国家汽车整车出口基地企业"。2012年7月,吉利控股集团以总营业收入233.557亿美元(约1500亿元人民币)进入世界500强,成为唯一入围的中国民营汽车企业。

创立于1924年的沃尔沃汽车公司是北欧最大的汽车企业,也是瑞典最大的工业企业集团,世界20大汽车公司之一。沃尔沃汽车以质量和性能优异在北欧享有很高声誉,特别是安全系统方面,沃尔沃汽车公司更有其独到之处。美国公路损失资料研究所曾评比过十种最安全的汽车,沃尔沃荣登榜首。"沃尔沃",瑞典著名汽车品牌,原沃尔沃集团下属汽车品牌,该品牌汽车是目前世界上最安全的汽车。1979年,沃尔沃集团将轿车制造部分独立,命名为沃尔沃汽车公司(Volvo Car Corporation)。1999年,沃尔沃集团将其轿车业务以64.5亿美元的价格卖给了福特汽车,只保留了沃尔沃轿车品牌50%的所有权。沃尔沃公司推出了沃尔沃740、760、940、960小汽车,已出口到100多个国家和地区。

2. 福特公司战略转型,不堪忍受沃尔沃轿车持续亏损

沃尔沃轿车的市场绩效并不理想,希冀借助中国新兴市场,改变市场效果。一方面,福特希望战略转型。2006年福特严重亏损约127亿美元,福特决定缩减规模,进行战略转型,主要发展福特品牌。2007年,福特以8.5亿美元将阿斯顿·马丁出售给英国的一个投资集团;2008年,福特以23亿美元将捷豹、路虎出售给印度的塔塔集团;同年,福特将其持有20%的马自达股份出售,持股降低至13.4%。

另一方面,面临经济压力,福特计划出售沃尔沃轿车公司。被福特收购后,沃尔沃轿车销售额数年来一直下滑,自2005年来连续5年亏损,每年亏损额超过10亿美元。2008年金融危机使沃尔沃亏损加剧,税前亏损额达到14.65亿美元。2009年以来,沃尔沃轿车各季度的亏损额逐渐缩小,到第四季度亏损额下降到3200万美元,2009

年全年税前亏损额为6.53亿美元,大大好于上年。图12.4显示,2006—2009年期间,沃尔沃轿车销售情况并不理想,销售规模始终处于30万—50万辆之间。国际金融危机造成严重的冲击,2008年销售同比下降接近20%,2009年同比下降也超过10%。这种背景下,福特公司寻求出售亏损的沃尔沃公司,这是不可避免的事情。

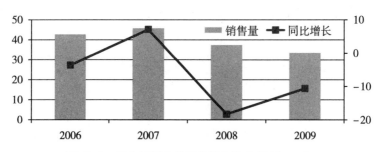

图12.4 沃尔沃轿车公司的销售情况(万辆,%)

说明:左纵坐标轴表示汽车销售量,右纵坐标轴表示其同比增长。
资料来源:盖世汽车网,福特公司季报。

(二)中国吉利汽车并购瑞典沃尔沃公司的信息分析

1. 吉利控股国际化迫切需要先进技术和国际品牌

从国内情况来看,吉利控股是较为优秀的汽车制造企业。吉利拥有各种专利5300多项,其中发明专利400多项,国际专利30多项,被认定为国家级"企业技术中心"、"博士后工作站"和"高新技术企业"。"吉利战略转型的技术体系创新工程建设"荣获2009年度国家科技进步奖二等奖(一等奖空缺)。浙江吉利控股集团现有员工18000余人,其中工程技术人员2000余人。拥有院士3名,外国专家数百名,在册博士30余名,硕士500余名,高级工程师及研究员级高级工程师数百名,有5人入选国家"千人计划",成为拥有"千人计划"高端人才最多的民营企业。

但是,吉利需要进入国际市场,吉利战略转型迫切需要先进技术和国际品牌。① 吉利控股渴望技术,特别是沃尔沃的知识产权和先进技术,谁收购了沃尔沃谁就会得到一大笔技术财富,它的先进技术和安全性能、节能环保特点正是吉利实现战略转型最需要的。吉利希冀提升品牌,吉利虽有三大品牌,但尚缺乏国际化的、顶级豪华品牌,沃尔沃正好可以弥补这个空缺,大大提升吉利在行业内的品牌竞争地位。

2. 沃尔沃轿车在中国市场销售并不理想

2012年,中国汽车市场销售规模达到1930.64万辆,继续保持增长态势,同比增长4.33%,比上年增加80.13万辆,继续成为全球规模最大的汽车销售市场。不仅如此,中国汽车出口也取得巨大的成绩,2012年中国汽车出口达到105.61万辆,比上年增加24.18万辆。

尽管如此,不断增长的中国汽车消费市场中,品牌沃尔沃汽车销售并不如意。表12.2显示,2012年中国汽车销售四大品牌中,只有品牌沃尔沃汽车销售出现下降。2012年,沃尔沃全球销售42.2万辆,在中国仅销售4.2万辆,下降幅度达到10.9%,超过沃尔沃全球的下降幅度。这说明,吉利并购沃尔沃轿车后,整合还需要一个相当长的过程。

表12.2 2012年四大品牌汽车的销售情况(万辆,%)

	全球市场	中国市场	全球增长率	中国增长率
沃尔沃	42.2	4.2	-6.1	-10.9
奥迪	145	41	30	11.8
宝马	154	33	40	11.6
奔驰	132	20	4.8	1.5

① 张静、张淑芬:《吉利收购沃尔沃后的整合问题探究》,《现代商贸工业》2012年第1期,第120—121页。

(三) 中国吉利汽车并购瑞典沃尔沃公司的利益分析

1. 吉利汽车继续提高其国际化水平

一方面,吉利汽车出口规模增加,大幅推进国际化。2012年,吉利控股销售汽车49.14万辆,占全国的市场份额达到2.55%;吉利出口汽车达到10.08万辆,占全国汽车出口的9.54%,名列全国首位。图12.5显示,2003—2012年期间,吉利汽车出口量以及占全国的比例。2003年,吉利汽车首次出口汽车,首次尝试进入国际市场,2004年出口达到4846辆,2005年出口接近7000辆,2006年就达到15000辆,2008年一举达到4.12万辆。遭受国际金融危机的影响,吉利汽车出口2009年下降到1.89万辆,此后逐步恢复并快速增加。2003—2012年期间,吉利汽车出口占全国汽车出口的比例也是名列前茅的,最低是2.95%,一度达到9.54%,这一期间吉利汽车出口总量占全国出口总量的5.83%。

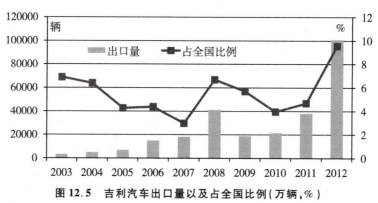

图12.5 吉利汽车出口量以及占全国比例(万辆,%)

说明:左纵坐标轴表示汽车出口量,右纵坐标轴表示其占全国比例。
资料来源:中国汽车工业协会。

另一方面,吉利汽车出口水平始终高于全国平均水平。我们用出口量与销售量的比值来衡量出口倾向,可以看出吉利出口水平超过4%,甚至接近和超过20%。图12.6显示,2003—2012年期间,吉利汽车的出口倾向明显高于全国汽车出口倾向。这表明,吉利汽车出口水平居于全国领先水平,并在国际化中获得较大的利益。

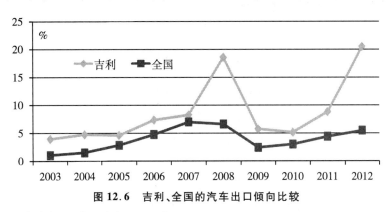

图 12.6　吉利、全国的汽车出口倾向比较

资料来源:中国汽车工业协会。

2. 吉利面临要素成本增加的问题

吉利在中国得到快速发展,除了国家开发汽车领域的市场准入政策之外,还有一些经济要素是至关重要的,主要是要素成本。中国不仅有丰富的劳动力成本,而且其成本也是非常低的。即使经历几次工资增长风波,中国制造业的劳动力工资仍然远远低于发达国家。按照制造业领域直接支付劳动力的小时工资计算,中国的工资水平较为低下,即使中国城镇的制造业中直接支付劳动力的小时工资不到 3 美元,沃尔沃发源地所在的瑞典等国家都超过 20 美元。相邻的丹麦、挪威、芬兰等国家直接支付劳动力的小时工资在不断增长,2012 年分别达到 43.8、52.03、33.1 美元,均高于美国的 27.15 美元。也就是说,中国吉利汽车海外生产首先要面临高额的劳动力成本,这明显不同于国内和亚洲地区的情况。图 12.7 显示,世界部分国家制造业领域直接支付劳动力的小时工资,2012 年欧洲的水平都超过 30 美元。海外市场要素成本大幅增加,可能导致吉利经济利益的直接变化。

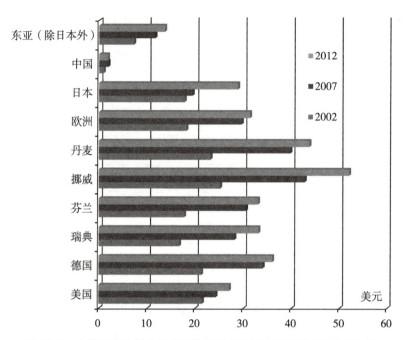

图 12.7　中国与世界部分国家制造业领域直接支付劳动力的小时工资

说明：2012 年中国制造业劳动力的小时工资数据不可获得，这里用 2009 年的数据来代替。

资料来源：美国劳动统计局。

（四）中国吉利汽车并购瑞典沃尔沃公司的风险分析

1．文化冲突与融合

跨国并购中最为艰难的就是文化融合。① 企业的精神文化位居企业文化的核心层，它是指导企业开展生产经营活动的各种行为规

---

① 柏丹、孙方方、曲红艳：《中国企业跨国并购的文化冲突和整合方法探究——基于对吉利收购沃尔沃案例的分析》，《改革与战略》2012 年第 10 期，第 113—116 页；周璐：《关于吉利收购沃尔沃后的文化整合问题的探讨》，《科技广场》2012 年第 7 期，第 203—206 页；李四海、尹璐璐：《中国汽车企业跨国并购整合风险分析——基于吉利并购沃尔沃的案例研究》，《会计之友》2011 年第 11 期上，第 52—54 页；张艳艳、周杏英：《吉利收购沃尔沃案例的跨文化管理分析》，《经济研究导刊》2012 年第 8 期，第 28—29 页。

范、群体意识和价值观念,是以企业精神为核心的价值体系。企业的价值观,企业的经营理念,企业社会责任等意识形态,是整个企业文化系统的核心。只有在精神上达成一致才能将并购的协同效应发挥出来。

沃尔沃具有80余年的历史、拥有一套适应本国的成熟企业文化和管理机制,而吉利的历史发展比较短暂,但其依靠的中国历史文化却更悠久,其依靠的市场更庞大。并购后一味强调文化坚持和品牌独立,是没有前景的。两种文化融合包含两个内容,即中西文化的融合以及吉利沃尔沃企业文化的融合,这将是一个巨大的挑战。

一是,吉利和沃尔沃必须相互尊重,双方尽可能地去了解对方的企业文化和管理模式;二是,增强沟通,企业的各方面战略管理层人员要交流沟通;理智地对待吉利和沃尔沃企业文化磨合过程中的冲突,尽快从中找到解决问题的办法。

2. 欧洲劳资关系

在以往海外并购中,诸多失败案例都归结于未能协调劳工关系。北欧国家的劳工关系值得吉利深思。① 这类经济体与中国的竞争关系比较明显,工人担心生产向中国转移而减少他们的就业机会。北欧是高工资、高福利的国家,工会组织很强势,社会保障已经强大到上班和不上班一样。当这些企业进行海外并购时,如果仍然用国内处理劳资关系的习惯思维和传统方式来处理被收购企业的劳资关系,自然就与被收购企业所在国处理劳资关系的法律制度、习俗习惯产生冲突。尽管瑞典工会不会像韩国那样走极端,但是工会权益要求较多,工会谈判能力和社会效应不可忽视。

一是,短期内不要裁员,即使要裁员,应当先与工会进行交流和沟通,并充分地协商和谈判;二是,保障员工权益和工作条件,确保在

---

① 李良成:《吉利并购沃尔沃的风险与并购后整合战略分析》,《企业经济》2011年第1期,第25—28页。

瑞典和比利时的沃尔沃员工的工资和福利不要低于欧洲平均水平和国际平均水平;三是,尽可能多地与员工交流沟通,及时了解到他们的想法和需要,并及时做出相关的措施,发挥他们的积极性;四是,重视对企业员工进行培训,吸引全球各地的人才,特别是具备跨国公司经营管理方面的人才。

3. 核心技术与知识产权

根据目前吉利公布的股权收购协议,吉利收购的是沃尔沃百分之百的股权。沃尔沃作为独立公司,拥有关键技术和知识产权所有权,以及公司为实施既定商业计划所需要的所有福特知识产权的使用权;吉利作为股东,通过沃尔沃拥有关键技术和知识产权所有权,以及大多数知识产权的使用权,包括沃尔沃的安全与环保方面的知识产权。

但是,吉利只是收购沃尔沃的自由知识产权,沃尔沃和福特之间的技术合作协议仍将继续履行。吉利收购沃尔沃后的相关技术只能在沃尔沃品牌中使用,不能用于吉利自身品牌,这对于吉利中低端产品及技术的提升作用不大。福特、沃尔沃某些车型存在平台技术的相互借用,所以吉利很难收购沃尔沃全部的知识产权。未来相当长时间内,这是吉利不可回避的棘手问题。

4. 品牌整合与市场定位

如何进行品牌整合,确保沃尔沃的高端品牌地位是吉利日后经营所面临的重大挑战。吉利收购沃尔沃后,提出坚持"吉利是吉利,沃尔沃是沃尔沃"的品牌理念。相当长时间内,吉利继续拥有两个管理团队,一个在吉利,一个在沃尔沃,逐步加强两支团队的融合。

近年来,沃尔沃在世界豪华车市场已经难以和德系三强对抗,但沃尔沃仍然坚持以安全作为主要品牌诉求,品牌老化和品牌内涵的单薄,这是沃尔沃在不同市场节节败退的根源。吉利与沃尔沃之间有很大的品牌鸿沟,吉利必须对吉利、沃尔沃两个品牌进行准确的定位。

为了确保沃尔沃高端和贵族血统,吉利将沃尔沃作为独立品牌运营,暂时保留目前的管理团队,但高端品牌的维护需要巨大成本。沃尔沃可以通过国际化提升销量,降低单车成本以实现快速盈利。一方面,保持沃尔沃欧洲市场基础上,继续开发新兴市场;另一方面,消化和吸收中国的经营方式,发挥中国国内市场的优势,统筹"引进来"与"走出去"。

第十三章 从忽略到重视环境规则的转变
——中国石化在加蓬卢安果国家公园的石油勘探活动案例

李霞 解然

从不重视环境,石油勘探项目被叫停,到重启环评,开展国际对话与合作,项目得以复工,中国石化在加蓬的石油勘探投资项目经历了"过山车"。本案例重点介绍了中国石化在加蓬石油勘探项目重新认识"环境价值"的转变历程,并分析了案例在当地和国际社会影响,以及该案例给予中国企业"走出去"的启示。

一、加蓬与中国

加蓬共和国位于非洲中部西海岸,横跨赤道线。东、南与刚果相连,北与喀麦隆接壤,西北与赤道几内亚毗邻,西濒大西洋,海岸线长800千米。属典型的热带雨林气候,全年高温多雨。加蓬国土面积为267667千米。据2008年统计数据,加蓬人口约140万。1960年8月17日脱离法国统治独立前,加蓬为法国殖民地,现官方语言为法语。以石油、木材、锰为经济支柱①,加蓬共和国成为撒哈拉以南地

---

① 《参赞致辞》,中华人民共和国驻加蓬共和国大使馆经济商务参赞处,2009年2月4日,http://ga.mofcom.gov.cn/aarticle/about/greeting/200203/20020300004442.html.

区较为富裕的国家之一,人均收入(GNI)超过7000美元①,其人类发展指数是撒哈拉以南非洲国家里最高的。加蓬的主要出口贸易伙伴是美国、中国和俄罗斯,而进口来源国主要是法国。然而,尽管加被列为"中等收入"国家,加蓬人均年收入约80万非郎,但收入分配不均,地区差别较大②,仍约有1/3的人口生活在贫困线以下。③

加蓬有45%的国民生产总值以及80%的出口均贡献自石油行业④,主要由壳牌、道达尔等大型欧美石油公司所主导。据预测,目前加蓬已探明并有开采价值的原油储量为22亿桶。今后加蓬如果没有新的较大油田发现,现有石油储量按现在的开采技术和开采速度还可以开采到2032年。相较其他非洲国家,加蓬政权和经济形势稳定,国内治安状况良好,油气开发管理法规和各种税费制度也相对完善和宽松。在规定政府持有原油、天然气的所有权和开采权,参与股份不得低于25%的基础上,加蓬政府和外资公司签订合同的最重要条款均由双方充分自由协商议定,合同条款自由度较大。这对具有投资数额大、周期长、易受动乱影响特点的石油勘探开发事业形成天然的安全保证,因而对外资产生了良好的吸引力。⑤

1974年4月20日,加蓬与中国建立外交关系。建交以来,中加两国友好合作关系发展顺利,各领域合作与交流活跃。2011年,双边贸易额为8.46亿美元,其中我国进口5.76亿美元,出口2.7亿美

---

① 《经济体特征》,世界银行经济发展统计数据,2014年,http://chinese.doingbusiness.org/data/exploreeconomies/economycharacteristics.

② 《加蓬共和国》,中文百科在线,2010年,http://www.zwbk.org/MyLemmaShow.aspx? lid=49712.

③ "Will Protests Prompt Obama to Focus on Economic Development and Human Rights in Africa?", *Foreign Policy in Focus*. February 22, 2011, http://fpif.org/will_protests_prompt_obama_to_focus_on_economic_development_and_human_rights_in_africa/.

④ 中国社科院西亚非洲研究所:加蓬,2009年6月1日. http://iwaas.cass.cn/gjgk/feizhou/2009-06-01/745.shtml.

⑤ 《罗佐县:展望加蓬石油工业合作前景》,中国石化新闻网,2008年11月04日,http://www.sinopecnews.com.cn/shzz/content/2008-11-04/content_565848.shtml.

元。我国主要进口锰矿砂、石油、木材等,出口机电产品、纺织品和钢材等。①

2004年中国与加蓬建交30周年之际,两国元首进行互访,推动了中加两国石油合作。中国石化于2004年2月对加蓬石油业考察后与加方签署了石油合作谅解备忘录及技术评估协议。中国石化是目前活跃于加蓬的主要中国石油公司,拥有自有勘探区、联合勘探和生产区,并设有中国石化国际石油勘探开发有限公司(SIPC)加蓬公司和Addex公司。

二、环境要素决定项目成败——中国石化卢安果国家公园内石油勘探活动引发环境争议

（一）忽略当地和国际环境规则,中国石化加蓬卢安果国家公园项目被叫停

加蓬所处的刚果河盆地是世界第二大热带雨林(仅次于亚马孙),森林覆盖率达到84.5%②,是黑猩猩、非洲象为数不多的栖息地之一。这片绿色森林有助于全球气候的稳定,以及当地的经济和社会发展。2002年9月,时任加蓬总统奥马尔·班戈·奥迪巴放弃了超过2000万美元的采伐利润,指定其国土不低于11%的面积作为国家公园的一部分,建立了卢安果等13个国家公园,使加蓬一跃成为自然公园占国土比率最高的国家之一。③

卢安果国家公园位于加蓬西部临海,面积为1550平方千米,海岸线长度逾100千米,是观赏座头鲸的理想地点,被誉为非洲西海岸上的明珠。早在1956年,卢安果公园的一部分及其附近地区就被列

---

① 《中加双边关系》,中华人民共和国驻加蓬共和国大使馆网站,http://ga.chineseembassy.org/chn/sbgx/t933152.htm.
② Food and Agriculture Organization of the United Nations, *Global Forest Resources Assessment* 2005. FAO Forestry Paper 147, 2005.
③ 《加蓬地理》,中华人民共和国驻加蓬共和国大使馆经济商务参赞处网站,http://ga.mofcom.gov.cn/article/ddgk/zwdili/201301/20130100013275.shtml.

为加蓬第一个区域动物保护区。2002年卢安果公园被加蓬政府划入13个新成立的国家公园之列。同年,野生生物保护学会(The Wildlife Conservation Society,WCS)与其他机构联合发起"卢安果行动"(Operation Loango),打造加蓬第一个国际级生态旅游目的地。

2005年,中国石化获得LT2000区块的勘探许可并随即在卢安果国家公园内开始进行地层勘探,其勘探活动在国际上引发极大的环境争议。来自野生生物保护学会(The Wildlife Conservation Society,WCS)的环境专家称中国石化使用炸药和重型机械进行勘探,在园区内过度铺设地震测线和架设电缆,并且砍伐树木修建道路,同时造成了化学物质和泥浆污染水体。

共约400—450名中国石化工作人员在公园边界内外各建立了一个营地,并进行狩猎活动。生物多样性领域的国际专家称,中国石化员工的环境破坏活动会将国家公园内的大猩猩驱赶至丛林深处,迫使它们进入法律上不受狩猎管制的区域,遭受被猎杀危险。WCS专家建议中国石化采用水平钻井方法以将对环境的破坏降至最低,而这一技术显然会提高开采成本。①

更为重要的是,WCS指出,中国石化在卢安果国家公园的项目并未完成环境影响评价,也未获得国家公园管理局的批准。2006年中国石化委托荷兰的一家公司对开采项目进行了环境影响评价,但该评价报告没有咨询当地社区和加蓬国家公园委员会(Le Conseil National des Parcs Nationaux du Gabon,CNPN)意见。另一环保组织世界自然基金会(World Wide Fund For Nature,WWF)指出,中国石化的环境影响评价并不充分,并且中国石化也没有执行报告中禁止采伐超出规定直径范围的树木等力图将环境损害最小化的措施。②

---

① "Oil Prospecting in Gabon," Wildlife Extra News, October, 2006. http://www.wildlifeextra.com/go/news/gabon-oil.html#cr.

② "Chinese Oil Exploration Threatens Gabon's Flagship National Park," Embassy Libreville (Gabon), September, 2006. http://www.cablegatesearch.net/cable.php?id=06LIBREVILLE585.

中国石化在卢安果公园内破坏环境事件曝光后引起了加蓬民众的环境意识反响。2006年9月加蓬政府代表考察了卢安果国家公园,确认了中国石化在该地区确实存在一系列环境破坏行为。加蓬国家公园委员会随即叫停了中国石化的所有现场作业,要求中国石化完成环境影响评价并取得入园许可证后再开始作业。

据加蓬国内报道,争议出现时,加蓬法律尚禁止在国家公园界内除旅游外的其他经济活动。当时加蓬参议院正在审议并计划将在数月后施行修正这一条款的相关法律,规定如果在保护区发现了具有经济价值的石油或矿藏,企业可以在国家公园内开采,但必须保证之后将当地恢复原状。中国石化的行为虽然受到加蓬林业部和国家公园管理局的反对,却得到加蓬矿业部的支持。[1] 对于其勘探行为对环境造成的破坏引来国际社会批评,中国石化回应,他们并未被告知卢安果公园属于受保护地区,也未获知加蓬政府在环保方面的指令,其在卢安果公园的活动与在加蓬的其他石油公司无异。[2]

(二) 重新开展环境影响评价后,项目再次成功启动

鉴于中国石化委托荷兰咨询公司所做环境影响评价报告引发了加蓬政府、当地民众、国际非政府组织的大量质疑,中国石化不得不中止合同并重新委托国际公司对环境影响进行重新评价。

2007年,加蓬政府通过了管理国家公园的相关法律并建立加蓬国家公园管理局(Gabon Agence National des Parcs Nationaux, ANPN),管理国家公园内进行的活动。国家公园管理局要求中国石化与NGO合作。受加蓬环境部委托,野生生物保护学会(The Wildlife Conservation Society, WCS)和世界自然基金会(World Wide Fund For

---

[1] Ana Cristina Alves, "China and Gabon: a Growing Resource Partnership", *China in Africa Project Report*, No.4, 2008, p.15.
[2] James Deutsch, "Partnering with Sinopec in Loango National Park, Gabon," Wildlife Conservation Society, May 5, 2010, http://frameweb.org/adl/en-US/5345/file/756/Deutsch%20ABCG%20-%20WCS%20Sinopec%20in%20Loango%20NP%20Gabon.pdf.

Nature,WWF)在美国鱼类及野生动物管理局(United States Fish and Wildlife Service,USFWS)的资助下成立审核小组,小组在实地考察过程中发现中国石化确实存在许多环境破坏行为,包括过度铺设地震测线、过度砍伐、随意丢弃垃圾、狩猎包括猴子在内的野生动物、在游客高峰时段于旅游路线上进行爆破、未在对作业区域进行封闭或设置路障、未监测活动对野生动物及旅游业造成的影响等。随后该审核小组与中国石化共同制定了环境和社会标准,并启动了合规性审计(Audit Compliance),以确保中国石化遵循该标准。小组与中国石化团队一起参与了整个现场地层勘探作业过程,对中国石化员工进行环保宣传,将地层勘探活动对卢安果国家公园的社会和环境影响降到最低。[1]

加蓬政府、中国石化、WCS、WWF共同达成的环境标准和审核内容包括:

- 控制车辆造成的空气污染;
- 限制爆破时段以降噪;
- 防止施工扎营和道路建设造成的土壤侵蚀;
- 停止修建新路,禁止砍伐规定直径以上的树木以植被保护;
- 禁止狩猎,由公司保证施工人员全部饮食供应;
- 移除过度架设的电缆,进行爆破前检测以保护野生动物;
- 规范废物处理;禁止工作人员饮酒;
- 加强与社区沟通,接受社区监督;
- 加强与旅游管理部门的协调等。

在此基础上,2007年中国石化重启勘探项目,勘探于2008年完成,结果显示当地可供开采石油的经济价值不足。在参与环境影响评价后,WCS积极肯定了与当地政府、企业合作进行环境影响评价

---

[1] James Deutsch,"Partnering with Sinopec in Loango National Park, Gabon," *Wildlife Conservation Society*, May 5, 2010, http://frameweb.org/adl/en-US/5345/file/756/Deutsch%20ABCG%20-%20WCS%20Sinopec%20in%20Loango%20NP%20Gabon.pdf.

的形式。WCS 认为,与中国采掘工业建立建设性的合作关系是可能的。他们提出要进一步加强加蓬国家公园管理局对公园的监管,确保市民社会尤其是本地 NGO 的环保行动得到政府的支持,今后的企业活动要确保有 NGO 参与的审核小组进行实地考察。WCS 还提出在未来要进一步加强与中国石化在全球范围内在环保方面的合作关系,并且提出作为美国 NGO,其自身要继续积极寻求美国国际开发总署和美国鱼类及野生动物管理局等在非洲投资机构的环境支持。①

三、案例启示

在本案例中,中国石化事先未能充分了解加蓬政府有关在国家公园内进行勘探的规定,在当地环保部门和国际环保组织的压力下,致使项目受阻。但在当地政府支持下,通过与国际环保组织富有建设性的合作,中国石化采取积极行动最终满足了加蓬和国际社会的环保标准,使项目得以顺利进行。这一"坏事变好事"的案例给予我们的启示良多。

(一)"加强环境意识"和"遵守国际准则"对中国企业"走出去"成功与否至关重要

在生态资源保护与可持续利用日益受到重视的今天,在世界上任何一个国家受保护的国家公园内进行矿产、石油资源勘探或工程作业都将是"危险"的投资行为。而只有转变传统的"经济利益至上"观念,将"企业环境责任"、"企业社会责任"融入企业经营血液,才能确保投资权益的持久与安全。

(二)全面遵守当地法律法规是企业"走出去"投资的基础

本案例中,中国石化勘探项目被叫停,根源在于虽然该项目获得

---

① James Deutsch,"Partnering with Sinopec in Loango National Park, Gabon," *Wildlife Conservation Society*, May 5, 2010, http://frameweb.org/adl/en-US/5345/file/756/Deutsch%20ABCG%20-%20WCS%20Sinopec%20in%20Loango%20NP%20Gabon.pdf.

加蓬矿业部门的支持,但环保和林业部门持反对意见,其也与加蓬的国家公园管理有关规定相抵触。我们可以看到,投资行为或投资项目绝不仅仅是一个行业或几个行业法规能决定成败的,环保法律法规作为国家基本法,应该无条件地自觉遵守。

(三)构架中国企业"走出去"的环境政策咨询服务平台是确保国家与企业权益的重要保障

缺乏环境政策咨询指导已成为中国企业"走出去"的软肋。在本案例中,中国石化认为他们并未被告知卢安果公园属于受保护地区,也未获知加蓬政府在环保方面的指令。在企业提升自身环境管理能力,增强环境认识的同时,为中国企业"走出去"提供必要的环境政策咨询服务将是确保国家与企业权益的重要保障。为此,中国政府、相关协会与咨询机构的早期培育与介入就显得非常重要,只有形成"走出去"的"政策支持——咨询服务——项目实施——宣传建设"的综合服务链条,才真正有助于缓解国家和企业在走出去进程中不断累积的环境风险。

(四)严谨的环境影响评价是企业"走出去"实施项目的基石

本案例中,中国石化最初的环境影响评价由一家荷兰咨询公司负责,但由于缺乏国家公园管理部门的参与,致使环评被当地政府和国际环保组织百般指责。最后,不仅要更换环评公司,还被动地受加蓬环境部指定的机构进行审核才完成了环境影响评价程序。为此,中国企业开展环评的过程中,必须要彻底了解投资所在国的环保基本情况和要求,由真正具有国际项目实施能力的环评机构推动项目的有序开展;并在环评过程中,与所在国的主要管理部门、核心非政府组织、国际机构等开展对话与合作。

(五)强化沟通与宣传的正能量传递

在本案例中,中国石化及时进行了项目的环境危机管理修正,与当地政府和国际机构建立了联系,最终确保项目完成。而在"走出去"的进程中,与所在国政府及各利益相关方(包括政府、社区居民、NGO等)做好项目相关环境影响的事前沟通、建立信任关系是至关重要的。而一旦出现环境问题要及时启动有效到位的危机管理,进行坦诚公开的沟通,主动披露相关信息,向当地民众表明企业会尽快妥善解决的态度,显示解决问题的诚意。

作为这个案例故事的后续,案例主角的中国石化不断就增强自身环境管理能力做出努力。2012年11月29日,中国石化正式发布了《中国石油化工集团公司环境保护白皮书(2012)》。这不仅是中国石化首次发布环境保护白皮书,更是中国工业企业发布的首个环境保护白皮书。[1] 这对不断强化中国企业环境管理责任,增强"走出去"的环境主人翁意识都将产生积极的影响与推动作用。

---

[1] 《中国石化发布环境保护白皮书》,新浪财经,2012年11月30日,http://finance.sina.com.cn/chanjing/cyxw/20121130/095913854212.shtml.

后 记

本文集的缘起,实属偶然。数年前,本书作者中的部分人员在以中国"走出去"为主题国际问题研讨和实地考察活动中相遇。我们来自国务院和国家部委智库、高等学校、金融机构。日常工作的一部分是关注中资企业"走出去"个案及其延伸的中国自身发展和对外经济模式等更为宏观的话题。在国内研讨环节,进行了跨部门、跨学科的交流;在境外调研环节,与所有涉及中资项目的利益相关者交流。

渐渐地,我们之间形成了一个基本共识:我国企业"走出去"的过程,既经历着跨国投资中较为普遍的地缘政治风险、国家风险、东道国经济、法律和政策变化风险,也出现了一些与中国企业更高度相关的问题。这些问题,特别是在跨国并购、企业境外经营过程中的环境保护和企业社会责任两大课题,在工程承包、建厂和开发能源、矿产、农业等自然资源领域尤为突出,影响着整个国家对外投资和企业"走出去"的可持续性。我们将研究成果集结成书,期望能尽我们的视野和知识所及,以案例描述为基础,为管理好境外投资过程中的相关风险尽微薄之力。

作者对署名文章负责。限于研究条件和能力,文章观点难免管中窥豹,供读者借鉴和批评指正。

组稿过程中,汪晓娟女士付出了大量的心血。正是有了她的不懈且耐心细致的努力,才使我们这些分布在不同单位的作者们协调行动成为可能。北京大学出版社社会科学编辑部的耿协峰先生对本文集的出版立项和编辑过程提供了详尽的指导,并为文集的最终成型做了大量细致的工作。此外,北京大学国际关系学院2013级硕士生傅若兰、王婕两位同学提供了部分文字整理协助。在此,我们一并致谢。

  文集的出版,得到了国家社科基金"中资企业在东南亚投资大型工程项目政治风险评估研究"项目(批准号12BGJ009)的支持,本文集是该项目研究的最终成果。伯尔基金会对本书的出版,提供了鼎力资助。对此,我们诚致谢意。

查道炯 李福胜

2014年5月11日

作者简介

胡江云 国务院发展研究中心对外经济研究部研究室主任,研究员。他长期从事对外经济贸易政策研究,兼任相关部委的专家。其主要研究领域是世界贸易组织(WTO)规则、跨境投资(FDI)、开放型经济、国际经济合作等,参与和主持若干国家重大课题,公开和不公开发表学术论文和研究报告百余篇,研究报告多次被中央领导表扬、批示和作为部委文件,获中国发展研究奖、全国商务研究成果奖。其最高学历是北京大学经济学博士学位(1998)。

蒋姮 商务部研究院副研究员,北京新世纪跨国公司研究所副所长。曾获中国政法大学法学博士学位、北京大学法学硕士学位、南京大学文学学士学位。1991—2003年,在国际金融、国际贸易、国际法律咨询等领域从事跨国经营实务工作;兼任亚行、世行、欧盟等国际咨询项目的法律专家和机构专家。2003年至今,在商务部研究院从事对中外跨国公司的研究和咨询工作,主要领域涉及跨国并购、企业合规与风险管控、企业品牌建设等。

李福胜 中国进出口银行信贷审批委员会委员、研究员,中国社会科学院研究生院教授、硕士生导师,中国科学院城市环境研究所研究员、博士生导师。曾就读于安徽大学、中国人民大学等,获得中国社会科学院研究生院经济学博士学位和美国斯坦福大学商学院管理学硕士学位。研究领域包括"走出去"面临的国家风险,国际大型建设项目与人类资源、环境、社会可持续协调发展问题。近年出版的相关专著有《国家风险:分析、评估、监控》,发表文章《中国人境外安全观念亟须改变》《帮助企业"走出去"要使巧劲》《柬埔寨老挝考察散记》《中国海外投资要关注当地的抱怨》《境外项目融资中的"绿色金融"问题》等。

李霞 中国—东盟环境保护合作中心,副研究员。她长期从事中国对外援助环境管理体系、对外投资与环境风险评估框架、中国区域环境安全战略、中国跨界环境安全政策模拟分析等领域研究,主持并参与了多项国家重大专项课题与国际机构研究项目,在国内外公开发表中英文学术论文数十篇、出版中英文专著十余部,获得国家环境科技奖等成果奖项。其最高学历是对外经济贸易大学经济学硕士学位(2005)。

查道炯 北京大学国际关系学院国际政治经济学教授。他在教学和研究中专攻非传统安全挑战,重点跟踪能源、粮食、水等自然资源在中国与其邻国乃至世界其他地区的关系中的作用。近年,他多次赴东南亚、非洲、澳大利亚、美国等地实地调研中资直接投资状况。他的学术专著包括:《应对亚洲地区能源脆弱案例》《建立一个睦邻共同体:冷战后的中国、日本和东南亚》《中国石油安全的国际政治经济学分析》。他在国内外的学术期刊中发表过数十篇论文。其最高学历是夏威夷大学政治学专业博士学位(1995年)。

陈超 中国—东盟环境保护合作中心,中级工程师。主要从事亚太区域环保国际合作,对外投资与绿色贸易等领域研究。参与了多项国家专项课题与国际机构研究项目,撰写政策专报及文章十余篇。其最高学历是北京师范大学经济地理硕士学位(2009年)。

汉斯·杭智科 悉尼大学商学院教授。主要研究方向包括新兴创业精神和中国商业体制。目前是悉尼大学商学院"澳中商网"的牵头人,也是毕马威/悉尼大学商学院"中企海外投资"研究项目的负责人,该项目每年发表一系列澳中经济商业合作的研究报告。

李薇 悉尼大学商学院博士后。2003年出国,在英国、澳大利亚学习研究11年,曾先后参与世界银行、国家环保部的研究项目。目前是毕马威/悉尼大学商学院"中企海外投资"研究项目的核心成员。主要研究方向包括中企海外投资、民营经济、水资源环境管理等。

吴婧 中国社会科学院拉丁美洲研究所在读博士研究生,主要研究拉美经济发展史和经济改革、拉美宏观经济、拉美经济政策和投资环境、中拉经贸合作、中资企业投资案例等。曾赴拉美多国实地调研,在拉美国家长期工作,近距离接触拉美国家相关政府机构、行业组织,了解外国投资方面的法律规定和经济政策,并走访多个在拉美投资经营的中资企业,跟踪项目进展,了解其遇到的问题及其解决过程。

解然 中国—东盟环境保护合作中心政策研究部项目官员,助理研究员,从事国际区域环境问题研究、对外投资与对外援助环境政策分析等。其最高学历是北京大学国际关系专业硕士学位(2013)。

谢文泽 中国社会科学院拉丁美洲研究所执行研究员、经济学博士,主要研究领域为拉美"三农"、产业经济、投资环境、城市化和收入分配以及安第斯国家经济、巴西经济等。2004年2月—2005年2月,国立墨西哥自治大学经济研究所,访问学者。2012年9月—2013年9月,美国加州大学圣迭哥分校伊比利亚和拉丁美洲研究中心,美国福特基金访问学者。